Sobre o "Caso Marie Curie"
A Radioatividade e a Subversão do Gênero

Sobre o "Caso Marie Curie"
A Radioatividade e a Subversão do Gênero

Gabriel Pugliese

Copyright © 2012 Gabriel Pugliese

Grafia atualizada segundo o Acordo Ortográfico da Língua Portuguesa de 1990, que entrou em vigor no Brasil em 2009.

Publishers: Joana Monteleone/Haroldo Ceravolo Sereza/Roberto Cosso
Edição: Joana Monteleone
Editor assistente: Vitor Rodrigo Donofrio Arruda
Projeto gráfico, capa e diagramação: Juliana Pellegrini
Assistente de produção: Gabriela Cavallari
Revisão: Íris Friedman
Imagem da capa: Foto de época

Este livro foi publicado com o apoio da Fapesp

CIP-BRASIL. CATALOGAÇÃO-NA-FONTE
SINDICATO NACIONAL DOS EDITORES DE LIVROS, RJ

P978s

Pugliese, Gabriel
SOBRE O "CASO MARIE CURIE": A RADIOATIVIDADE E A SUBVERSÃO DO GÊNERO
Gabriel Pugliese.
São Paulo: Alameda, 2012.
268p.

Inclui bibliografia
ISBN 978-85-7939-156-9

1. Curie, Marie, 1867-1934. 2. Radioatividade. 3. Elementos quimicos.
4. Químicas. I. Título.

12-5463.   CDD: 541.38
                          CDU: 54-7

                                   037824

ALAMEDA CASA EDITORIAL
Rua Conselheiro Ramalho, 694 – Bela Vista
CEP: 01325-000 – São Paulo, SP
Tel.: (11) 3012 2400
www.alamedaeditorial.com.br

Ao meu pai,
por ter me ensinado toda uma ética;

À minha avó,
que fez do riso uma ferramenta poderosa.

Sempre na memória.

O espírito humano é muitas vezes desajeitado e tão mal controlado no decorrer da invenção que, primeiro, fica desconfiado de si mesmo e, em seguida, desdenhoso. Pois parece, no primeiro instante, incrível que tal descoberta tenha podido ser feita e, depois, quando ela já foi feita, parece incrível que ela tenha escapado tanto tempo à pesquisa.

(Francis Bacon, *Novum Organum*)

Sumário

Prefácio 11

O Caso Marie Curie 17
O método e as fontes 24

Uma raridade e suas problematizações: 31
o encontro entre gênero e ciência (1895-1898)
A efervescência: os misteriosos Raios X 31
A natureza hiperfosforescente do urânio 43
Entre as relações de gênero 55
e a atividade (anormal) dos raios

Qual é a origem da energia? 87
O dispositivo experimental:
fazer-falar, fazer-calar (1899-1903)
A erupção de uma outra política 87
Radioatividade por todos os lados 104
Transmutação atômica: uma nova alquimia 147
Nos bastidores do Nobel 165

Ressonâncias de atividades radiopolíticas: 179
o agenciamento e seus estratos (1904-1911)
Inundados pela radioatividade 179
Entre o divisível e o indivisível 199
O rádio metálico e a polonesa destruidora de lares 216

A radioatividade e a subversão do gênero 241

Referências bibliográficas 249

Acervos eletrônicos pesquisados 256

Anexo 257
Prêmios, medalhas e títulos honoríficos
concedidos a Madame Curie

Prêmios 257

Medalhas 258

Títulos honoríficos 258

Agradecimentos 265

Prefácio

Das artes de ser e não ser papagaio

Existem alguns (poucos) casos em que o orientador é antes um "desorientador". Ao invés de ensinar, aprende; no lugar de incitar à pesquisa acaba sendo convencido por ela; sem estar à frente, permanece atrás: escuta, raciocina e se experimenta em campos e abordagens basicamente novos. Ou melhor, se reinventa e relê, a partir de projeto alheio.

Foi exatamente isso que ocorreu nesse exemplo preciso: a pesquisa de Gabriel Pugliese – "Sobre o 'Caso Marie Curie'" – A radioatividade e a subversão do gênero" – que agora vira, finalmente, livro.

Gabriel chegou "pronto". Lembro bem de certo dia em que combinei encontrar um aluno que dizia querer realizar uma pesquisa na área de "antropologia da ciência". Mal sabia que, o que sabia, não era exatamente o que ele sabia ou compreendia como ciência. A minha – mais positivista, marcada pelo discurso "dos modernos" e guardando uma perspectiva de certa maneira evolutiva em seu devir –, dividia natureza de cultura; razão de mito; humanos de não humanos e assim por diante. Na verdade, conforme confessei ao meu futuro orientando, anos depois, "eu era moderna e mal sabia". Já Gabriel "jamais foi moderno".

Nesse nosso primeiro encontro, tratei logo de desconversar. Achei que esse não era bem um tema de meu domínio; que não havia porque um aluno brasileiro, e de mestrado, fazer um projeto sobre Marie Curie e selecionar um tema "tão universal", ou ao menos europeu (assim pensava eu); ademais, temi que o estudante fosse um pouco visionário demais (digamos assim) em seus objetivos. Ainda bem que, passados tantos bons anos, tudo não tenha passado de um ledo e grande engano – da minha parte, bem claro.

Hora de voltar à nossa cena anterior. Ali estava na minha frente o Gabriel, com seu jeito a um só tempo incisivo e tímido de argumentar; sério, comprometido e decidido a me "convencer" do que, de fato, "convenceu". Ele tinha nas mãos um belo plano de investigação. Na verdade, a partir de um material a princípio circunscrito e pertencente a um acervo da Biblioteca Nacional da França, a pesquisa pretendia articular a radioatividade com a história e com a política científica, mas não só: também com o gênero.

Aceitei orientar o Gabriel (que também comoveu a banca toda de seleção do mestrado) e passei a trabalhar "à minha maneira" – vamos à biografia, ao contexto... – dizia eu, o tempo todo. Afinal, imaginei que havia entendido tudo, que dominava a matéria. Não contentes, eu e meu grupo de alunos começamos a cobrar mais circunstância, mais política, mais sociologia. Discordei (sempre), e provoquei muito ao Gabriel, dizendo que as ideias estavam soltas, que faltava mais negociação, agência. Mostrava (do alto da minha esperteza) que Curie "era poderosa", que seria preciso provar o papel dos Hotschild, como mecenas do casal de cientistas, usando todo tipo de argumento de sociologia histórica.

Calmo, Gabriel nos levava a Foucault, Latour, Deleuze, Butler, Haraway, Harding, Stengers, Sttrathern..., tudo de maneira muito própria e atuando como uma espécie de tradutor. Não um "tradutor traidor"; mas aquele que desfia fios, ajuda a compreender e, mais, dá à teoria feição própria e criativa.

A obra que o leitor tem em mãos é, pois, resultado de muito estudo, coerência, inteligência, cuidado e criatividade de Gabriel Pugliese. O livro traz de alguma maneira a história de Marie Curie, mas mais do que a história, o "caso": o caso da radioatividade. A partir dele é possível ler como no mundo da ciência e dos laboratórios travam-se disputas as quais, colocadas em perspectiva, permitem iluminar nossas "caixas pretas", no que se refere não apenas aos inventos, mapas, índices gráficos, mas também aos processos que envolveram disputas sociais e econômicas em torno da radioatividade e, igualmente, políticas desiguais de gênero e de outros marcadores de diferença, como idade, região e classe.

Tal qual as duas faces de Janus, Gabriel testa sempre muitas possibilidades, sem optar exatamente por uma, e vai mostrando de que maneira entre os anos de virada do século XIX para o XX (mais especificamente entre 1898 e 1911) muitas controvérsias ocorreram. Na linha de frente estava a ciência: "o grande mito dessa era". Dominá-la, dar conta dela, estabilizá-la, prever potencialidades e perigos fazia parte dessa agenda acelerada que prometia a modernidade, a velocidade, o tempo fugidio, a certeza e o controle. Não por acaso, nessa época, a palavra de ordem era "prevenção" e a utopia maior seria prevenir, antes que acontecesse novo ato de criminalidade, de loucura. Tudo poderia ser "domesticado", naturalizado a partir das promessas anunciadas e da égide da ciência. Homens iam aos ares e ganhavam o chão, e não por acaso a primeira locomotiva ganhava o dístico do "Catch me who can". A filosofia geral era que o conhecimento não tinha amarras e que a ciência nos redimiria de todo tipo de dependência.

No meio desse turbilhão volátil estava uma mulher, que firmemente acreditava que descobertas científicas não tinham gênero, pátria ou nacionalidade. Desmentida por seus pares, familiares e contemporâneos, até porque temos aqui um "caso" de política familiar e científica, Curie jogou o jogo da modernidade: isolou, estabilizou e teve seu nome referenciado pelas grandes instituições à época. O rádio venceu.

Já Gabriel, tal qual equilibrista, preocupa-se o tempo todo em andar no meio fio. Não se junta àqueles que fazem da história um

14   GABRIEL PUGLIESE

culto de veneração e de exaltação heroica, ou procura por protagonismos isolados e exacerbados. Mas também não entra no clube da denúncia ou daqueles que tem como projeto "desmontar" a ciência para "deixar a cru" suas "verdadeiras" intenções. Preferiu o caso, o acontecimento e, pelo detalhe, iluminou grandes estruturas: recuperou as batalhas da radioatividade e, assim fazendo, produziu não só o invento como a própria inventora: Marie Curie. Foi a cientista quem clamou – "façais o possível para que os laboratórios se multipliquem" –, e ajudou na multiplicações não exatamente dos pães, mas dos recintos.

Aquele que for procurar por aqui a "verdadeira" história da radioatividade ou de Curie, há de sair um pouco decepcionado, mas para isso não falta bibliografia. O que esse livro traz, e com grande perspicácia e inovação, é a reconstrução detida de processos de construção de redes científicas, modelos de laboratórios (que se convertem em metáforas gritantes da nossa própria modernidade ocidental), política de radioatividade e de gênero. Entender por dentro como se montam políticas de poder; qual o funcionamento dessas redes – tudo tensionado pelo gênero, pelo "jeitinho feminino", que longe de essencializado, aqui aparece como um "termo", uma relação – faz dessa obra um raro achado, um caminho original para entender, mais uma vez usando as palavras de Curie, como "um cientista (...) não é mero técnico: é também uma criança que confronta os fenômenos naturais que o impressionam como faziam os contos de fada".

Curie é, pois, um caso, mas muito mais que um caso: é também uma exceção, pois introduziu e friccionou as questões de gênero e sexo que obstruíam o feminino na prática da ciência. Na qualidade de esposa de Pierre; como sua companheira de pesquisas; como cientista que ganha o Olimpo científico; ou mesmo na posição de "polonesa" destruidora de lares", Marie Curie foi efeito e consequência da radioatividade; foi seu produto, mas também se produziu a partir dela. Não é, assim, possível captar essa história de maneira evolutiva e guardando uma cronologia fácil. Afinal, é no processo que inventora e invento se fazem e fazem ciência.

Claro que não há porque resumir um enredo, que, por sinal, o leitor tem em mãos. Além do mais, tenho certeza que seu autor o fará muito melhor do que eu. Esse longo relato, entremeado de passagens mais ou menos pessoais, é só testemunho (histórico nesse caso) de que Gabriel me "convenceu"; ou melhor, saí "convencida".

Mas ao final da reta, que é também começo, fico me perguntando sobre meu papel como desorientadora. Quem sabe não tenha sido mera coincidência Gabriel procurar uma interlocutora. Talvez a política de gêneros continue a fazer das suas e inspire novas transposições: outras possibilidades de andar na fronteira, no limbo, no império do meio.

Impossível desempatar a partida e, a bem da verdade, pouco importa. Só me resta uma certeza em relação à minha pequena participação nesse trabalho. Sempre pedi para que Gabriel fizesse um esforço de não se converter em tradutor de teorias alheias, até porque ele é mestre em defender e criar as suas. Por isso discutimos muito, argumentamos de parte a parte e é isso que faz um trabalho de orientação valer muito a pena. Gabriel foi, nesse sentido, e a todo momento, muito mais um interlocutor.

Mas há uma frase, constantemente repetida entre nós, e cada vez mais de maneira brincalhona, que pode bem constar do final dessa titubeante, mas sincera, introdução. Desde o primeiro dia criamos uma palavra de ordem que agora socializo, na medida em que realizo essa nossa primeira sessão de orientação, com testemunhas. Assim como Alice disse à Rainha de Copas, no famoso livro de Lewis Carrol, "Não é de bom tom comer alguém que se foi recém apresentado", apresento aqui minha versão da frase, criada ao lado de Gabriel: "Não é de bom tom ser papagaio de pirata".

Mas é possível rever o provérbio. Se papagaios são compreendidos como seres que repetem – papagueiam –, vale a pena experimentar outra acepção. Papagaios sempre estiveram presentes nas imagens sobre o Brasil, desde o Seiscentos. Coloridos, eles se imiscuíram à própria representação dos trópicos. Além do mais, eram essencialmente "diferentes", como o Novo Mundo. Por fim, falavam! É certo que ninguém sabia sobre o que falavam, mas o importante era o dom do som e da palavra. Sabe-se também que papagaios viraram metáfora e símbolo do ato da pintura: suas penas guardam todas as cores que a paleta pode desejar e mais recordam um arco-íris depois da chuva.

Juntando dois mais dois cheguei a cinco e pensei na minha própria ferramenta. Gabriel nunca foi papagaio de ninguém, ao menos como aquele que repete mecânica e sem sentido o que ouve e escuta. Mas desconfio que nem mesmo os papagaios sejam assim. Os papagaios podem "ter razões que a própria razão humana desconhece".

Prefiro, pois, a metáfora das cores. O papagaio dá ao pirata o colorido que seu olhar, em branco e preto, pode não conseguir captar. Por outro lado, assim como os papagaio, aprendemos todos por inspiração, importação e tradução. Mas Gabriel faz muito mais: relê, reescreve, anota a teoria para habita-la à sua maneira. Mais ainda, confere um colorido todo especial a uma passagem histórica que já nos parecia opaca e sem nuances de tom.

Depois de ler esse livro todos sairão definitivamente confiantes que temos aqui um caso; mas muito (muito) mais que um caso. Se não foi um "acaso", foi e é, com certeza, um belo pretexto.

Lilia Moritz Schwarcz
Professora titular do Departamento de Antropologia da USP
(desorientadora de Gabriel Pugliese)

O Caso Marie Curie

Marie Curie é conhecida como uma das mulheres mais importantes da história do Ocidente moderno. Dentre outras tantas cientistas, foi a primeira que, por ter seu nome associado à radioatividade, conquistou representatividade no mundo científico, mas também foi além, sendo muitas vezes lembrada pelos movimentos feministas. Seu caso é uma raridade, tão raro quanto os cientistas cujos nomes foram associados a algum fenômeno da natureza ou a algum "padrão de medida", por estabelecer uma linguagem comum entre técnicos, investigadores, empresas e Estados de todo o mundo. As pesquisas sobre a radioatividade enunciadas por Marie Curie não só criaram outra possibilidade para a física e para a química, como também para outros homens e mulheres na ciência. Mudanças ocorreram na Medicina, com a radioatividade aplicada resultando, entre outras coisas, na possibilidade da cura do câncer, o que afetou até mesmo a economia pelo fato de o rádio passar a ser o elemento químico mais caro do mundo. Além disso, o rádio tornou-se "tesouro de Estado" por conta de sua quase infinita fonte de energia atômica. Logo, várias partes do planeta foram povoadas com novos elementos químicos, uma nova composição da matéria, uma Medicina diferente, uma movimentada economia. Em meio a tudo isso, Marie Curie marca seu espaço na história das *Hards*

18   GABRIEL PUGLIESE

Sciences, tornando-se a cientista mais visível de todas elas, em um lugar historicamente menos propício.

Talvez, pela primeira vez na história da ciência moderna, o poder que obliterava o feminino não funcionou de forma autoevidente. Afinal, Marie Curie integra a pequena lista de cientistas que recebeu o prêmio Nobel, uma das condecorações hoje consideradas das mais louváveis na comunidade científica, e ainda com a façanha de tê-lo recebido por duas vezes. Além disso, é a única que recebeu o prêmio em categorias diferentes: o primeiro em Física, em 1903, dividido com Pierre Curie e com Henri Becquerel; e o segundo, sozinha, em Química, no ano de 1911. Em mais de cem anos do Nobel, somente duas mulheres ganharam em física e três em química.[1] Tal é o acontecimento, a radioatividade, que tem como um de seus efeitos uma política que produziu Marie Curie como uma descontinuidade. Sabe-se, até hoje, das dificuldades de mulheres trabalharem em territórios como a física ou a química (KELLER & LONGINO, 1996).

Marie Curie tornou-se um modelo popular de cientista, uma legenda em que muitos praticantes da ciência se inspiram. Nesse sentido, seu "caso" pode ser emblemático para se discutir tanto os problemas com mulheres e gênero nas ciências, quanto à singularidade das práticas que constituem a própria produção científica. Afinal, antes (e até depois) de Marie Curie, muitas mulheres se aventuraram no mundo científico, ora utilizando pseudônimos masculinos, ora trajando-se como homens de ciência como estratégia para passarem despercebidas pelo poder e conseguir certa notoriedade. Outras, ainda, enfrentaram as barreiras exaltando as qualidades das mulheres, também sem desfecho positivo. Algumas "produziram" pesquisas sozinhas, ou como assistentes de homens de ciência, maridos ou não, mas a grande maioria ficou invisível na

---

1 Em física: Marie Curie (1903) dividido e Maria Goeppert Mayer (1963), também dividido. Em Química: Marie Curie (1911) sozinha, Irene Joliot-Curie (1935) divido e Dorothy Hodgkin (1964), também sozinha. Cf. www.nobelprize.org.

história.[2] Marie Curie certamente representa um ponto de inflexão, em nenhum outro momento o gênero da ciência foi problematizado com tanta intensidade. Esse desnível da política sexual em sua relação com a radioatividade, e a pista que abre, constitui um clarão que permite problematizar a singularidade das ciências modernas com outros dados.

Assim procederei com esse livro, que é um simples estudo de caso. O estudo do "Caso Marie Curie", que não é entendido como algo do gênero policialesco ou romântico, mas como um "caso ilustrativo" – como se diz em matemática (STENGERS, 2002). Ele não me serve para provar nada, nenhuma teoria científica ou atavismo político. O que convém aqui é explorar as maneiras pelas quais descrevemos as situações e suas consequências. Trata-se de se debruçar sobre um problema que se coloca em jogo para ser resolvido, independentemente de quem o criou ou sobre quem ou o que ele se figura, mas visando, crucialmente, descrever "como" se dá seu funcionamento.[3] Pretendo explorar as "relações de relações", os "caracteres de caracteres" que se dão entre os humanos e as coisas, para "desobviar" o modo como são constituídos. Em um problema de matemática não importa os termos utilizados para uma ilustrar uma equação, mas antes, as relações entre os elementos que

---

2 Cf. SCHIEBINGER (2001). Na segunda metade do século XX, inventou-se a "história das mulheres na ciência", disciplina importante que veio para suprir uma lacuna, possibilitando o conhecimento de alguns casos que jamais tomaríamos nota na forma convencional de se fazer história da ciência, que é, em boa parte, uma história dos vencedores.

3 "Admitirei agora como um axioma que a ciência não é um conto de fadas. Não se dedica a estudar entidades incognoscíveis de propriedades arbitrárias e fantásticas. De que se ocupa então a ciência admitindo que esteja empreendendo algo importante? Minha resposta é que a ciência está determinando o caráter das coisas conhecidas (...). Os caracteres que a ciência distingue na natureza são caracteres sutis, não óbvios à primeira vista. São relações de relações e caracteres de caracteres." (WHITEHEAD, 1994: 49).

GABRIEL PUGLIESE

a compõe e seus efeitos; importam os sinais de soma, divisão, subtração, multiplicação e suas complexas variações.[4]

Minha intenção ao final é fazer a caracterização do "Caso Marie Curie" como um agenciamento, e o problema que ele encena, reagir – no sentido químico do verbo – a um aparente paradoxo analítico nos estudos feitos sobre a cientista. Sua singularidade foi tornada um bom mote, de uma ponta, para abordar as dificuldades de gênero que as cientistas enfrentam nesse território masculino e, em certo sentido, provar o carácter "masculinista" da ciencia (SEDENÕ, 1999; SCHIEBINGER, 2001; KELLER, 1985; MACGRAYNE, 1994). Mas também, da outra ponta, por Marie Curie ser uma cientista vitoriosa, um bom exemplo de que a ciência é neutra por excelência e que essas relações sociais e de gênero (apesar de existirem) são secundárias para as análises (MARTINS, 2004; GROSS & LEVIT, 1994). Um paradoxo muito interessante. Que outro "caso" poderia colocar questões desse tipo, simultaneamente, uma contra a outra?

Por meio do "Caso Marie Curie", pretendo desfazer esse paradoxo analítico. Dirijo meus esforços para uma "rotação de perspectiva", sob a luz do acontecimento próprio ao "Caso Marie Curie", procurando mostrar como a radioatividade põe em jogo um problema para a política e para a ciência, mesmo sem ter nascido de uma doutrina política ou científica. Se tenho esse cuidado, é porque espero não confundir o objeto de minha análise com as ferramentas que mobilizo para dar conta dele. Isto é, pedir que os personagens que vou enredar na minha descrição tivessem consciência do enredo que construirei e dos problemas que ele coloca. Espero fazer emergir outras relações no "Caso Marie Curie" e assim mostrar a complexa ligação de processos históricos múltiplos que

---

4 Como mostrou o próprio Lévi-Strauss em *O pensamento selvagem* (2005) – inspirado também na matemática – as "relações antecedem os termos". Quero dizer que, antes de explorar os sujeitos e os objetos, detenho-me na qualidade das relações que os produzem. Assim, não faço "biografias" exaustivas dos cientistas, instrumentos e fenômenos que estudo, e me limito a realizar somente a de alguns deles que considero mais importantes para a inteligibilidade desse trabalho.

o compõem, independentemente de certas premissas ou evidências já colocadas. No limite, fazer meus dados trazerem à superfície relações que foram perdidas, multiplicidades que certamente constituíram o que hoje conhecemos sobre Marie Curie e sobre a radioatividade, e que, talvez, tomamos como uma evidência.

De modo geral, este trabalho pretende eliminar de antemão ou mesmo deslocar pelo menos três atavismos sobre o "Caso Marie Curie", que ora se complementam e ora tornam-se radicalmente opostos, mas que compõem nosso primeiro e mais autoevidente imaginário sobre as relações que o constituíram. O primeiro, sobre a natureza transcendente e a-histórica da radioatividade, que permite ao analista descrever os procedimentos científicos que envolveram as pesquisas, utilizando ao seu favor aquilo que se sabe atualmente sobre o fenômeno. Tudo se passa nesse argumento como se a radioatividade estivesse lá o tempo todo, suspensa no tempo e ainda invisível, para ser descoberta pelos cientistas; a radioatividade como condição de possibilidade de sua própria caracterização laboratorial, tornando-se a única racionalmente possível. Perde-se, desse ponto de vista, o conjunto de relações de poder, dentre elas a política sexual, que o acontecimento da radioatividade colocou em cena como um operador que compõe seu território. Como frisou certa vez Alfred North Whitehead: "se desejamos obter um registro de uma experiência não interpretada, é melhor pedir a uma pedra para registrar a sua própria autobiografia" (*apud* STENGERS, 2000: 326). Nesse sentido, a explicação do que é a radioatividade está muito menos naquilo que a antecede (ontologicamente) como acontecimento do que naquilo que a sucede – nas lutas travadas entre os cientistas em torno das suas várias formas de existência relativa para transformá-la em *o* fenômeno unívoco que conhecemos hoje; relações de força em que o gênero é um operador importantíssimo. Ora, pois bem, a radioatividade tal como a conhecemos hoje foi um produto do processo contingente que pretendo descrever pelo menos em parte.

22 GABRIEL PUGLIESE

O segundo atavismo diz respeito às habilidades especiais (femininas ou não) de Madame Curie, na qual cria-se um sujeito dotado de características singulares que se desprende das relações de poder constituídas por meio da política sexual. Essa premissa ajuda a explicar de modo rápido a caracterização da radioatividade pela cientista em um território masculino. Ou seja, o aparecimento da radioatividade é explicado exatamente pelas qualidades de Marie Curie como cientista – o modo persistente, desinteressado e "estoico" com que abordou o fenômeno. Há aqui algo da ordem de uma autoevidência (da genialidade), que comporia a força da cientista. Quer dizer, suas ações "estratégicas" explicam o seu sucesso – o modo habilidoso como conduziu tanto as questões científicas quanto as sexuais, de modo a ser assimilada por um campo altamente resistente às mulheres. Centra-se, assim, a abordagem na figura de Marie Curie em suas ações – aqui é a cientista que se torna a transcendência –, mas pouco nas relações de força que funcionavam em torno, e muito menos na recalcitrância dos fenômenos que ela pretendia fazer existir em seu laboratório. Marie Curie aparece absolutamente "ativa", enquanto a radioatividade e os elementos químicos com quem ela trabalhava, absolutamente "passivos" perante suas ações. Isso me parece mais uma forma de "presentificar o passado", de encontrar por detrás e para além do conjunto das relações de força a legenda hagiográfica de Madame Curie, esse "sujeito" que seu caso ajudou a criar.

O terceiro atavismo é que a cientista em questão é uma exceção no que tange às relações de poder historicamente exercidas sobre as mulheres na ciência. Esse argumento é bastante recorrente, visto que Madame Curie é uma cientista extremamente laureada pelas proporções que tomaram suas pesquisas, tendo ganhado muita visibilidade por esse motivo. Ora, essa excepcionalidade não é explicada, ou estaria inscrita no seio das regras de dominação e de exclusão das mulheres, que não funcionaram da mesma forma para a cientista por conta da cooperação de seu marido, de um certo respaldo familiar, ou mesmo por uma "masculinização" de suas atividades. Isso se dá, a meu ver, com base numa romantização do "casal Curie", como se seus trabalhos fossem amplamente complementares. Tal complementaridade – que jamais fora problematizada para esse caso – implicava, antes de tudo, numa relação específica de poder, constituída por meio da imagística sexual, que se desdobrou na divisão dos trabalhos experimentais e nos caminhos das controvérsias que envolviam o fenômeno da radioatividade, produzindo Pierre e Marie Curie de maneiras singulares. Marie Curie certamente não estava "sozinha", as pessoas que estavam a sua volta a amparavam de alguma forma, mas daí não se pode tirar a conclusão rápida de que a capilaridade do poder não criava desníveis de gênero em meio às relações, inclusive essas.

Essas hipóteses, ora associadas, ora dissociadas, tendem a tomar como adquirido o que foi conquistado, em meio a um "sistema regional de lutas". A singularidade dessas lutas é o que gostaria de explorar; suas táticas, bloqueios, encontros, conexões, jogos de força, estratégias na relação entre os cientistas e os fenômenos da natureza, como parte das controvérsias científicas e das vicissitudes de gênero que evolveram (aquilo que passou a ser) a radioatividade, fazendo com que aparecesse posteriormente como uma evidência, uma universalidade. Meu intuito é mostrar como não é tão evidente assim uma mulher nas ciências modernas, seja como um "gênio" ou como uma "exceção", ao mesmo tempo em que a radioatividade não era a única caracterização possível para os fenômenos produzidos nos laboratórios.

A partir de agora, gostaria de explicitar, grosso modo, três regras do método que muito embora não se distingam entre si; poderíamos assim denominar: uma histórica, uma política e outra ética. Essas regras são mais autoimposições de prudência do que imperativos metodológicos. Em seguida, indico minhas fontes de pesquisa e o modo como concebo o material, aquilo que permite e limita o que quero apresentar aqui.

O MÉTODO E AS FONTES

Uma primeira questão do método impõe-se para o estudo do "Caso Marie Curie". Gostaria de delimitar o "Caso Marie Curie" sob o signo do "acontecimento", para descrever como a luta desigual de Marie Curie em favor da radioatividade foi suscitada pela possibilidade de afirmar "isso é científico" (STENGERS, 2002). Debruçar-me-ei sobre um problema que se constitui a partir de um conjunto de relações de força emergentes nos últimos anos do século XIX, a começar do encontro entre uma controvérsia científica e as vicissitudes de gênero. Desse modo, dissertarei sobre pessoas e coisas bem concretas envolvidas em questões igualmente concretas, que certamente têm nomes próprios, mas que nem assim designam sujeitos e objetos. Designam, antes de tudo, efeitos e multiplicidades que, certamente, estavam se constituindo ali (nada pré-discursivo) a partir das relações que os engendravam. Trata-se de um estudo da ordem do "como" o acontecimento da radioatividade criou uma "problematização" para os contemporâneos, tornando visível um conjunto de relações de força em torno do gênero (entre outros cortes), bem como uma política inusitada que desabrochou. Ali, onde os cientistas eram tentados a fazer referência a uma constante histórica ou científica, a uma evidência que se impusesse a todos, trata-se de ver uma "aclimatação", a maneira pela qual essa singularidade corrompeu tanto o gênero quanto a ciência.

Esse procedimento de análise me permite estudar um "problema" em oposição ao estudo de um "período".[5] Os marcos temporais são aqui muito mais um recurso para tornar minha descrição inteligível no tempo, do que um objetivo em si. Digamos que se trata de utilizar um método ascendente; não tomo como meu objeto o contexto histórico ou científico, nem mesmo a biografia de Marie Curie, como se de modo autoevidente tais pontos pudessem gerir as explicações do seu caso. Pretendo descrever não *a* totalidade desses assuntos e esgotar a realidade ali contida, mas o modo como

---

5 Ver FOUCAULT em "A poeira e a nuvem" (2006b).

algumas pequenas relações que foram produzidas entremeiam pessoas e coisas, elas mesmas constituindo-se como "efeitos de realidade". Ora, busco solucionar o problema do "Caso Marie Curie", menos pelo que antecede (lógica e ontologicamente) – o acontecimento da radioatividade – do que por aquilo que o sucede. Enfim, espreitar na história o que a rompe e a agita, e vigiar por trás da política o que pode incondicionalmente limitá-la. Trata-se de fazer aparecer um "problema" em canteiros históricos. Isso implica em distinguirmos os níveis e os domínios a que pertencem os cientistas e os fenômenos naturais da forma como a imagística sexual os constitui, para reconstruir os fios que se ligam e engendram. Enfim, reabrir certas "caixas-pretas"[6] para reconstituir o conjunto de relações que levaram à caracterização da radioatividade.

Mas isso implica em explicitar uma segunda questão de método, sobre o que se entende por gênero. Na pista de Strathern (2007), utilizo "gênero" como um substantivo não qualificado. Refiro-me a um tipo de diferenciação categorial que distribui a aparição das formas como "masculino", "feminino" e "neutro". Trabalho as categorizações de atributos, pessoas, eventos, sequências, não-humanos como construtos de gênero, ou seja, importa-me como a imagística sexual pode organizar as relações e distribuir o poder em sua lógica imanente. Identidade de gênero aqui não é uma questão, principalmente pelo fato nos levar a pensar, muitas vezes, que gênero é sinônimo de homens e mulheres. A ideia geral é fazer aparecer nas relações que circundam o "Caso Marie Curie" os diversos modos em que o gênero se cristaliza em sua heterogeneidade, enfim, os "mil pequenos sexos" que se multiplicam para territórios inesperados.

---

6 Trata-se de um recuo no tempo para estudar a "ciência em construção", os pesquisadores e as coisas em seu tempo de incertezas para acompanhar como são constituídos passo a passo (LATOUR, 2000). Assim meu intuito é, por meio dessa postura estratégica, acompanhar as discussões da época sobre a natureza dos raios do urânio e os problemas relativos à inserção feminina na Ciência.

26   GABRIEL PUGLIESE

Quando descrevo as relações de gênero em termos de imagística sexual, de maneira nenhuma estou pensando numa interpretação cultural do sexo, mas exatamente no seu funcionamento.

> Se sexo, ele próprio, é uma categoria tomada em seu gênero, não faz sentido definir o gênero como uma interpretação cultural do sexo. O gênero não deve ser meramente concebido como uma inscrição cultural de significado num sexo previamente dado (uma concepção jurídica); tem que designar o aparato mesmo de produção mediante o qual os próprios sexos são estabelecidos (...) ele também é um meio discursivo pelo qual "a natureza sexuada" ou um "sexo natural" é produzido e estabelecido como pré-discursivo. (BUTLER, 2008: 25).

Desejo experimentar qual a possibilidade do par masculino/feminino, "fazer-existir" a natureza de acordo com as relações de poder constituídas por meio do gênero. Entretanto, também perguntar pelo gênero da ciência, como a diferença criada por suas práticas experimentais promove uma relação especial com as vicissitudes de gênero, de modo que sua distibuição de poder acabe por "gaguejar". Trata-se de problematizar uma via de mão dupla: não só como o gênero constitui a ciência, mas também como a ciência constitui o gênero – ou seja, problematizar a variação do gênero a partir da variação da radioatividade. Mediante isso, como opção de método, meu intuito é mostrar as fissuras na política sexual, como ela variou em um ou em outro sentido a partir de outra coisa que não ela mesma. Como fiz questão de notar, gênero não é aqui entendido como fenômenos que definem (somente) homens e mulheres, mas também eventos e sequências etc; de tal modo que, apesar de deliberadamente privilegiar essa relação de força, evito colocar o problema em termos duais.

Estou tentando tornar claro que a abordagem pretendida sobre as relações de gênero não se refere ao conceito de dominação

SOBRE O "CASO MARIE CURIE"   27

e ao de Poder (com *p* maiúsculo), que se definem enquanto uma propriedade de homens e mulheres. Quer dizer, algo que remeta a algum modo de sujeição que, em oposição à violência, tenha a força da regra. Assim, não há aqueles que têm o Poder (geralmente homens) e aquelas que são subjugadas por ele (geralmente mulheres), mas somente relações de força imanentes aos domínios onde se exercem e que se distribuem segundo suas estratégias complexas, produzindo uns e outras (inclusive instituições) em sua própria variação local. Nesse sentido, também utilizo aqui a palavra "local" em dois sentidos diferentes: o poder é local porque não é nunca global ou universal; e o poder não é localizável porque não há alguém que o detém, ele se exerce muito mais do que se possui (FOUCAULT, 2008).[7]

Mas ainda será necessário defrontar-me com uma terceira questão de método. O "principio de irredução" (STENGERS, 2002: 27), que significa "desconfiança em relação ao conjunto das palavras que levam quase automaticamente à tentação de explicar reduzindo, ou estabelecer uma diferença entre dois termos que os reduz a uma oposição irredutível".[8] Serei cuidadoso, nesse raciocínio, ao utilizar palavras que têm por vocação revelar a verdade por detrás das aparências, ou de denunciar as aparências que ocultavam a verdade. Desejo, assim, explorar as relações de força que constituíram o "Caso Marie Curie" nos próprios termos de suas relações. Com essa tecnologia descritiva, pretendo prescrever um recuo em relação à pretensão do "poder de julgamento", explicitado por Deleuze

---

7 Afinal, "a dominação masculina não é tão homogênea, ou hegemônica, quanto o pretendido, e tampouco se trata de homens exercendo essa dominação sobre mulheres" (CORRÊA, 1999: 13).

8 Tomamos como exemplo as palavras "política" e "ciência", seguindo a própria autora. Falar de ciência com um enfoque político pode fazer parecer que ciência nada mais é do que política, ou mesmo um conjunto de relações de Poder, como se ela fosse uma ideologia mentirosa. Protestar, ao contrário, que a ciência transcende o mundo da política seria implicitamente identificar a política com o mundo arbitrário e irracional. Quer dizer, o "princípio de irredução" nega qualquer redução das conexões que podem ou não contar para descrever a ciência.

(2006).[9] Não se pode imaginar saber mais e melhor o que define o ofício do cientista do que aquele que pratica a ciência. Da mesma maneira, como é difícil falar para o açougueiro da qualidade da carne; para um religioso que aquilo para onde dirige sua fé não existe; ou dizer "o que fazer" para um "sujeitado" no que diz respeito às suas políticas em nome de um bem maior.

A força dessa prescrição evita que o analista possa se mostrar *o* convertido e se posicionar ferozmente ou devotadamente contra aqueles que permanecem na ilusão que ele acaba de se afastar. "Não existe pior perseguidor de um grão de milho do que outro grão de milho quando está totalmente identificado com uma galinha" (BUTLER *apud* STENGERS, 2002: 26). Pretendo me instalar numa baliza que não faça da ciência um objeto de "veneração", como se as coisas ali fossem evidentes e boas demais para serem discutidas; mas também, que não a faça objeto de "denúncia", como se nada pudesse aparecer para além da crítica e de uma reformulação de seus pressupostos.

Essas regras de prudência me permitem (eu espero) tornar visível o modo como os/as cientistas envolvidos com as pesquisas da radioatividade se envolveram em relações de força de toda ordem, que certamente implicaram desigualdades, mas principalmente em uma política singular que criou o que posso chamar hoje de "Caso Marie Curie". Aqui, mais uma vez, exploro o contraste entre fazer um trabalho com a vocação de mostrar a relatividade do verdadeiro (relativismo que coloca em xeque a ciência numa desconstrução da verdade), e os trabalhos com a vocação de mostrar a verdade do relativo (construtivismo que pretende mostrar como se produz o verdadeiro). Eu não gostaria de dizer *a* realidade sobre a ciência

---

9 "Não é antes o juízo que supõe critérios preexistentes (valores superiores), e preexistentes desde sempre (no infinito do tempo), de tal maneira que não consegue apreender o que há de novo num existente, nem sequer pressentir a criação de um modo de existência? (...) O juízo impede a chegada de qualquer novo modo de existência. Pois este se cria por suas próprias forças, isto é, pelas forças que sabe captar, e vale por si mesmo na medida em que faz existir a nova combinação. Talvez esteja aí o segredo: fazer-existir, não julgar." (DELEUZE, 2006: 153).

SOBRE O "CASO MARIE CURIE" 29

produzida no "Caso Marie Curie", tampouco desconstruí-la, mas gostaria de descrevê-la, isto é, como produziu realidade de modo singular. Isso me permite tentar encontrar uma descrição adequada para a singularidade de meu objeto, e não *a* descrição adequada. A arte da antropologia consiste em não criar problemas para aqueles que estudamos, mas ao contrário, fazer com que os "problemas" daqueles que estudamos criem questões para a antropologia.

Isso posto, avançaremos para as fontes. Que fique claro logo no início que não pretendo fazer uma descrição "objetiva" dos dados, se por objetividade se entender completude ou exaustão para provar algo. Minhas ambições são mais simples. Por quais meios tornarei possível fazer a "aclimatação" de que falei até então emergir? Ou melhor, quais fontes permitem descrever o "Caso Marie Curie"? Quais documentos, dentro de minhas possibilidades de pesquisa, são necessários e suficientes para fazer aparecer as relações que constituíram as questões que pretendo abarcar? Tomo como base duas fontes, igualmente importantes, que desloco em primeiro plano:

1) De um lado, as comunicações dos cientistas que tentavam domar a natureza dos raios misteriosos – fenômeno ainda desconhecido no final do século XIX e no início do XX – nos periódicos *Comptus Rendus, Nature, Revue Scientifique, Philosophical Magazine, Transations of the Chemical Society, Phisical Review.* Essas notas científicas não só me aproximaram dos procedimentos técnicos de laboratório, como possibilitaram o acompanhamento das controvérsias que ali se configuraram. Estou me referindo às estratégias, contralaboratórios, deslocamento de problemas e pautas de pesquisa, muitos esquecidos pela história, inferidos naquele momento e que mostram toda a variação da radioatividade como um fenômeno natural. Para complementar essas primeiras fontes, consultei a tese de doutoramento de Marie Curie (1904), assim como seus livros sobre a radioatividade.

2) De outro lado, é preciso indagar o que há "dentro" das biografias sobre Marie Curie. Há uma imensidão de cartas trocadas pelo

"casal Curie" com a família, com outros cientistas, com a comissão de Nobel etc. Utilizo-me, por exemplo, das matérias de jornais que foram pesquisadas pelas biógrafas da cientista (não tive o acesso ao original). Além disso, existe a autobiografia de Marie Curie, que é quase inteiramente um tratado sobre as dificuldades para conseguir exercer o ofício de cientista, que muitas vezes se confundia com a própria vida. É, de fato, uma das poucas vezes que os problemas com gênero são objeto de discurso de Marie Curie, ainda que bastante indiretamente.

Como se pode perceber, os dados extralaboratoriais são extraídos, em sua maior parte, de segunda mão.[10] Todavia, de meu ponto de vista, o conjunto de documentação, embora limitado (esse é o balaio que tenho para extrair relações para estudar), é suficiente para meus objetivos, e com ele dirigi os esforços para uma pesquisa antropológica de um problema que se dá num "entre-tempo" envolvendo a transformação de uma política sexual em torno de Marie Curie e de uma ciência emergente. O período mais importante da análise corresponde aos anos de 1898 a 1911, mas apresento algumas relações que entendo importantes tanto "antes" quanto "depois".

---

10 Infelizmente, não tive acesso aos originais, disponíveis somente mediante autorização no Museu Curie e na Biblioteca Nacional da França. Os recursos financeiros da bolsa de mestrado eram insuficientes para superar não apenas a dificuldade da distância, mas também o perigo, devido à radioatividade do material (instrumentos e notas originais), que só poderia ser consultado utilizando-se uma roupa revestida de chumbo, adquirida perante autorização dos meios legais para a pesquisa. Ver Goldsmith (2006). Num segundo plano, estão ainda os dados coletados por outros intérpretes de Marie Curie e/ou a radioatividade, que representam a minha interlocução. Eles fornecem informações para além do que foi possível colher nas fontes que elegi como as principais.

Uma raridade e suas problematizações: o encontro entre gênero e ciência (1895-1898)

A EFERVESCÊNCIA: OS MISTERIOSOS RAIOS X

O "movimento científico" que Marie Curie embarcou para fazer seu doutoramento é o que descrevo a partir de agora. Como ela mesma disse, em 1903, durante a tese intitulada *Recherches sur les substances radioactives*:

> (...) o tema [os raios misteriosos] tomou cada vez mais importância, dando lugar a um movimento científico de forma que numerosos artigos sobre os corpos radiativos apareceram constantemente, principalmente no estrangeiro. (CURIE, 1904: 3)

Fatos duros são raros, afinal, são acontecimentos poderosos que em nossa vivência constituem a passagem do tempo. As pesquisas sobre os Raios X (*X* simboliza uma quantidade desconhecida em matemática) produziram muitos deles, uma sucessão de fatos duros, aquilo que apresentamos em um sentido convencional como uma revolução científica.[1]

---

[1] Para uma abordagem dos com instrumentos diferentes dos meus, ver o ótimo livro de organização de Santos (1998), *Da revolução científica à revolução tecnológica*, principalmente o texto de Roberto de Andrade Martins. E, que me desculpe Martins, mas seus artigos (2003, 1998a, 1998b), em conjunto, implicam numa

32 GABRIEL PUGLIESE

Acontece que, entre os anos de 1895 e 1896, alguns cientistas renomados "mundialmente" receberam cópias de um artigo acerca de um fenômeno desconhecido e muito interessante para a pesquisa. Entre os que receberam as separatas estavam Boltzman, Lord Kelvin, Poincaré, Lorentz e tantos outros. O artigo era assinado por Wilhelm Conrad Röntgen, um cientista alemão que, em seus experimentos no segundo semestre de 1895, em Wurzburg, havia detectado um fenômeno desconhecido que nomeou de Raios X. Ele concedeu uma entrevista alguns dias após a divulgação da descoberta:

> Eu estava interessado há muito tempo no problema dos raios catódicos em tubos de vácuo, estudados por Hertz e Lenard. Eu havia seguido suas pesquisas e a de outros com grande interesse e decidira que logo que tivesse tempo faria algumas pesquisas próprias. Encontrei esse tempo no final do último mês de outubro. Eu estava trabalhando há alguns dias quando descobri algo de novo (...). Eu estava trabalhando com um tubo *Crookes* coberto por uma blindagem de papelão preto. Um pedaço de papel com platino-cianeto de bário estava lá na mesa. Eu tinha passado uma corrente ali no tubo, pois a blindagem que cobria era opaca a qualquer luz conhecida, mesmo a do arco elétrico (...). Assumi que o efeito vinha do tubo, pois seu caráter indicava que ele não poderia vir de nenhum outro lugar. Eu o testei. Em poucos minutos não havia dúvida sobre isso. Estavam saindo raios do tubo que tinham um efeito luminescente sobre o papel (...). Ele parecia inicialmente algum tipo de luz invisível. Era claramente algo novo não registrado

---

belíssima etnografia das práticas laboratoriais decorrentes dos raios X. Não poderia explicitar sua importância para minha dissertação somente com algumas citações. No entanto, como irá se perceber, explicitarei durante o trabalho algumas discordâncias com o autor, não no que se refere à sua descrição, mas aos fundamentos filosóficos que a compõem.

(…). Tendo descoberto a existência de um novo tipo de raios, é claro que comecei investigar o que eles fariam. (Entrevista com Röntgen feita por Henry Dan, citado em MARTINS, 1998a: 375)

Após ter mostrado a singularidade do fenômeno ainda não classificado, o cientista dedicou-se exclusivamente a experimentar os rendimentos dos Raios X, "o que eles fariam". Experimentando a agência dos raios durante as pesquisas, começou experimentar a possibilidade de produzir fotografias e, numa delas, percebeu o contorno dos ossos de seus dedos. Impressionado com o que observou, levou sua esposa ao laboratório e fotografou sua mão esquerda com os Raios X. Tal evento gerou grande curiosidade e disseminou rapidamente as pesquisas. Afinal, não era possível ver os ossos de um determinado corpo vivo sem dissecá-lo inteiramente: era necessário toda uma carnificina. A "fotografia de Röntgen" (hoje conhecida como radiografia) - a imagem da mão de sua esposa - se transformou numa das mais famosas imagens do momento e, portanto, da história das ciências.

Ninguém sabia *o que* emitia aqueles raios, nem *do que* se tratava. Em pouco tempo, a causa foi objeto de especulações diferentes, mas somente especulações. Com o que relatou Röntgen em seus artigos, os raios descobertos não poderiam ser confundidos com nenhum outro raio até então conhecido (luz, raios ultravioleta, raios infravermelhos, raios catódicos etc.), por analogia e diferenciação ele demonstrou que não se tratava de nenhum desses fenômenos - os agentes físicos conhecidos que também produziam fluorescência. Não poderiam ser os raios ultravioleta, nem os infravermelhos, pois não poderiam ser refletidos nem refratados. Também não podiam ser raios catódicos, por conta do poder de maior penetração em corpos e por não poderem ser desviados por ímãs. Finalmente, não poderiam ser a luz, pois eram de caráter invisível. Mesmo tendo se dedicado aos efeitos do fenômeno, deixando claramente de lado sua causa, ele levantou uma hipótese:

34 GABRIEL PUGLIESE

(…) Portanto, não deveriam os novos raios ser atribuídos a vibrações longitudinais do éter? Devo admitir que no decorrer da investigação tornei-me cada vez mais inclinado a essa opinião e, assim, permito-me exprimir aqui essa conjectura, embora esteja perfeitamente consciente de que a explicação fornecida ainda necessita de maior fundamentação.[2]

Essa é a conclusão do artigo que foi enviado a outros cientistas europeus no início de 1896. A esperança de Röntgen era que outros cientistas – mais bem municiados que ele – pudessem atribuir uma causa ao fenômeno. Logo, os enigmáticos Raios X (ou Raios Röntgen) saíram do pequeno laboratório em Wurzburg, na Alemanha, para chegarem a grandes laboratórios da Europa toda. Em menos de um ano, mais de mil comunicações científicas foram publicadas sobre o assunto, e os Raios X passaram a ser o grande tema de pesquisa na Física. Muitos jornais e revistas divulgaram as pesquisas, dando a elas um respaldo popular. As fotografias de Röntgen eram de fato incríveis. Em Berlim, logo após ter lido uma separata do artigo de Röntgen, o professor Otto Lummer escreveu: "Não pude evitar pensar que estava lendo um conto de fadas quando li a primeira comunicação, mas o nome do autor e suas provas sólidas logo me libertaram de qualquer ilusão desse tipo" (citado em MARTINS, 1997).

Na Inglaterra e na França, já no mês de janeiro de 1896, foram divulgados os resultados da pesquisa de Röntgen por Swinton e Poincaré, respectivamente. Ambos repetiram os experimentos publicamente nas academias de ciências de seus países, o que abriu os laboratórios à pesquisa, produzindo toda uma corrida científica no continente. Os desconhecidos Raios X inquietaram os cientista em busca de sua natureza e, como remetiam a um progresso que

2 RÖNTGEN, W. C. "Nouvelles recherches sur les proprietes et sur l'origine des rayons X". In: *Revue Générale des Sciences*, v. 7, p. 499-500, 1896. (tradução completa em MARTINS, 1998a)

SOBRE O "CASO MARIE CURIE"   35

poderia ser facilmente alcançado, tornaram-se uma questão de urgência. Todavia, com a repetição e a variação dos experimentos, alguns pesquisadores – J. J. Thomson, Benoist e Hurmuzescu, dentre outros – notaram a falta de homogeneidade da radiação, o que poderia levar a crer que existiam diferentes tipos de Raios X. Joseph John Thomson foi quem descobriu que os Raios X eram capazes de descarregar eletroscópios, isto é, tornar o ar um bom condutor de energia. Ele apresentou esse resultado com a comunicação à *Cambridge Philosophical Society*. Os outros dois reproduziram as experiências na Academia de Ciências de Paris.

Naquela época existiam diferentes ondas do éter entre os cientistas, todas elas com diferentes comprimentos: raios ultravioleta, luz visível, infravermelho, catódicos etc. Em seu trabalho, Röntgen já havia diferenciado seus raios dos conhecidos, mas vários experimentos feitos por cientistas de toda Europa não só ratificaram a novidade do fenômeno como também iniciaram, a partir de novas hipóteses, outros testes para tentar compreendê-lo. O fato é que várias aproximações foram feitas com os fenômenos conhecidos, imaginando que os Raios X pudessem ser alguma variação destes. Nenhuma delas tiveram sucesso. De fato, os Raios X eram muito parecidos com os raios ultravioleta; eles possibilitavam sensibilizar chapas fotográficas e também produziam fluorescência, sendo que ambos eram invisíveis a olho nu. Mas uma diferença era crucial: a impossibilidade da refração e da reflexão, facilmente detectada com os raios ultravioleta e impossível com os Raios X.

Detenho-me, a partir de agora, na divulgação realizada na França, por parte de Henri Poincaré, dos estudos sobre os Raios X e as pesquisas que daí derivaram. Ainda procurando saber qual a causa do fenômeno, o cientista alertou para a possibilidade de haver alguma relação entre a emissão dos Raios X e a fluorescência do vidro.

> (...) É, portanto, o vidro que emite os raios Röntgen, e ele os emite tornando-se fluorescente. Podemos nos perguntar se todos os corpos cuja fluorescência seja

36   GABRIEL PUGLIESE

suficientemente intensa não emitiriam, além de raios luminosos, os raios X de Röntgen, qualquer que seja a causa de sua fluorescência. Nesse caso, o fenômeno não estaria ligado a uma causa elétrica. Isso não é muito provável, mas é possível, e sem dúvida é fácil de verificar."[3]

É a busca dessa relação entre a fluorescência e os Raios X que, de certa maneira, orientou boa parte dos estudos científicos, como, por exemplo, os de Becquerel e de Marie Curie. Entretanto, o primeiro cientista disposto a testar a hipótese de Poincaré foi Charles Henry. Ele experimentou o sulfeto de zinco fosforescente como um componente intensificador dos efeitos dos Raios X emitidos pelo tubo Crookes. Fez a pesquisa cobrindo o objeto a ser fotografado com uma camada de sulfeto de zinco e excitando sua fosforescência pela queima de uma tira de magnésio entre a substância e o tubo Crookes. Concluiu afirmativamente: a substância junto à ação da luz fazia com que os raios fossem intensificados, o que se verificava pela maior nitidez da fotografia.[4] Tal procedimento confirmou *in loco* a hipótese de Poincaré: assim como as paredes do tubo Crookes, um outro material também emitia os raios misteriosos.

Seria comum que mais cientistas reproduzissem o experimento com outras substâncias. Desse modo, Niewenglowski aprofundou os estudos utilizando outro material; dessa vez o sulfeto de cálcio fosforescente, produzindo um efeito parecido. Seus resultados são assim descritos:

(...) Tendo envolvido uma folha de papel sensível (papel fotográfico) com diversas camadas de papel agulha negro ou vermelho, coloquei acima dela duas moedas e recobri uma das metades (da folha) com uma placa de

3   POINCARÉ, Henry. "Les rayons cathodiques et les rayons Roentgen". *Revue Générale des Sciences*, v. 7, p. 52-59, 1896.

4   HENRY, Charles. "Argumentation du rendement photographique des rayons Roentgen par le sulfure de zinc phosphorescent". In: *Comptes Rendus*, 1896, v. 122, p. 312-314.

vidro com pó fosforescente (sulfeto de cálcio). Depois de quatro ou cinco horas de exposição ao Sol, a metade do papel sensível que havia recebido diretamente as radiações solares havia ficado intacta e não apresentava nenhum sinal da moeda colocada acima dela, indicando assim que o papel negro ou vermelho não havia sido atravessado pela luz. A metade que só recebia através da placa fosforescente estava completamente anegrejada, exceto pela porção correspondente a uma das moedas, da qual foi produzida um contorno branco sobre um fundo negro.

Colocando somente uma camada de papel vermelho fino, permitindo a passagem dos raios solares, constatei que a amostra do papel sensível que só recebia as radiações solares após sua passagem pela camada fosforescente enegrecia muito mais rapidamente do que a outra.

Pude também observar que a luz emitida pelo pó fosforescente antecipadamente iluminado ao Sol, na obscuridade, era capaz de atravessar várias camadas de papel vermelho e obscurecer um papel sensível que deles estava separado por essas camadas de papel.[5]

Os instrumentos e as substâncias utilizadas pelos cientistas convergiram diretamente para a conjectura de Poncaré. Eles observaram que os materiais fosforescentes emitiam Raios X quando iluminados. Mas, de acordo com as relações entre as substâncias, ainda houve outra informação importante nos experimentos: mesmo sendo colocado em lugar escuro após a exposição aos raios do

---

5 NIEWENGLOWSKI, G. H. "Sur la proprieté qu'ont les radiation émises par le corps phosphorecents, de traverser certains corps opaques à la lumière solaire, et sur les experiences de M. G. Lebon, sur la lumière niore". In: *Comptes Rendus*, v. 122, 1896.

38 GABRIEL PUGLIESE

sol, o material fosforescente continuava a emitir radiações capazes de atravessar o papel negro.

Durante essas pesquisas foi possível emitir, cada vez mais rapidamente, as "fotografias de Röntgen". Se elas necessitavam de vários minutos nos primeiros experimentos, a intensificação dos Raios X por meio da luminosidade diminuiu o tempo da sensibilização das chapas fotográficas, a ponto de, já naquele período, ser possível realizá-las em trinta segundos.[6] Isso em menos de dois meses da descoberta dos raios. Desse modo, essas aplicações técnicas começaram a ressoar para a medicina, abrindo todo um campo novo para as pesquisas.

No laboratório, esse grande criador de diferenças, Röntgen, na Alemanha, produziu um dispositivo experimental para os Raios X, fez com que os raios (normalmente) invisíveis aparecessem (anormalmente) visíveis em seus efeitos. O trabalho do cientista, revirando seu laboratório, produziu um fenômeno que criou uma diferença em relação ao conhecido, produzindo uma ruptura, que significava uma abertura para o novo, para o inusitado. Os trabalhos que se seguiram, tanto na França quanto na Inglaterra, conseguiram mostrar mais atividades dos raios (aquilo que os fazem mais visíveis e também os seus efeitos), sem saber o que de fato era o seu "ser". O importante a frisar aqui é que para além das conjunturas, a causa do fenômeno estava longe de ser caracterizada, apesar de seus efeitos já adquirirem notoriedade mundial.

A popularidade das "fotografias de Röntgen" não se limitou aos círculos científicos – acabava por interferir na imaginação futurista de todos.

---

6 Foucault (2006c) analisou as mudanças de visibilidade no saber médico, tomando como um dos pontos fundamentais o momento em que Bichat disse: "abram alguns cadáveres". Sua análise, no entanto, dirigiu-se até a metade do século XIX, e não há dúvida que os Raios X, já na passagem para o século XX, tornaram desnecessário dissecar para ver... Os Raios X não acarretaram em outra mudança no ver-saber? Deixo aqui uma pista, resta investigar.

> O cáiser Guilherme II convocou Röntgen para uma demonstração quase circense dos raios milagrosos, após a qual ele recebeu a Ordem da Coroa. À medida que se tornavam conhecidos mundo afora, os raios X viraram objeto de caricaturas: maridos espiando as esposas por raios X através de portas trancadas, binóculos de ópera que revelavam corpos nus sob os figurinos. Um legislador de Nova Jersey tentou proibir os raios X, tachando-os de potencialmente libertinos. Uma figura em Londres vendeu ternos à prova de raios X. Um jornal sugeriu a sério que as faculdades de medicina usassem os raios X para instalar diagramas e fórmulas direto nos cérebros dos estudantes. (GOLDSMITH, 2006: 52-53)[7]

De toda sua carreira como cientista, Röntgen só escreveu três artigos sobre os Raios X. Não se tratava de sua área predileta, que era principalmente a física dos sólidos. Após escrever os três artigos e abrir a possibilidade de pesquisa para outros interessados, ele voltou a pesquisar em sua área de interesse, muito embora pelo delírio que gerado pelos Raios X: "em poucos dias eu estava enojado com a coisa toda. Eu já não conseguia reconhecer meus próprios trabalhos nos relatos. Para mim a fotografia era um meio para um fim, mas foi transformada na coisa mais importante. Gradualmente habituei-me com o ruído, mas a tempestade durou bastante" (citado em PENHA DA SILVA, 2004). Na verdade, não se tratava de exagero. Como os experimentos eram de muito fácil acesso, pois os materiais e os instrumentos poderiam ser adquiridos facilmente, muitos populares gostavam de repeti-los em suas casas. Produzia-se, assim, chapas de seus corpos e de animais de estimação para

---

7 Talvez seja esse mesmo um dos motivos – o apelo popular que a descoberta trouxe – que fez com que Röntgen viesse a ser premiado com o Nobel em 1901(o primeiro prêmio Nobel da história). De acordo com o "espírito científico", o cientista doou o prêmio de 70 mil francos-ouro para instituições de pesquisa e de caridade, assim como se recusou a patentear a descoberta (GOLDSMITH, 2006).

40   GABRIEL PUGLIESE

guardar de recordação entre outras coisas (QUINN, 1997). Entrou-se num "delírio" coletivo, o êxtase causado pelo fenômeno e o futurismo que possibilitava, não só tornaram o cientista alemão famoso mundialmente, como fazia com que os raios X se tornassem um catalizador das urgências laboratoriais da Europa, que por sua vez já cristalizavam uma competição científica entre as nações interessadas. A ciência e o futurismo que almejava como um modo de política nacional entre França, Inglaterra e Alemanha, cada uma a seu modo, incentivavam seus cientistas as pesquisas.

A fama e os outros compromissos tomaram tempo suficiente para que Röntgen não conseguisse mais acompanhar as discussões que se seguiam, isso lhe afastou das pesquisas sobre o fenômeno que deu visibilidade. Além disso, muitos dos outros pesquisadores que se interessaram pelo fenômeno dispunham de melhores recursos. Os principais eram Lord Kelvin, na Inglaterra, um dos maiores e mais respeitados físicos na época, e Henri Becquerel, que pertencia a uma linhagem de grandes cientistas franceses, todos membros da Academia de Ciências de Paris e bastante conhecidos nos laboratórios mundo afora.

Becquerel interessou-se pelo fenômeno dos Raios X, também devido à analogia com os fenômenos estudados em seu treinamento primário em ciências. Seu pai, Edmond Becquerel, havia se tornado conhecido por suas pesquisas com radiação ultravioleta, fosforescência e fluorescência. No laboratório de seu pai, Henri Becquerel desenvolveu seu treino científico e realizou suas primeira pesquisas. (...) Entre outras coisas, estudos sobre fosforescência invisível (no infravermelho) de várias substâncias. Estudou, em particular, os espectros de fluorescência de sais de urânio, utilizando amostras que seu pai havia acumulado durante o tempo. (MARTINS, 1998b: 33).

Digamos que o laboratório que estava à sua disposição, o Museu de História Natural, do qual seu pai era presidente e Henri um funcionário de alta patente, era dos mais equipados da Europa. Os materiais e instrumentos ali disponíveis eram bastante ricos para os parâmetros da época. Como os trabalhos anteriores apontavam para uma direção interessante da pesquisa, Becquerel viu a possibilidade de contribuir. Afinal, ele tinha todos os equipamentos e as substancias bem à sua frente, assim como todo o treinamento necessário para dar continuidade aos trabalhos. Os resultados apresentados na Academia de Ciências iam ao encontro das pesquisas de seu pai; trabalhos que ele conhecia como ninguém. Tomando suas palavras: "pensei imediatamente em investigar se todos os corpos fosforescentes não poderiam emitir raios parecidos" (citado em QUINN, 1997: 152). Becquerel começou a fazer suas experiências e as tornou públicas na semana seguinte:

> Em uma reunião precedente, Charles Henry notificou que, ao se colocar o Zinco fosforescente no caminho dos raios que saem do tubo Crookes, aumentava a intensidade das radiações que penetram o alumínio. Além disso, Niewenglowski descobriu que o sulfeto de cálcio fosforescente, comercial, emite radiações que penetram em substâncias opacas.

> Esse comportamento se estende a várias substâncias fosforescentes e, em particular, aos sais de urânio, cuja fosforescência tem uma duração muito curta. Com o sulfato duplo de urânio e potássio, de que possuo alguns cristais sob a forma de uma crosta transparente, fina, realizei a seguinte experiência:

> Envolve-se uma chapa fotográfica de Lumière em duas folhas de papel negro muito espesso, de tal forma que a chapa não se escureça mesmo exposta ao sol durante um dia. Coloca-se uma placa de substância fosforescente sobre o papel, do lado de fora, e o conjunto é exposto ao sol durante várias horas. Quando se revela a chapa

fotográfica, surge a silhueta da substância fosforescente, que aparece negra no negativo. Se for colocado uma moeda ou uma chapa metálica perfurada, entre a substancia fosforescente e o papel, a imagem desse objetos poderá ser vista no negativo.

As mesmas substâncias podem ser repetidas colocando-se uma chapa fina de vidro entre a substância fosforescente e o papel; e isso exclui a possibilidade de qualquer ação química por vapores que pudessem sair da substância ao ser aquecida pelos raios de sol. Pode-se concluir dessas experiências que a substância fosforescente em questão emite radiações que penetram um papel opaco à luz e reduzem os sais de prata [sensibilizam o papel fotográfico].[8]

Além de fazer um balanço sobre o que havia sido produzido na França, acrescenta-se mais uma substância ao rol das produtoras dos raios desconhecidos, que age exatamente como o previsto: um composto de urânio. O urânio também sensibiliza o papel fotográfico. Utilizar o maior número de substâncias possíveis na repetição do mesmo experimento parece ter sido o caminho mais simples para imaginar uma teoria geral sobre a causa do fenômeno, ou mesmo, neste caso, tentar verificar a veracidade ou a falsidade da hipótese de Poincaré, que até então ganhava corpo. Começava a ganhar, um pouco, um efeito de realidade acerca do fenômeno. Uma semana depois dos primeiros experimentos de Becquerel terem sido apresentados na Academia de Ciências de Paris, outros cientistas publicaram seus trabalhos seguindo a mesma linha de raciocínio. D'Arsoval, por exemplo, apresentou sua comunicação afirmando "ter obtido radiografias (*sic*) utilizando uma lâmpada fluorescente

---

8 BECQUEREL, Henri. "Sur les radiations émises par phosphorescence". In: *Comptes Rendus*, 1896, v. 122, p. 420-421. (Comunicação completa de BECQUEREL, 1896a, tradução citada em MARTINS, 1998a: 33-34).

e recobrindo os objetos a serem radiografados com um vidro fluorescente contendo sal de urânio" (MARTINS, 1998b: 34). Segundo ele, corpos fluorescentes de intensidades amarelo-esverdeadas são capazes também de impressionar as chapas fotográficas enroladas com papel opaco à luz.

Mas aqui uma ressalva é crucial. Não irei, de modo algum, descaracterizar suas experiências sobre o fenômeno com base no que conhecemos no presente. O que tendo a fazer aqui implica, num certo sentido, na recuperação dos "erros" científicos em sua positividade, na realidade circunscrita daquilo que, muitas vezes, não existe mais. Não se tratava, entre os cientistas, então, de uma discussão de epistemologia, mas antes, de ontologias, que me aparecem por intermédio das comunicações dos experimentos como relacionais e variáveis. Afinal de contas, o que os cientistas envolvidos estavam discutindo não eram suas metodologias – saber qual estava mais correta –, e sim a natureza ou a essência desse novo e inusitado fenômeno, isto é, o seu ser. Eu não poderia fazer diferente, trabalhando na diagonal entre o que é dito e o que são as coisas em seu tempo (às vezes curto) de existência. Meu problema consiste em verificar como se produz o acerto e o erro nos procedimentos laboratoriais. Vamos adiante.

A NATUREZA HIPERFOSFORESCENTE DO URÂNIO

Como venho frisando, um percurso muito conveniente desta corrida científica era experimentar se outras substâncias fosforescentes também sensibilizavam as chapas fotográficas quando iluminadas. Isso acontecia por conta dos caminhos experimentais seguidos pelos cientistas, que com certeza balizavam os trabalhos um dos outros, tanto para afirmá-los quanto para produzir variações que permitissem encontrar algo inesperado. Muitas repetições foram feitas nesse sentido, o que pôde ser observado nas comunicações escritas pelos próprios cientistas envolvidos. No entanto, na sequência das pesquisas descreverei um acontecimento inusitado, algo

44 GABRIEL PUGLIESE

imprevisto e inesperado, que desviou as conclusões da linha até então seguida, e que ainda atribuiu aos sais de urânio um estatuto de hiperfosforescentes. É que sua atividade foi percebida como anormal durante as pesquisas, produzindo uma controvérsia a respeito de sua diferença. Refiro-me ao que ficou conhecido como Raios Becquerel, ou raios do urânio, que apresentavam pequenas diferenças em relação aos Raios X, mas que, todavia, não surtiram o mesmo impacto na comunidade científica.

Uma variação interessante dos experimentos e que revelava o imprevisível foi apresentada por Becquerel alguns poucos dias depois. Ao manter o sulfato duplo de uranila e potássio no escuro, sem receber qualquer ação da luz solar, encontrou algo que era "estranho ao domínio dos fenômenos que poderiam ser observados". Reproduzo partes importantes da comunicação:

> Insistirei singularmente sobre o seguinte fato, que me parece muito importante e estranho ao domínio dos fenômenos que se poderia observar. As mesmas lamelas cristalinas, colocadas junto às chapas fotográficas, nas mesmas condições, isoladas pelos mesmos resguardos, mas sem receber estímulo por incidência de radiação e mantidas no escuro, ainda produzem as mesmas impressões fotográficas. Eis de que modo fui levado a essa observação: entre as experiências anteriores, algumas foram preparadas na quarta feira, 26, e na quinta, 27 de fevereiro; e como nesses dias o sol apareceu somente de modo intermitente, mantive as experiências e conservei as chapas com seus envoltórios na escuridão de uma gaveta, deixando as lâminas de sal de urânio em seu lugar. Como o sol não apareceu de novo nos dias seguintes, revelei as chapas fotográficas em 1º de março, esperando encontrar imagens muito fracas. Ao contrário, os contornos apareceram com grande intensidade. Pensei logo

que a ação devia ter continuado na obscuridade e preparei a experiência seguinte:

No fundo de uma caixa de cartão opaco, coloquei uma chapa fotográfica; depois, sobre o lado sensível, coloquei uma lamela de sais de urânio, que tocava a gelatina apenas em poucos pontos; então, ao lado, na mesma chapa, coloquei outra lâmina com o mesmo sal, separada da gelatina por uma fina camada de vidro. Após fazer esse procedimento na sala escura, fechei a caixa, coloquei-a dentro de outra caixa de papelão e, depois, dentro de uma gaveta. (...)

Após cinco horas, revelei as chapas e o entorno das lâminas cristalinas foram enegrecidas, como nas experiências precedentes, como se tivessem se tornado fosforescentes pela luz. (...) Uma hipótese que me surge muito naturalmente ao espírito seria a suposição de que essas radiações, cujos efeitos possuem uma forte relação com os efeitos produzidos pelas radiações examinadas por Lenard e Roentgen, poderiam ser radiações invisíveis dadas por fosforescência, cuja duração de persistência fosse infinitamente maior do que as radiações luminosas emitidas por essas substâncias.[9]

O que deveria ser eliminado, controlado, separado para que pesquisa funcionasse, passa a ser o "às de ouro". Primeiro, Becquerel necessitava dos raios solares para reproduzir seus experimentos, e foram as ações das nuvens que o atrapalharam. Por conta do fenômeno inusitado que aconteceu dentro de sua gaveta enquanto aguardava o sol, ele necessitou de todo o jeito retirar seu material de qualquer possibilidade de contato com luz solar. Trabalhou no

---

9 BECQUEREL, henri. "Sur les radiations invisibles émises par les corps phosphorescents". In:. *Comptes Rendus*, 1896, v. 122, p. 501-503.

46 GABRIEL PUGLIESE

escuro minuciosamente, com o objetivo de isolar os raios solares do contato com a chapa e com os sais de urânio, utilizando uma caixa de papelão e seu resguardo numa gaveta. Willian Crookes, químico inglês renomado que por um acaso estava naquela ocasião no laboratório de Becquerel, afirmou posteriormente:

> O sol, persistentemente, manteve-se por trás das nuvens durante vários dias e, cansado de esperar (ou com a previsão inconsciente do gênio), Becquerel revelou a chapa. Para seu espanto, em vez de um vazio, como esperava, a chapa escurecera tão fortemente quanto ocorreria se o urânio fosse previamente exposto à luz solar, e a imagem da cruz de cobre brilhava, branca contra o fundo negro. (CROOKES, citado em QUINN, 1997).

A contribuição de Becquerel nessa comunicação significou separar a fosforescência produzida pela excitação de luz, mais rarefeita, digamos assim, da fosforescência invisível, mais duradoura – produzida (inusitadamente) pelo urânio, mas ainda bastante parecida com os raios Röntgen. Percebeu-se que, em contato com os sais de urânio, as chapas fotográficas eram sensibilizadas mesmo sem a ação de luz solar. Por um lado, isso parecia muito com o que Niewenglowski havia descrito para o sulfeto de cálcio, porém, este último havia alimentado os experimentos com luz solar antes de guardá-lo, e Becquerel não. Mas não havia nada de muito revelador nisso, nada de muito diferente da hipótese que esses trabalhos procuravam testar. Apesar da produção do fenômeno acontecer independente da luz, essa relação ainda estava prevista na hipótese de Poincaré: tratava-se de um material fosforescente que emitia além de raios luminosos os Raios X – ainda que não precisasse da ação da luz.

De um ponto de vista específico pode parecer inusitado dizer que não há nada de revelador nessa comunicação de Becquerel (já que alguns epistemólogos associam-na à descoberta da

SOBRE O "CASO MARIE CURIE"   47

radioatividade[10]), mas foi Raveau que o fez, numa comunicação na mesma revista onde Poincaré havia divulgado popularmente a descoberta de Röngen. O cientista descreve os trabalhos até aqui mencionados e outros – que não pude acompanhar – numa espécie de revisão do que estava sendo feito sobre o assunto. Aponta claramente os trabalhos de Niewenglowski, D'Arsoval, Becquerel e outros como nada mais do que variações do fenômeno previsto por Poincaré e descoberto por Henri.[11]

Outras pesquisas ainda engrossaram a fila de experimentos sobre os Raios X na Academia de Ciências de Paris – a maioria delas realizando balanços sobre as pesquisas anteriores e, sobretudo, confirmando as teses previstas. Nesse momento, a caracterização experimental do fenômeno parecia ter, de fato, convencido a todos, a ponto de tal enunciado ganhar certa regularidade: trocando em miúdos, todos os corpos fosforescentes de grande intensidade – independente da causa de sua fosforescência – poderiam emitir, além de raios luminosos, os Raios X. Mas Becquerel, após a continuidade de suas experiências, parece não concordar muito com essa hipótese. Pelo menos não no que se refere aos raios do

---

10 Isso me parece falso. Imagino que esse tipo de afirmação tenha sido feita sem muita atenção aos dados ulteriores e com fundamento na natureza transcendente da radioatividade, mas principalmente com o discurso do Nobel de 1903, cf. mais adiante Martins (1998b). No entanto, este último discorda de que a radioatividade tenha sido descoberta nessa ocasião, ainda que estenda um argumento a-histórico como os outros. Se os primeiros dizem que Becquerel mostrou um fenômeno que não descreveu direito, Martins espera que Becquerel tivesse descoberto uma natureza que só foi produzida alguns anos depois: "Ora, isso poderia ter mostrado que não se tratava de um fenômeno de fosforescência e sim algo de outra natureza (...) os trabalhos de Becquerel não estabeleceram a natureza [radioativa] das radiações emitidas pelo urânio, nem a natureza subatômica do processo" (MARTINS, 1998b: 39). A questão é novamente de que realidade natural os cientistas estão falando. Nos dois casos se explica o "passado-erro" (fosforescência) pelo "acerto-presente" (radioatividade); aquilo que passou a existir e resistiu à história. Se o cientista não estabeleceu a natureza radioativa do fenômeno é porque ela ainda estava por vir (então não existia), por isso Becquerel não descobriu a radioatividade.

11 RAVEAU, C. "Sur les rayons Röntgen". Revue Générale des Sciences, 1896, v. 7, p. 249-253.

urânio. É isso que ele afirma em sua terceira comunicação sobre o assunto, e o que acaba intensificando, novamente, a controvérsia sobre a natureza dos raios.

Ao pesquisar a possível analogia dos raios do urânio com os Raios X, para saber se eram iguais ou não, Becquerel repetiu todas as experiências já feitas. Uma delas pretendia pôr à prova se os raios emitidos pelo urânio poderiam fazer as mesmas coisas que os raios de Röntgen, como era de praxe no momento. Para tanto, observou se os raios dos sais de urânio descarregavam o eletroscópio, seguindo os experimentos de J. J. Thomson para os Raios X.

> O modelo desenvolvido por Thomson permitia prever e explicar muitas características do fenômeno, como a relação entre pressão do gás e sua condutividade, relação entre a corrente elétrica produzida e a distância entre duas placas paralelas, a existência de uma corrente elétrica de saturação etc. (MARTINS, 2003: 33)

Concluiu afirmativamente de fato, muito embora essa experiência evidenciasse apenas a natureza dos dados até então conhecidos, o que não ajudava a diferenciá-los. No entanto, Becquerel logra algo muito diferente do ponto de vista das pesquisas de Röntgen, e de todos os outros colegas, porém familiar em relação a algumas de suas pesquisas anteriores com a fosforescência. Consegue refletir os raios em algumas superfícies metálicas, refratá-los em relação ao vidro comum. Logo, se esses raios podem ser refletidos e refratados, não poderiam ser os raios de Röntgen. Essa é a hipótese que desabrochou: produziu-se ali uma diferença com os raios X. Ao deixar por sete dias o material na obscuridade (mais tempo do que tinha deixado anteriormente), o cientista percebeu que os sais de urânio continuavam a sensibilizar as chapas fotográficas, mas atuavam de forma diferente. Tal fato sofisticou cada vez mais a discussão, visto que as experiências e as relações das relações por elas obtidas ficavam cada vez mais complexas e, portanto, de difícil acesso a todos. Nessa comunicação, Becquerel mobiliza suas antigas pesquisas para justificar a conclusão e deslocar a problemática dos sais de urânio. Em suas palavras:

> Talvez esse fato [a reflexão e a refração dos raios] possa ser comparado à conservação indefinida, em certos corpos, da energia que absorveram e que é emitida quando são aquecidos, falo sobre o que já chamei atenção em um outro trabalho sobre a fosforescência pelo calor.[12]

Esse "outro trabalho" que o autor se refere é o que fazia com seu pai, que se notabilizara por conta dos estudos de tal fenômeno. Sua afirmação é pautada nos raios dos sais de urânio, e também baseada na mesma experiência com o sulfato de zinco, o sulfato de estrôncio e certos tipos de sulfato de cálcio. Com o primeiro, Becquerel não notara nenhum efeito, deixando-o na obscuridade, diferentemente de outros cientistas. Em relação ao sulfeto de estrôncio, a mesma reação é percebida: nada acontece. Quanto ao sulfeto de cálcio que produzia fosforescência alaranjada, também não. Mas dois sulfetos de cálcio que produziam fosforescência azul e azul-esverdeada tinham "efeitos muito fortes, os mais intensos que já obtive nessas experiências. O fato relativo ao sulfeto de cálcio azul está de acordo com a observação de Niewenglowiski através do papel negro"

Na comunicação apresentada na semana seguinte, o cientista nega – com base em uma repetição dos experimentos – seus próprios resultados com os sulfetos de cálcio, afirmando que, ao contrário do que havia dito, eles não sensibilizavam as chapas fotográficas ao serem colocados no escuro. Tal conclusão perpetuou somente o urânio como material que (fosforescentemente) tem essa habilidade, sendo que diferentemente dos Raios X, seus raios poderiam ser

---

12 BECQUEREL, Henri. "Sur quelques proprietés nouvelles des radiations invisibles émises par divers corps phosphorescents". In: *Comptes Rendus*, 1896, v. 122, p. 559-564.

refratados e refletidos com certos materiais. O fenômeno de fosforescência invisível, segundo Becquerel, aumenta quando os sais de urânio são iluminados por uma descarga elétrica ou pela luz solar.[13] Na Inglaterra, Silvanus Thompson havia conseguido efeitos próximos aos de Becquerel com o nitrato de urânio, e progredia paralelamente." Becquerel afirmou ter confirmado experimentalmente que a radiação do urânio era de natureza eletromagnética, semelhante à luz (refração, reflexão, polarização) e que a emissão diminuía lentamente no escuro, como uma fosforescência invisível de longa duração. Thompson aceitou os resultados de Becquerel e propôs para o fenômeno o nome de "hiperfosforescência", que se popularizou rapidamente (MARTINS, 2003: 32).

A essa altura, os raios do urânio, ou sua hiperfosforescência, estavam diferenciados dos Raios X, mas isso ainda era um vetor de incertezas. Poderiam ser de naturezas diferentes, mas apresentavam analogias, apontando para uma relação intermediária entre os Raios X e os raios ultravioleta. Afinal, ora tinham a mesma atuação, ora faziam coisas bastante distintas, tendo-se em vista as relações obtidas pelos experimentos nos laboratórios. Aquilo que o próprio Röntgen havia conseguido afastar para a originalidade dos Raios X (refração, reflexão e polarização) poderia, enquanto uma generalidade, ser colocada em dúvida, porque os sais de urânio não deveriam ter tais propriedades nem agir dessa forma. Mas o fato é que tinham e agiam...

Logo após a caracterização do fenômeno em parceria com Silvanus Thompson, Becquerel recebeu a doação de um material raro, o urânio metálico. Ele havia acabado de "vir ao mundo", pois Moissam conseguiu isolá-lo depois de um ardiloso trabalho, e era um dos poucos que dispunha da substância em mãos. Henri Becquerel, após receber o espécime do colega, inicia as experiências com esse novo metal. Acaba mais uma vez confirmando sua

---

13 BECQUEREL, Henri. "Sur les radiations invisibles émises par les sels d'uranium". In: *Comptes Rendus*, 1896, v. 122, p. 689-694.

SOBRE O "CASO MARIE CURIE"   51

hipótese, pois evidencia a mesma atuação. Em outra comunicação, apresenta o urânio metálico como sendo o único metal que produz um fenômeno de (hiper)fosforescência.[14] O urânio metálico se tornaria ao mesmo tempo um vetor de diferença e de explicação do fenômeno, tanto que sua anormalidade – ser o único metal que emitia esses inusitados raios – não se transformou em um objeto privilegiado de investigação do fenômeno. O fato é que o prestígio de Becquerel e seu pleno conhecimento nesse campo de estudos – junto à confirmação de Thompsom – acabaram por esgotar a pesquisa. Tratava-se de avaliar uma pequena variação de um fenômeno plenamente conhecido pelos físicos, a fosforescência, que induzia a todos para um desvio menos importante dos Raios X. Enfim, algo não tão novo e talvez já não tão nobre à pesquisa.

Parece-me necessário explicitar que as relações que constituíram os raios do urânio estabilizaram-se de tal forma que sua causa deixou de ser um objeto de controvérsia. A ontologia dos raios Becquerel já havia sido caracterizada como uma "caixa-preta" bem definida e com um lugar claro na taxonomia científica. Como os raios Becquerel ou os raios do urânio já estavam resolvidos, não havia muito mais a fazer, pois o máximo que se conseguiria eram mais algumas pequenas variações previstas, jamais uma grande descoberta. Na verdade, boa parte da questão girava em torno de saber que tipo de relação esses raios do urânio estabeleciam com os Raios X, esses últimos muito mais importantes.[15] A hiperfosforescência

14 BECQUEREL, Henri."Émission de radiations nouvelles par l'uranium métallique". In: *Comptes Rendus*, 1896, v. 122, p. 1086-1088.

15 Estou sendo incisivo em relação ao status ontológico estabilizado do fenômeno da hiperfosforescência porque essa me parece uma questão central. Quero dizer que o urânio emitia, de fato, os raios Becquerel. Evito dizer, por exemplo: "Ou existiriam efeitos que não podem ser explicados por nossos conhecimentos, ou Becquerel se enganou em suas observações" – e, neste caso, pode ter sido induzido em suas expectativas teóricas a ver fenômenos inexistentes (MARTINS,1998: 38). Ora, isso me faz perder de vista um conjunto de relações que me são centrais, a própria batalha posterior em fazer esse fenômeno deixar de existir. Assim, tendo a ser fiel aos experimentos dos cientistas, aos resultados obtidos e estabilizados, o que, de certo modo, uma análise epistemológica tende a eclipsar, porque toma como

52   GABRIEL PUGLIESE

do urânio (enquanto um dado) era um bom caminho para compreender a natureza dos Raios X de Röntgen (ainda misteriosa e em vias de caracterização). Essa forma de ver as pesquisas sobre a hiperfosforescência fica clara se acompanharmos o comentário de John Macintyre, um cientista inglês que fazia um balanço dos estudos:

> É impossível discutir aqui o que os raios de Röntgen são realmente, mas talvez seja permissível dizer que um grande número de físicos está agora inclinado a adotar a opinião de que, afinal, estamos tratando com vibrações transversais do éter muito distantes e além do ultravioleta com o qual já estamos familiarizados há muito tempo. Se assim for, não existe razão para assumir que há uma lacuna entre o ultravioleta e os raios X; e realmente Becquerel recentemente nos deu prova da existência de raios emanados do urânio e de seus sais que sugere a possibilidade de que alguns deles já tenham sido descobertos. (MACINTYRE, 1897 *apud* MARTINS, 2003: 32)

Parecia que todos sabiam de que tratava com relação aos raios do urânio. Mas o mesmo não se verificava no caso dos Raios X. Entretanto, o próprio cientista admite que um fenômeno poderia ajudar, por contraste, a compreender o outro, assim como havia feito Henri Becquerel. A eliminação de entidades já descobertas anteriormente pela física permitia "limpar" as discussões que eram feitas sobre os Raios X, clarificando-os. Era necessário, para o andar da carruagem, distinguir quais substâncias permitiam experimentar os Raios X e avançar, e quais não, por serem já conhecidas. Os raios Becquerel apresentavam algumas propriedades já "descobertas" diferentes dos raios de Röntgen e, como os primeiros já eram bem conhecidos, era importante manter as atenções nos segundos.

base *a* radioatividade que conhecemos hoje. Tenho evitado selecionar de antemão quais relações contam e quais não, para acompanhar os meios pelos quais resulta a distinção entre o verdadeiro e o falso. Como veremos, ela não é tão evidente.

Assim, a maioria dos físicos migrou para outras áreas de interesse, inclusive o próprio Becquerel – tanto que os próximos dois anos foram quase inativos em relação aos raios do urânio. Havia além dos Raios X (que por sinal ainda estavam em alta), outros campos profícuos à pesquisa.

> Os raios X, não os raios do urânio, fascinaram todos. Seus importantes efeitos – e a utilidade potencial – desmentiam as afirmações dos que consideravam a ciência em bancarrota. Os Raios X poderiam produzir fotografias da sobra dos ossos da mão. Os raios do urânio eram fracos demais para tirar boas fotos de ossos. Os Raios X eram facilmente produzidos por qualquer pessoa que tivesse um tubo termodinâmico e uma bobina de alta voltagem. O urânio era quase impossível de obter. Além disso, os raios do urânio partilhavam algumas características dos Raios X e foram descobertos por causa deles. Era natural juntar indiscriminadamente os dois tipos de raios. (QUINN, 1997: 155).

O historiador Badash (1965: 138) é mais incisivo em dizer o que havia acontecido com os raios Becquerel: "o assunto estava morto e enterrado". Ele mostra com clareza como esse fenômeno era muito menos interessante para as pesquisas do que os Raios X, principalmente o fato do status estabilizido da tese da hiperfosforescência. No mais, no período seguinte até meados de 1898, poucas coisas foram publicadas sobre os raios Becquerel. O mais importante é que nenhuma dessas comunicações perdurou por não ter tido nenhuma atenção especial. Como notou Martins (1998b), entre esses trabalhos destacam-se os de alguns cientistas, como os de Muraoka, no Japão, que pesquisava alguns vermes luminescentes capazes de produzir radiações invisíveis que sensibilizavam chapas fotográficas. Um pesquisador norte-americano, chamado McKssic, divulgou, no mesmo ano, que muitas substâncias

54 GABRIEL PUGLIESE

eram capazes de emitir os raios Becquerel, entre elas, cloreto de lítio, sulfeto de bário, sulfato de cálcio, cloreto de quinina, açúcar, giz, glicose e acetato de urânio. Os raios misteriosos já não esbarravam nas fronteiras da Europa.

Em 1897, Lord Kelvin utilizou o modelo elétrico de Thomson para as pesquisas com os raios do urânio, como havia sido feito com os Raios X. Mas dessa vez, fez os dois experimentos concomitantemente, para comprovar a existência dos fenômenos. Sua confirmação experimental era aguardada por todos, visto que se tratava de uma grande autoridade entre os cientistas. Com uma amostra de urânio conseguida através de Moissan, ele apresentou algumas comunicações em conjunto com seus colaboradores em que confirmavam esse "maravilhoso fenômeno".[16] Mas os autores não se arriscaram (ainda) a nenhuma explicação para o fenômeno. Gustave Le Bon, o mesmo da psicologia das multidões, havia tentado uma desconstrução das alegações de Becquerel sobre a reflexão, refração e polarização dos raios do urânio.[17] Além disso, ele afirmou veementemente ter observado a existência de um novo tipo de raios que apelidou de "luz negra" – mas suas observações não tiveram nenhum respaldo.

Um artigo de revisão sobre o assunto descreveu todos os tipos de trabalhos publicados na época, descaracterizando a maioria e separando quais eram sérios e quais "não eram embasados em fatos verídicos".[18] Segundo o cientista, os raios Becquerel eram ondas eletromagnéticas transversais (como a luz) de pequeno comprimento, sendo que o processo de emissão era um tipo específico de fosforescência. Ele estava se referindo exclusivamente às conclusões

---

16 KELVIN, Lord; BEATTIE, J. C. B.; DE SMOLAN, M. S. "Experiments on the electrical phenomena produced in gases by Röntgen rays, by ultraviolet light, and by uranium". In: *Proceedings of the Royal Society of Edinburgh*, 1897, v. 21, p. 393-428.

17 LE BON, Gustave. "Nature des diverses espèces de radiations produites par les corp sous l'influence de la lumière". In: *Comptes Rendus*, 1897, v. 124.

18 STEWART, O. M. "A resumé of the experiments dealing with the properties of Becquerel rays". In: *Phisical Review*, 1898, v. 6, p. 239-251.

de Becquerel, corroborando com as suas conclusões. Repetiu os experimentos com os sais de urânio e também notou refração, reflexão e polarização e o aumento de intensidade dos raios após a exposição à luz, como Niewenglowiski havia notado também para outro material.

Algo de novo ainda estava por vir, e essa abertura certamente cravaria o nome dos bem sucedidos na história. Independente das diferenças e dos espasmos revolucionários que tais fenômenos envolviam, e mesmo a diferença do êxtase popular que se agitava em torno de cada um, raios X e raios Becquerel agrupavam os mesmos interessados. Se "desenterro" todos esses trabalhos é porque pretendo trazer à superfície a efervescência que causou esse movimento científico e algumas controvérsias que produziram efeitos de realidade relativa. Muitas descobertas "novas" pululavam nesse território, algumas resistiram à história eternizando-se, outras jamais perderam o caráter do tempo circunscrito da história, virando simplesmente alimento para pesquisadores da história. Para lembrar o lindo título do livro de Isabelle Stengers e Ilya Prigogine (PRIGOGINE & STENGERS, 1992), essas relações se passavam "entre o tempo e a eternidade". A grande aposta desse trabalho é uma questão muito simples: mostrar como se dá a batalha científica, as lutas (no meu caso, de gênero, entre outras) que fazem com que fatos científicos se eternizem rompendo com a história ou, ao contário, o que faz com que se circunscrevam no tempo.

Outras variações das pesquisas aqui descritas (como se fossem relações) suscitaram questões para aquilo que, anos mais tarde, passou a ser a radioatividade. Foi pesquisando Raios X e, depois, os raios Becquerel, que se chegou à radioatividade. Basicamente, acompanhando alguns efeitos produzidos por novos experimentos laboratoriais que, diferente do previsto, não deveriam acontecer. Mas aqui me cabe deslocar a controvérsia dos Raios X, passar para outra linha. Afinal, ela mesma desdobrou-se para outra controvérsia que não ela mesma, seguindo em uma "evolução a-paralela".

56   GABRIEL PUGLIESE

O que quero sinalizar é que não estou preocupado com o desenrolar da controvérsia sobre a natureza dos Raios X, mas sim com as controvérsias em torno da radioatividade. Como um caminho necessário, assim trato esse itinerário – para delinear as mutações ontológicas do fenômeno, as "ontologias de geometria variável" segundo Latour (1994). Essas relações que descrevi até agora são a condição de possibilidade para outras relações, mais próximas do caminho de Marie Curie e, portanto, da radioatividade.

ENTRE AS RELAÇÕES DE GÊNERO E
A ATIVIDADE (ANORMAL) DOS RAIOS

Saída de uma Polônia tomada pelos russos, na qual havia participado de incursões em "universidades voadoras",[19] Marie Sklodowska digiri-se à França sabendo muito bem das dificuldades que enfrentaria nas ciências. Tendo plena consciência de que o território sonhado para se instalar não era comum para as mulheres, ela escreveu anos depois em suas notas autobiográficas:

> Eu tinha ouvido sobre poucas mulheres que obtiveram sucesso em certos cursos em Petrogrado ou em outros países, e eu estava determinada a me preparar através de trabalhos preliminares para seguir seus exemplos. (CURIE, 1963: 166)

Conseguira ingressar na Sorbonne, Universidade francesa que era uma das mais respeitadas e tradicionais do mundo todo, e uma das poucas que aceitava mulheres e estrangeiros. Mas na França, em alguns círculos, o ambiente também era bastante indiferente e

---

19 Universidades clandestinas frequentadas, na sua maioria, por mulheres que sonhavam continuar os estudos. Os russos proibiam as mulheres nas universidades e muitos professores foram exilados por tal ofício. O principal mote era preparar as polonesas para as poucas universidades no estrangeiro que aceitavam mulheres no período (GOLDSMITH, 2006: QUINN 2007). Influenciada pelo positivismo, essas universidades eram marcadas por um patriotismo, no qual a ciência era uma forma de libertação.

hostil em relação à mulheres e estrangeiros, como o caso da comunidade científica. Se na Polônia sob a "administração" russa o poder exercido sobre as mulheres era uma demanda do Estado, na França republicana, que gozava dos elementos da revolução política, a hostilidade era molecular, muito mais sutil, porém, não menos intensa. Apesar de transitarem por ambientes masculinos, as mulheres estavam longe de ter a mesma força, a desigualdade de gênero era evidente (PERROT, 1991). Muito indiferente a isso, Marie escreveu:

> Toda a minha mente estava centralizada em meus estudos. Eu dividia meu tempo entre os cursos, trabalho experimental e estudo na biblioteca. À noite trabalhava em meu quarto, muitas vezes até tarde da noite. Tudo o que eu via, aprendia, era novo e eu me encantava. Era como um mundo novo aberto para mim, o mundo da ciência, que eu, afinal, tinha permissão para conhecer, com toda a liberdade. (Citado em QUINN, 1997: 103 e em GOLDSMITH, 2006: 40)

Libertade, eis o apreço que Marie Curie atribui à possibilidade de exercer o ofício de cientista na França. Certamente uma liberdade relacional, se compararmos com a "proibição" russa – afinal, tinha força de lei – para atividades deste nível de importância para mulheres na Polônia. Mas, assim como a lei não é tudo no que toca o poder, aquilo que é sutil e molecular não é menos intenso. Fazia os estudos à noite em sua casa, talvez porque não era agradável que uma moça solteira andasse pelas ruas escuras se não quisesse ser confundida com uma prostituta, o que era comum nos cafés da cidade. "Tomemos o exemplo da lei de 1892, que proíbe o trabalho noturno às mulheres e limita sua jornada de trabalho a onze horas: votada por uma aliança de deputados católicos e de antigos operários" (THÉBAUD, 2000). O medo da promiscuidade (moral) e os debates científicos (como iremos ver) sobre a diferença sexual entre homens e mulheres produziam espaços específicos para eles/

elas, – fazendo com que os próprios espaços fossem atribuições de gênero – e distribuíam os papéis de acordo com tais atributos. O fato é que as mulheres, assim como as crianças, eram "protegidas" pela lei, pois assim as mulheres casadas e mães de família poderiam ser afastadas da competição no mercado de trabalho, dedicando-se integralmente ao marido e à maternidade.

Marie Sklodowska, durante os primeiros anos em que estava na França, tornou-se Curie quando se casou com Pierre – um físico que acabara de ganhar notoriedade por suas pesquisas sobre eletromagnetismo. Ambos achavam que deveriam "se interessar por coisas, não por pessoas" (CURIE, 1963). "Seria uma coisa maravilhosa…" escreveu Pierre Curie à Marie Sklodowski em 1894, "passar nossas vidas juntos um do outro, hipnotizados por nossos sonhos; seu sonho patriótico, nosso sonho humanitário e nosso sonho científico" (citado em BIRCH, 1993). Casamento esse que lhe abriria muitas portas de entrada, e muitas facilidades, se comparadas a de uma mulher sozinha. Afinal, há uma diferença grande entre uma mulher casada e uma mulher solteira, não só por que "mulheres" são coisas muito diferentes, mas principalmente no que toca o estatuto moral que as envolvia. "Em nome da natureza, o Código Civil estabelece a autoridade absoluta ao marido. (…) A mulher casada deixa de ser um individuo responsável: ela o é bem mais quando solteira ou viúva. Essa incapacidade, expressa no artigo 213 ("o marido deve a proteção à sua mulher e a mulher obediência ao marido"), é quase total (PERROT, 1991: 121). No presente caso, mais um nível é importante: uma mulher que gostaria de trabalhar no território científico, casada com um cientista de certa forma bem instalado nele. É por uma política familiar, como pode-se intuir que Marie Curie abre as portas para fazer suas primeiras pesquisas. Uma "mulher-família", respeitável, assim abriu-se um espaço no mundo da ciência, assegurado pela "gentileza" de seus pares.

Dentro da universidade, a desigualdade de gênero também reinava, de modo que as poucas mulheres que ali estavam – duzentos e dez para nove mil estudantes no geral (QUINN, 1997) e vinte e três para dois mil no curso de ciências (GOLDSMITH, 2006) – eram chamadas, é claro, de *étudiantes*, palavra que servia também para alertar sobre uma amante de um estudante da Sorbonne. As francesas não se arriscavam muito nesses recintos masculinos, principalmente se solteiras, por precaução ao perigo moral que implicava; em sua maioria, as estudantes eram estrangeiras. Para essas últimas, existia a expressão "ama-de-leite do estudo", que se referia a "mulheres de fora", bonitas e inteligentes e, portanto, boas para se casar ou mesmo para aventuras sexuais (CURIE, 1943). A desigualdade de gênero composta no exercício de poder estava exatamente na "cortesia" com que as mulheres eram tratadas, quer dizer, da forma como eram aceitas ou toleradas nesse território. Um cronista francês da época chamado Henri d'Almeras mostra muito bem como operavam essas relações construídas por meio do gênero:

> O que distingue uma estudante séria, quase sempre uma estrangeira, é que ninguém a leva a sério. Se ela é tratada com certa cortesia, deveria considerar que tem sorte. (...) Essas estudantes trabalham com grande paciência, como se bordassem. Nem sempre entendem o que estão falando. (Citado em QUINN, 1997: 100)

Octave Mirbeau também disserta a esse respeito. O escritor de *Belle Époque,* ao saber que duas mulheres desejavam fazer parte da Academia de Letras, respondeu com uma severa reprimenda:

> A mulher não é um cérebro, é um sexo, o que é muito melhor. Ela só tem um papel nesse mundo, o de fazer amor, ou seja, perpetuar sua raça. Ela não é boa para nada além do amor e da maternidade. Algumas mulheres, raras exceções, têm sido capazes de dar, seja na arte, na literatura, a ilusão de que são criativas. Mas elas são anormais, ou simples reflexos dos homens. Prefiro

as que são chamadas de prostitutas porque elas, pelo menos, estão em harmonia com o universo. (Citado em QUINN, 1997: 98)

As coordenadas de gênero apresentadas aqui apontam claramente para uma "menorização" das atividades acadêmico-científicas realizadas por mulheres. O primeiro enunciado marca a distinção entre "francesas" e "outras" a respeito dos interesses pelos quais as mulheres ingressam na universidade. Isso diz respeito ao eugenismo enveredado na virada do século: francesas de boa constituição, se estão na universidade, é porque não são sérias; estrangeiras, se são sérias, não tem uma boa constituição, apesar do esforço e da paciência "nem sempre entendem do que estão falando". A literalidade do "bordado" associado ao feminino, marca, pela diferença sexual, a oposição entre a associação entre o masculino e a ciência.

O segundo enuniado também agencia as relações que constituem homens e mulheres mutuamente – divide os atributos, definindo mente, razão e objetividade como "masculinos", e corpo (sexo), sentimento e subjetividade como "femininos". Uma vicissitude bem conhecida. Como a ciência é uma atividade tomada pelos atributos masculinos, as mulheres que se aplicam nessa atividade não são nada mais que desvios mal acabados dos homens. Isso mostra, em poucas palavras, como essas relações de poder ressoam para a exclusão do feminino do empreendimento científico, e o modo como ele é jogado para a sua borda (KELLER, 2006). É como se o masculino fosse sinônimo de ciência, ao passo que o feminino, seu antônimo. Para fazer uma analogia, as coisas se passavam como se as mulheres estivessem para o coração, o privado e a reprodução, assim como os homens estariam para a razão, o público e a política.

É que quanto mais a civilização avança, mais acurada havia de ser a divisão sexual do trabalho (e todas as relações que acompanham), já dizia Durkheim nessa mesma época. Para o bem das sociedades desenvolvidas, "faz tempo que a mulher retirou-se da guerra e dos negócios públicos e que sua vida concentrou-se inteira no interior da familia" (DURKHEIM, 1999: 26).

> Somente as diferenças que se supõe e se completam podem ter essa virtude. De fato, isolados um do outro, o homem e a mulher, são apenas partes de um todo concreto que reformam, unindo-se. (...) A divisão do trabalho sexual é capaz de (...) estender-se a todas as funções orgânicas e sociais. (*idem, ibidem*: 22)

Durkheim (sabemos) observava uma maior interdependência das funções sociais que regiam a sociedade capitalista, e via, nessa coesão, utilidade para o seu avanço. Como doutor Le Bon, especialista em psicologia das massas e que descobrira a luz negra da qual me referi há pouco, afirmava:

> o volume do crânio do homem e da mulher (...) apresenta diferenças consideráveis em favor do homem, e essa desigualdade também vai crescendo com a civilização, de sorte que, do ponto de vista da massa do cérebro e, por conseguinte, da inteligência, a mulher tende a se diferenciar cada vez mais dos homens. (Citado em DURKHEIM, 1999: 23)

Tal perspectiva certamente se replica em todos os segmentos sociais, ou seja, na função de um e de outro no avanço da civilização. O enunciado da "complementaridade sexual" assumia sua regularidade, na qual a oposição entre homens e mulheres aparecia positivada funcionalmente a partir das desigualdades naturais entre eles, e escalonava um poder que obliterava o feminino em vários territórios, e vice-versa. Esse enunciado operava com status de saber científico tanto do ponto de vista médico-biológico como das nascentes ciências humanas, expresso na medição dos crânios, nos estudos de histeria e nas teses do bom funcionamento da sociedade.[20]

Essas relações de gênero informam e engendram o que venho chamando (de acordo com a época) de "complementaridade sexual", o meio pelo qual se exerce o poder, assim como o justifica na medida em que escalona as atividades de acordo com as competências sexuais. A política sexual formava um conjunto, um saber, que proliferava suas raízes no poder mais "molecular", até ao mais "molar" e vice-versa.[21] Essa máquina binária, que fixava homens e mulheres, preside distribuições de papéis e faz com que todo movimento passe por um território já formado segundo a significação dominante. A família, a universidade, a ciência, o Estado, a civilização, tudo se engendrava a partir do corte entre homens e mulheres, do tipo de organização do poder que dela decorre. O saber inscrito sobre a análise do corpo se configurava num poder do qual era indissociável. Essa relação de força se exercia mediante essa oposição (complementar), que ia desde as interações mais simples, mais cotidianas, até as grandes instituições e vice-versa; seja na organização política estatal, proibindo ou inibindo as mulheres de participar de qualquer atividade pública, restando-lhes as atividades de menor prestígio; ou mesmo no interior do lar, em relação à política familiar e as obrigações perante o marido. Parafraseando Deleuze & Guattari (1996), toda política é ao mesmo tempo "molecular" e "molar". Apesar de diferentes, são inseparáveis porque coexistem e passam uma para outra, escoando-as.

---

20 Ver Foucault (2006c) e Laqueur (2001)

21 "As duas formas não se distinguem somente pelas dimensões, como uma pequena e uma grande; e se é verdade que o molecular opera no detalhe e passa por pequenos grupos, nem por isso ele é menos coextensivo a todo o campo social, tanto quanto a organização molar. Enfim, a diferença qualitativa das duas linhas não impedem que elas se aticem ou se confirmem de modo que há sempre uma relação proporcional entre as duas, seja diretamente proporcional, seja inversamente proporcional". (DELEUZE & GUATTARI, 1996: 93). Essa diferença qualitativa de que falam os autores também não é a do bem e do mau (como em algumas leituras recorrentes), para isso vale lembrar a qualidade molecular do facismo.

A divisão sexual do trabalho e a complementaridade aí implicada eliminavam a competição (desnecessária) entre homens e mulheres, fazendo aparecer as relações de desigualdade como complementares, em uma totalidade que rezava o avanço da civilização.

> Doravante as mulheres já não seriam vistas como meramente inferiores aos homens, mas como fundamentalmente diferentes e, portanto, incomparáveis a eles – fisicamente, intelectualmente e moralmente. A mulher privada, doméstica, emergiu em contraste ao homem público, racional. Enquanto tal, as mulheres eram consideradas como tendo seu próprio papel a desempenhar (…) – como mães e nutridoras. (SCHIEBINGER, 2001: 142)

No entanto, não há um exercício de poder que não carregue em seu domínio, e de modo imanente a ele, um contrapoder e que já é um foco de resistência (FOUCAULT, 2008). Certamente, havia vários escalonamentos nessas relações, fissuras pelas quais as mulheres habitavam territórios inauditos. Várias formas diferentes de lutas imanentes a esse regime de relações de força cristalizado no gênero – e não somente uma – que em sua pluralidade podem ser "possíveis, necessárias, improváveis, espontâneas, selvagens, solitárias, planejadas, arrastadas, violentas, irreconciliaves, prontas ao compromisso, interessadas ou fadadas ao sacrifício" (*ibidem*: 106). Assim como é fato que Marie Curie não foi pioneira e nem a única em se aventurar nesses domínios científicos, "vozes" outras se rebelavam contra o majoritarismo masculino nas comunidades científicas, como, por exemplo, o caso de Clemence Royer, que foi a primeira mulher a receber a "Legião da Honra" do governo Francês por seus trabalhos científicos, mais especificamente pela tradução de Darwin. Esta também fez parte, por conta de seu trabalho e de seu conhecimento sobre Darwin da Sociedade de Antropologia de Paris, tornando-se a primeira mulher a ingressar como membro de

64   GABRIEL PUGLIESE

uma academia na França.[22] Clemence Royer, além disso, era conhecida pelo seu pensamento liberal e por sua militância na educação moral e política feminina, escreveu sobre o assunto em alguns artigos no Journal des Femmes (HARVEY, 1997). Quanto a mim, pretendo mostrar mais uma dessas lutas singulares através do estudo do "Caso Marie Curie", que é um caso único: uma rebelião, uma estratégia, um combate, em relação à normalidade das relações informadas pelo gênero, ou, nos termos de Haraway (1995), um combate ao "falogocentrismo".

Necessitando de uma pesquisa, Marie Curie inicia a busca de um tema. Sua ideia era tornar-se doutora em ciências, sabendo que isso poderia fazê-la pioneira, como ela mesma afirma em sua autobiografia (CURIE, 1963). Das pautas que estavam afortunadas no período, o mais intrigante era o dos Raios X. Mas esse campo já a inibia desde o início, pois havia uma enorme competição em torno do tema. Não era possível acompanhar os estudos que já estavam bastante avançados, e não seria fácil reproduzir os experimentos dos cientistas envolvidos, uma vez que ela sequer tinha um laboratório. O próprio Röntgen havia sido um caso desses, que havia desistido de suas pesquisas, dentre outras coisas, por falta de recursos. Mas havia outra questão que intrigava o casal no mais alto grau: os raios Becquerel. Esses raios foram pouco estudados, muitas questões não foram respondidas, e eram muito menos importantes em relação aos outros. O tema parecia interessante, sobretudo pela falta de estudos e pelo desinteresse dos físicos. Era um tema ideal para tentar o doutoramento em suas condições, era interessante, senão crucial,

---

22 A sociedade de antropologia era uma Academia recente e de menos prestígio no sistema institucional e intelectual francês, pois não fazia parte do *Istitut de France*, que congregava as academias mais importantes: a *Académie Française*, fundada em 1635; a *Académie des Inscriptions et Belles-Lettres*, fundada em 1663; a *Académie des Sciences*, fundada em 1666; a *Académie des Beaux-Arts*, fundada em 1816; e a *Académie des Sciences Morales et Politiques*, fundada em 1795.

SOBRE O "CASO MARIE CURIE"   65

escolher um tema lateral que não preterisse um espasmo de sua presença de forma imediata.[23]

Decidiu que seu ponto inicial seriam os raios Becquerel, sob a influência de Pierre (CURIE, 1963). Os trabalhos mais significativos a respeito eram, é claro, os do próprio Becquerel e os de Lord Kelvin e colaboradores. Isso facilitava a tarefa de conseguir instrumentos para trabalhar, pois alguns cientistas haviam utilizado em suas pesquisas o método elétrico. Essa era exatamente uma das searas em que trabalhavam Pierre e seu irmão, para a qual inventaram um aparelho muito bom para pesquisas em outros campos da física. Esse instrumento era capaz de medir muito bem a eletricidade dos raios do urânio: tratava-se do eletrômetro a quartzo piezelétrico. Os outros interessados nos fenômenos utilizaram eletrômetros que não apresentavam a mesma precisão – foi o caso de J. J. Thomson para os Raios X, e também Lord Kelvin, que usou um instrumento desses para comprovar tanto os Raios X quanto para os raios Becquerel. O eletrômetro a quartzo piezelétrico fizera de Pierre Curie um físico relativamente conhecido no estrangeiro por seu alto grau de precisão. Kelvin, por exemplo, elogiou o instrumento em 1893, quando ambos estudavam os fenômenos de eletricidade e magnetismo:

> Caro senhor Curie: Venho agradecer vivamente o trabalho que tivestes em proporcionar-me um aparelho que permite-me observar tão comodamente a magnífica descoberta experimental do quartzo piezelétrico, que fizestes com vosso irmão. (CURIE, 1943: 105)

Faltava-lhe somente um lugar para trabalhar. Então, Pierre solicitou um galpão utilizado há algum tempo para se fazer dissecações médicas e, no monento inativo, para que ela fizesse

---

23 O sistema de doutoramento na Sorbonne naquela época era do tipo "livre". O pesquisador apresentava a uma banca composta por três professores que avaliariam a relevância da pesquisa. Não havia um tempo ou mesmo um percurso a ser cumprido, somente a relevância do trabalho contava. Fazia-se uma pesquisa e esta era apresentada à banca; não existiam sistemas de pós-graduação (MARTINS, 2003).

66   GABRIEL PUGLIESE

seus experimentos nos fundos da École de Physique et Chimie Industrielle (EPCI) de Paris, local onde ele trabalhava. Marie foi autorizada a trabalhar e o espaço foi "gentilmente" cedido devido à amizade que Pierre tinha com o diretor. Já de início, Pierre auxiliou sua esposa tanto no que diz respeito ao espaço para instalar o laboratório, quanto em relação aos instrumentos que iriam compô-lo. Toda a política para se conquistar um laboratório para Marie Curie fazer seu doutorado foi mediada pelo marido, que utilizava de seu pequeno prestígio para agradar sua esposa.[24] O galpão que fora cedido na EPCI agradava ao casal porque era próximo da casa em que morava, o que possibilitaria Marie trabalhar ao mesmo tempo nos dois ofícios: científico e doméstico (CURIE, 1963).

Faço questão de frisar a importância de Pierre em suas diversas formas, pois o papel que desempenhou nas relações (inclusive de gênero) me parece ter sido negligenciado por biógrafos e historiadores, pelo menos por dois motivos absolutamente imbricados: primeiro, para exaltar a importância de Marie Curie ressaltando o papel central no seu próprio sucesso; e segundo, porque sua figura foi, apesar de tudo, eclipsada em vários pontos importantes da trajetória "do casal". Penso que é possível tornar visível essas relações, pois me parecem essenciais para compreender o modo como a "complementaridade sexual" se materializou nas relações do casal, mas também como foram deslocadas. Certamente Marie Curie estava nesse momento já amparada por uma política familiar-acadêmica, e sob a sombra de seu marido, ela pôde iniciar as suas pesquisas. Se, de certo, Marie Curie não era "fraca", porque estabeleceu esse conjunto de relações que abriram a possibilidade de habitar a comunidade científica e iniciar suas pesquisas, nem de

---

24   Corrêa (2003) mostrou, entre outras autoras, como por meio de políticas familiares complexas, mulheres cientista tiveram êxito em suas atividades trabalhando como "casais", e se isso já implicava em relações de poder que acabavam por eclipsar seus trabalhos em nome dos seus maridos, por outro lado, implicava numa desterritorialização desse mesmo poder que alavancava as mulheres para essas atividades.

SOBRE O "CASO MARIE CURIE" 67

longe isso explica sua visibilidade posterior. Ora, se ela habitava a comunidade cientista não era como qualquer "outro" que se instalava, ela estava à borda da comunidade científica, em algum lugar estranho, que poderíamos identificar como o "lado de fora do lado de dentro", numa posição de marcada diferença. Enfim, a pista é que essa luta específica que chamo de "caso Marie Curie" engendrou outra coisa além da política familiar e das relações puramente sociais, algo inusitado que agitou essa política e que no seio próprio de seu funcionamento produziu a legenda Marie Curie tal como conhecemos hoje. Qual fluxo molecular pôde arrebatar e desenraizar a política molar do sexo, passando entre ela de forma imperceptível? Força essa que deslocou, inclusive, a política familiar da complementariedade sexual? Ou melhor, que micropolítica carregou e constituiu Marie Curie, nascendo de outra coisa que não delas mesmas?[25]

Já com um laboratório, composto por uma "câmara de ionização" – um eletrômetro Curie e a balança de quartzo piezelétrico –, a cientista começou suas pesquisas exatamente do ponto em que Becquerel e Kelvin haviam parado. Iniciou medindo o poder de ionização dos raios do urânio – isto é, seu poder de tornar o ar um bom condutor de eletricidade e descarregar o eletrômetro a quartzo piezelétrico.[26] O resultado da atividade dos raios foi medido exa-

---

25 A resposta, em minha opinião, está no que chamarei de radiopolítica. "Se considerarmos os grandes conjuntos binários [molares], como os sexos e as classes, vemos que eles correm também nos agenciamentos moleculares de outra natureza e que há uma dupla dependência recíproca, pois os dois sexos remetem a múltiplas combinações moleculares, que põem em jogo não só o homem na mulher e a mulher no homem, mas a relação de cada uma com o outro com o animal, planta etc.: mil pequenos sexos" (DELEUZE & GUATTARI, 1996: 90-91). Não só as relações com plantas, animais, podem multiplicar o sexo, talvez o "etc." de Deleuze e Guattari, também possa estar associado aos fenômenos da física e da química. Isso é o que pretendo explorar.

26 Os procedimentos laboratoriais podem ser encontrados nas cadernetas de laboratório dos cientistas, publicadas anos depois com um comentário de Irene Joliot-Curie, a filha do casal, e anexada à biografia de Pierre escrita por Marie Curie. Ver Joliot-Curie (1940).

68 GABRIEL PUGLIESE

tamente de acordo com a quantidade de urânio existente no metal analisado, de forma que o fenômeno não fosse influenciado pelo estado de combinação do elemento químico, nem pela luminosidade, pelo ambiente ou pela temperatura (todos estes, problemas que ela não conseguira isolar em seu galpão). Marie Curie seguiu os procedimentos elétricos adotados pelos outros cientistas que pesquisaram antes dela, repetiu os experimentos, mas tentou quantificar o fenômeno a ponto de insular os raios do urânio, separando-os dos outros raios provavelmente emitidos no experimento. O ajuste do eletrômetro a quartzo piezelétrico para medir pequenas quantidades de eletricidade, por parte de Pierre, foi fundamental, assim como sua orientação de como utilizá-lo, que possibilitou a Marie Curie ser muito mais precisa que seus predecessores. A pesquisa de doutoramento de Marie Curie não tinha grandes pretensões de início, a proposta consistia em aplicar o mesmo método utilizado para medir a intensidade dos raios X aos raios Becquerel, quantificando-os para assegurar certa comparabilidade (CURIE, 1963). De resto, o método elétrico era muito mais rápido que o fotográfico, aplicado anteriormente por alguns cientistas.[27]

Assim, os raios do urânio se mostraram muito diferentes dos outros raios conhecidos, principalmente porque nada os afetava. É verdade que eram de proporções bastante fracas, mas apresentavam uma "personalidade" bastante sólida. Isso mostrou que a emissão dos raios do urânio poderia não estar ligada a (hiper)fosforescência, pois se assim o fosse, deveriam aumentar em intensidade quando iluminados ou aquecidos, ou seja, a influência do ambiente e,

---

27 Em entrevista a Goldsmith (2006), a neta de Pierre e Marie Curie, Irene Langevin-Joliot, coordenadora do Instituto Curie, disse que é impossível ter a destreza necessária para repetir tal processo, e acrescentou que não conhece ninguém vivo que consiga repetir o experimento como fora feito. Na época, o instrumento era avançadíssimo e de difícil manipulação, tanto que John Joseph Thomson, um dos pioneiros a utilizar o processo elétrico para medir os Raios X (com um instrumento mais simples que o de Pierre) já dizia que era "exasperante trabalhar. E, quase ao final da vida, Lorde Rayleigh escreveu que todos os eletrômetros foram projetados pelo diabo." (*idem, ibidem*, p. 59). Ver www.mariecurie.science.gouv.fr, tanto para explicações formais do instrumento, quanto para ver como ele funciona.

SOBRE O "CASO MARIE CURIE" 69

sobretudo, da temperatura, era importante nesse caso. Marie Curie, com a ajuda do eletrômetro a quartzo piezelétrico, conseguiu observar que os sais eram constantes e indiferentes a qualquer relação com o ambiente. Tal comportamento dos sais de urânio em seus procedimentos já apontava para algo diferente daquilo que havia sido observado.

Tendo essa aposta em vista, a cientista decidiu verificar se outros minérios produziam os mesmos efeitos. O urânio podia não ser a única substância a emitir raios dessa mesma natureza, por isso, mantendo o método por ela inventado com a ajuda do quartzo piezelétrico, pretendeu verificar, nessa aposta metodológica, se outros corpos químicos também emitiam esses raios. Com a coleção de minérios disponíveis na EPCI (cobre, zinco, chumbo, estanho, platina, ferro, ouro, paládio, cádmio, antimônio, molibdênio, tungstênio e tório), foi possível perceber que a maioria deles não tornavam o ar um bom condutor de eletricidade, não descarregavam o instrumento. Mas também foi possível perceber que esse fenômeno não é privilegio do urânio, porque compostos químicos de tório emitiam raios análogos aos do urânio e de intensidade parecida. Isso apontou para uma variação da ontologia do fenômeno, pois poderia ser algo mais geral, e não uma singularidade do urânio junto à anormalidade de sua forma metálica, que ficou conhecida como (hiper)fosforescência.

A cientista continuou a pesquisar outras substâncias, utilizando-se do mesmo dispositivo experimental. Com o respaldo do pedido de seu esposo, Marie Curie ao patrimônio de Eugène Demarçay, químico especialista em raias espectrais – método de descobrir elementos químicos – para conseguir outros minérios que continham tório e urânio para continuar as pesquisas, e o cientista os cedeu gentilmente. Ela experimentou o método nesses vários minérios e muitos não se manifestaram, mas, entre eles a pechblenda e a calcolita (que eram compostos de urânio), mostraram uma atividade anormal. Pois bem, se os raios eram medidos no eletrômetro a quartzo piezelétrico em termos absolutos em relação à quantidade de urânio (e agora também do tório). Tudo o que não era previsto aconteceu: o pechblenda e a calcolita emitiam raios mais intensos do que a quantidade de urânio e tório poderiam possibilitar. Esse fenômeno foi observado e levado a sério após inúmeras repetições (Joliot-Curie, 1940).[28]

Ora, isso resultou numa outra questão. Becquerel havia notado que o urânio metálico produzia raios muito mais intensos do que qualquer um de seus compostos, e havia chamado esse fenômeno de hiperfosforescência, daí sua explicação. Nesse caso, a pechblenda, sendo um composto de urânio, deveria emitir raios mais fracos que o urânio. A poderosa medição possibilitada pelo quartzo piezelétrico, o instrumento inventado e calibrado por Pierre, colocou em xeque tal caracterização no laboratório. É que a agência do eletrômetro a quartzo piezelétrico mostrava uma diferença bastante sensível entre a intensidade dos raios, talvez não perceptível aos outros eletrômetros da época. Segundo CURIE (1943), a primeira reação de Marie Curie foi examinar a aparelhagem para saber se não ocorreu um erro nos experimentos. Não era o caso. Então examinou outros compostos de urânio (óxido de urânio e uranato de amônio) e percebeu que, de fato, não eram mais "ativos" que o próprio urânio metálico, confirmando os resultados de Becquerel. Mas em relação à pechblenda e a calcolita (Becquerel não havia utilizado esses minérios em suas experiências), algo estava errado, ou mesmo apresentavam algo diferente. Estes recalcitravam em se mostrarem muito mais ativos que o urânio (metálico) ao descarregarem o eletrômetro a quartzo piezelétrico. Essas relações entre a cientista, as substâncias e os instrumentos no laboratório ressoavam para a existência de um novo elemento químico...

---

28 É possível acompanhar "ilustrativamente" esse procedimento em *Leçons de Physique* proporcionado pelo site oficial de Marie Curie (www.mariecurie.science. gouv.fr). Um programa de computador com objetivo didático coloca-nos na posição de Marie Curie frente aos instrumentos laboratoriais, levando-nos passo a passo pelos caminhos seguidos por ela até chegar às conclusões.

Enquanto Marie Curie se dividia entre fazer seus experimentos e amamentar Irene, sua filha de poucos meses, outro fato dificultava o andamento das pesquisas. Como apresentar seu trabalho à Academia de Ciências, já que esta não aceitava mulheres e só seus membros poderiam ler trabalhos publicamente? É certo que mesmo um cientista como Pierre Curie não poderia apresentar suas pesquisas, pois não era membro também. Ora, o cientista, apesar de relativamente conhecido, não circulava muito bem no aparato institucional francês, tanto que trabalhava numa pequena escola de Paris. Acabara de ser recusado para uma vaga de professor na Sorbonne. Havia sido indicado por Charles Friedel, um químico com quem Pierre e Jacques (seu irmão) tinham trabalhado nas pesquisas sobre piezeletricidade. Em carta a Pierre, Friedel lamenta a derrota:

> Fomos derrotados e não sinto nada além de arrependimento por ter encorajado você a uma candidatura tão mal sucedida, já que a discussão em torno de seu nome foi muito mais favorável do que a votação. Mas, apesar dos esforços de Lippmann, de Bouty e de Pellat, bem como os meus próprios, apesar dos elogios que mesmo seus adversários fizeram do seu belo trabalho o que se pode fazer contra o normalien [aqueles que estudaram na escola normal] e contra os preconceitos dos matemáticos? Console-se e continue a fazer um bom trabalho com a química física, para mostrar a esses senhores, que se recusam a admitir que se possa mudar de emprego com a idade de quarenta anos, que você tem flexibilidade mental para isso. (Citado em QUINN, 1997)

Duas coisas são importantes de frisar aqui: a primeira é um corte molar de classe mencionado na carta, seguido de outro geracional. Pierre não era um normalien e por isso teria dificuldade de adentrar nos sectos mais prestigiosos da academia francesa. Ele ainda tinha um doutorado recente com uma idade considerada avançada.

72 GABRIEL PUGLIESE

Privilegiava-se jovens com carreiras promissoras provenientes de formações consideradas mais sólidas. A segunda, em relação ao "preconceito dos matemáticos", que apesar elogiosos em relação ao trabalho de Pierre, descaracterizaram sua candidatura porque seus trabalhos eram demasiadamente experimentais e pouco quantificados. Aqui também aparece uma diferença qualitativa entre saberes, pois a matemática, a essa altura, era considerada "a ciência das ciências".

Mesmo sem ocupar espaços prestigiosos, o apoio de Pierre foi fundamental. Sem o poder de apresentar os trabalhos de sua esposa ele utilizou uma outra estratégia. Com os resultados experimentais que Marie Curie conseguiu, Pierre Curie convenceu seu amigo e apoiador, Gabriel Lippmann – que também fora professor de Marie –, a apresentar a nota na Academia de Ciências. Assim, Lippman[29] leu o comunicado de Marie Curie em meados de abril de 1898, do qual reproduzo um trecho a seguir:

> Estudei a condutividade do ar sob a influência dos raios do urânio, descobertos pelo Sr. Becquerel, e procurei se outros corpos além dos compostos do urânio eram suscetíveis de tornar o ar um bom condutor de eletricidade. Empreguei para esse estudo um condensador de placas; uma das placas era recoberta por uma camada uniforme de urânio ou de outra substância finamente pulverizada. (Diâmetro das placas 8 cm; distância, 3 cm). Estabelecia-se entre as placas uma diferença potencial de 100 volts. A corrente que atravessava o condensador era medida

29 Prêmio Nobel em física, pela descoberta da fotografia colorida. Além de professor da Sorbonne, foi membro estrangeiro correspondente da *Royal Society* e presidente da Academia de Ciências de Paris em 1912. Lippmann apoiou Pierre Curie inúmeras vezes (como na candidatura para a *Sorbonne*), eles haviam trabalhado juntos na construção de instrumentos de medição com sucesso, e admiravam os trabalhos experimentais um do outro abertamente. Nessa esteira aberta pela boa relação com Pierre, Lippmann também incentivou Marie Curie, que foi sua aluna; conseguiu uma bolsa para que ela fizesse sua iniciação científica sobre propriedades dos aços, que resultou em seu primeiro prêmio Gegner, Academia de Ciências de Paris (1898).

em valor absoluto por meio de um eletrômetro e de um quartzo piezelétrico. (...)

Os compostos de tório são muito ativos. O oxido de tório ultrapassa mesmo o urânio metálico em atividade. (...)

Todos os minerais que se mostraram ativos contêm os elementos ativos. Dois minerais, a pechblenda (óxido de urânio) e a calcolita (fosfato de cobre e uranila) mostram-se mais ativos que o próprio Urânio. Este fato é notável, e leva-nos a crer que tais minérios podem conter um elemento mais ativo que o urânio. Reproduzi a calcolita pelo processo de Debray com produtos puros; essa calcolita artificial não é mais ativa que o urânio. (...)

Para explicar a radiação espontânea do urânio e do tório tendo a imaginar que todo o espaço está constantemente atravessado por raios análogos aos raios Röntgen, muito influentes e penetrantes, que provavelmente são absorvidos por certos elementos de grande peso atômico como o urânio e o tório. (CURIE, 1898)

Após ter sido apresentada sua primeira nota na Academia de Ciências, Marie Curie descobriu que um pesquisador alemão chamado Gerhard Schmidt também havia publicado alguns resultados parecidos. Schimidt utilizara simultaneamente o método elétrico e tinha antecipado, dias antes, que o tório, assim como o urânio, emitia radiações (MARTINS, 2003). Um italiano chamado Villari, também utilizara a calcolita para medir sua atividade, caracterizando o fenômeno como mais um composto de urânio que emitia os raios (QUINN, 1997). Mas Marie Curie ainda estava à frente dos competidores, pois mostrou como a calcolita natural e o pechblenda eram muito mais ativos do que a quantidade de urânio e tório nelas contidas. Como a calcolita podia ser produzida artificialmente, ela o fez notando que o produto não era mais ativo que o urânio, parecia que

74   GABRIEL PUGLIESE

na reprodução artificial da substância faltara algo. A palavra "atividade" é muito importante, pois remete claramente à agência de uma substância desconhecida, o que o não-humano fazia (a mais do que as outras) nos dispositivos experimentais. Como o tório e o urânio eram os elementos com os maiores pesos atômicos, Marie Curie levanta sua hipótese que, doravante, guiaria seus trabalhos: a atividade dos raios do tório e do urânio poderia estar ligada a uma propriedade atômica, e se assim fosse, o pechblenda e a calcolita natural emitiriam os raios Becquerel porque "podem conter" um elemento muito mais pesado... Contudo, a ideia de um novo elemento químico e, portanto, do fenômeno geral, foi recepcionada com desdém (CURIE, 1943; GOLDSMITH, 2006; MARTINS, 1998b; QUINN, 1997). Não houve sequer um trabalho que remetesse aos estudos de Marie Curie nas seções posteriores da Academia de Ciências, algo bastante incomum (basta consultar as Comptus Rendus da seção para perceber como o ritmo foi quebrado). Estou sugerindo, mas não sou pioneiro em fazê-lo, que esse desdém era produto das relações de gênero, um bloqueio à estadia de uma mulher entre os homens de ciência, mas principalmente por ter anunciado uma nova caracterização do fenômeno e, ainda por cima, um novo elemento químico.

No encontro entre os estudos dos raios Becquerel e as segmentariedades binárias constituídas por meio das políticas de gênero, (mas também de classe, entre outras.) havia algo diferente, que implicava certamente num "acontecimento". Não só uma mulher se colocando nos "negócios públicos", como era considerada a ciência, mas fazendo aparecer em seus dispositivos experimentais algo novo, inusitado, e ainda bastante corajosa na medida em que se propunha a teorizar o material. Estou fazendo o esforço de mostrar, empiricamente, como houve um encontro entre multiplicidades que operavam em distância, mas que se cruzaram e se sobrepuseram exatamente com a presença de Marie Curie. A relação ente gênero e ciência não é um dado bruto, imediato, teoricamente ou empiricamente, mobilizada de antemão para da conta do "Caso Marie Curie". Trata-se de um encontro, de um engendramento, um acontecimento que se constituiu como um problema para os contemporâneos como efeito dos movimentos. Se a cientista é o eixo desse encontro, é porque ela se torna rugosa e excepcional, ou seja, "anômala" em relação à normalidade, a constante masculina.[30] Acontecimento que criou um espasmo, seja pelo espanto ou pelo silêncio, porque Marie Curie era uma habitante da borda da comunidade científica, do "lado de fora do lado de dentro", como venho frisando.

Marie percebeu, a partir de suas experiências com uma porção de tório (simultaneamente com Gerhard Schimidt), que esse fenômeno não era específico do urânio, e também, com a pechblenda e a calcolita, evidenciou que poderia se tratar de uma propriedade atômica. Mas de onde provinha tanta energia? Nesse mesmo trabalho, Marie Curie especulava sobre uma "fonte externa", imperceptível aos sentidos, que os elementos mais pesados absorvem e depois reemitem sob a forma de raios que o laboratório possibilita observar, tornar visível. Ela não menciona o fenômeno da (hiper)fosforescência na teoria que estava estabelecida para o fenômeno. Essa radiação anormal emitida pela pechblenda e pela calcolita natural "poderia vir a ser" um fenômeno mais geral, ainda desconhecido.

Diante da "novidade" das pesquisas de sua esposa, Pierre Curie (que acompanhou seus procedimentos de perto no laboratório) deixou de lado seus estudos sobre eletricidade e magnetismo para ajudá-la (temporariamente) na empreitada que inaugurou. O interesse por parte de Pierre nos trabalhos sobre radioatividade trouxe outra expectativa (marcada por gênero) aos estudos de Marie. A partir de então, o

---

30 "Pode-se observar que a palavra anômalo, adjetivo que caiu em desuso, tinha uma origem bem diferente de anormal: a-normal, adjetivo latino sem substantivo, qualifica o que não tem regra ou o que contradiz a regra, ao passo que o adjetivo a-nomalia, substantivo grego que perdeu seu adjetivo, designa o desigual, o rugoso, a aspereza, a ponta de desterritorialização. (…) Os feiticeiros se utilizam então do velho adjetivo anômalo para situar posições do indivíduo excepcional na matilha. (…) Nem indivíduo nem espécie, o que é o anômalo? Um fenômeno, mas um fenômeno de borda." (DELEUZE & GUATTARI, 1997a: 24-27).

76 GABRIEL PUGLIESE

trabalho passa a ser "dos Curie", o casal.[31] Como mostrou Keller (1985), isso promove um não-homem no duplo sentido: não era uma mulher em particular, mas era um locus para um não-homem em todo observador particular. O pronome "nós" invisibilizava as o feminino; como eram pouco representadas nas ciências, ficavam as sombras do masculino, fazendo com que os trabalhos de mulheres fossem esquecidos na história (muitas vezes sendo atribuídos aos homens). Por outro lado, ajudava Marie a publicar e mostrar suas conclusões e ser levada a sério (afinal já não era ela), pois, como tentei ser claro, a "comunidade científica" não parecia recebê-la muito bem.

Com a ajuda de seu esposo, Marie Curie começou a tentativa que parecia natural: isolar aquela substância desconhecida, a fim de fazê-la existir aos olhos da comunidade científica. Então, o casal deu início a um trabalho de química analítica, e pediu auxílio ao químico auxiliar do EPCI, Gustave Bèmont, que participou dos procedimentos. A ideia era separar todas as substâncias que compunham o pechblenda (o minério que se mostrava mais ativo), para testá-los através do método elétrico, de modo a perceber quais substâncias eram ativas e quais não.[32] Atacam a pechblenda com ácidos, o que produz uma solução aquosa que, se tratada com o hidrogênio sulfurado, faz com que o urânio e o tório fiquem na solução dissolvidos, enquanto a substância mais ativa se precipita como um sulfeto junto com chumbo, bismuto, cobre, arsênio e antimônio. Daí, para continuar a separação, eles atacaram o precipitado com o sulfeto de amônia, e assim os sulfetos de arsênico e de antimônio (que não apresentavam

31 Utilizo aqui a palavra "interesse" no sentido dado por Stengers (2002), expressando o inter-esse, ou seja, "estar entre" a pesquisa de Marie Curie. Essa palavra evoca uma forma de relação com a verdade expressada em forma de agências que Marie Curie conseguiu mobilizar no decorrer do seu dispositivo experimental.

32 As experiências descritas a partir de agora estão disponíveis em Marie e Pierre Curie (1898). Um comentário sobre essa etapa das pesquisas pode ser encontrado em Latour (2000: 147). O autor utiliza o mesmo comunicado dos cientistas para apresentar a construção dos fatos científicos, uma das teses de seu livro. Como em boa parte da sua obra, Latour apresenta tais pesquisas utilizando a estratégia retórica do diálogo, inventando um "discordante" para angariar uma controvérsia. De fato, esse personagem não existe.

atividade) se dissolveram, sobrando com a substância ativa somente o cobre, o chumbo e o bismuto. Para separá-la do chumbo, utilizava-se o ácido sulfúrico, e do cobre, o amoníaco...

Os Curie e Bèmont não encontraram uma forma exata de separar a substância ativa do bismuto pelos procedimentos químicos. Consequentemente, utilizaram-se de outro recurso para "criar" a diferença entre o bismuto e a substância, ou seja, fazê-la atuar de forma diversa do bismuto para chegar ao status ontológico de elemento químico. Colocaram a fuligem ativa, em forma de sulfureto, num tubo Boheme com o vácuo a 700°C e perceberam, com isso, que o bismuto se aglomerou na parte mais quente do tubo, enquanto a fuligem, mais ativa que o urânio e o tório, moveu-se para a parte mais fria. O material que iniciaram em seu estado "bruto" era quatro vezes mais ativo que o urânio. O casal refez o artifício várias vezes, obtendo uma substância pelo menos quatrocentas vezes mais ativa que o urânio, na medição com o eletrômetro a quartzo piezelétrico. Nas experimentações, por eliminação, a partir de provas constituídas por testes criados pelo casal, a substância deixou de ser, progressivamente, o urânio e o tório, pela atividade (anormal) mais intensa; o arsênio e o antimônio, pela dissolução em sulfato amônio; o chumbo, por não se precipitar pelo ácido sulfúrico; o cobre por conta da reação com o amoníaco; e o bismuto, pelo teste de calor.

Em julho do mesmo ano, Pierre e Marie Curie dirigiram outra comunicação apresentando os resultados para a Academia de Ciências de Paris. O artigo foi lido por Henri Becquerel, que voltou a se interessar pelo fenômeno. Mas como o cientista não tinha boas relações com os Curie, parece ter apresentado o trabalho pela parcela de importância dada a ele no texto.[33] É a primeira vez que a palavra radioatividade (com hífen) aparece, utilizada uma vez, no título da comunicação: "Uma nova substância radio-ativa, contida na pechblenda". Reproduzo algumas partes:

33 "Pierre reclamou com um amigo que Becquerel menosprezava Marie porque ela era mulher. (...) Pierre não gostava de Henri e achava que ele apenas fingia ser amigo deles em proveito próprio." (GOLDSMITH, 2006: 72)

78 GABRIEL PUGLIESE

> Certos minerais que contém Urânio e Tório (pechblenda, calcolita e uranite) são muito ativos na emissão de raios becquerel. Num trabalho anterior, um de nós mostrou que a atividade desses minerais é maior do que a do Urânio e do Tório, e emitiu a opinião que, esse efeito será devido a alguma substância muito ativa, encerrada em pequenas quantidades, nesses minerais. (...)

> Cremos que a substância retirada da pechblenda contém um metal ainda não assinalado, vizinho do Bismuto pelas propriedades analíticas. (...) Se a existência desse metal vier a se confirmar, propomos que chame Polônio, recordando o nome de um país de origem de um de nós. (...)

> Permitam-nos comentar, se a existência do novo elemento foi confirmada, será uma descoberta devida, inteiramente, ao novo método de investigação que nos foi proporcionado pelos raios Becquerel.[34]

O cuidado em dizer "se a existência de metal vier a se confirmar" indica uma questão enunciada no último parágrafo da comunicação: não foi possível encontrar raias espectrais do provável "novo elemento". Notar as raias espectrais significava mostrar a existência do novo elemento. O método da espectroscopia é o estudo das características das manchas de cor que são produzidas quando os elementos são aquecidos e a luz refratada através de um prisma. Era um método muito conhecido e serviu para fazer existir pelo menos oito elementos químicos. Devido às impurezas que ainda restavam, Demarçay, o eminente espectroscopista, não conseguiu ver as linhas que identificariam sua diferença em relação ao tório e o urânio, pois necessitaria de mais material. Sabia-se o que fazia aquela substância encerrada em pequenas quantidades em relação

---

34 CURIE, Marie; CURIE, Pierre. "Sur une substance nouvelle radio-active, contenue dans la pechblende". In: *Comptes Rendus*, 1898, v. 127, p. 175-178.

SOBRE O "CASO MARIE CURIE"   79

à condução de energia, mas não o que ela era, seu ser. Mas algo ainda mais inusitado estava por vir...

Bruno Latour (2000: 146-150), citou em poucas páginas o acontecimento da invenção-descoberta do polônio a partir dessa comunicação de Pierre e Marie Curie. O autor descreveu, como nos experimentos "dos Curie", o elemento químico passou por variadas "etapas ontológicas" até alcançar o estatuto de Natureza (o que posso atestar, avançando um pouco no tempo, que não foi tão simples assim). No mais, nem sequer toca no problema do gênero, com a justificativa, talvez, que esse não era o seu problema. No entanto, não descrever as relações que envolviam gênero me parece uma maneira de endossar as relações de poder exercidas sobre Marie Curie durante a controvérsia científica.[35] Uma maneira de torná-las invisíveis. Não me parecem distintas as descrições das relações de gênero e das transformações ontológicas do polônio, trata-se de um mesmo agenciamento.

Nas medidas radioativas daquilo a que propunham chamar de polônio, encontrava-se uma intensidade radio-ativa ainda desproporcional aos teores apresentados no pechblenda que, por algum motivo, emitia raios ainda mais poderosos que o "suposto" novo elemento (polônio) – substância considerada, aos olhos do casal, a mais intensa. Esse fato fez com eles novamente se voltassem para a química analítica a fim de testar as substâncias em separado, afinal, poderia tratar-se não só de um elemento, mas de dois. Apresento parte da comunicação, pois ninguém melhor do que eles mesmos para descrever os procedimentos adotados. No final de dezembro de 1898, as seguintes experiências e seus resultados foram apresentados por Becquerel:

---

35 Esse problema reaparece, por exemplo, no caso de Joliot (LATOUR, 2001). O autor sequer cita o nome de Irene Joliot-Curie (filha de Marie e Pierre) no texto, considerando sua participação intensa nas pesquisas sobre radioatividade artificial. Talvez, porque Frederick Joliot (seu marido) tenha exercido todo o ofício do chefe, criando recursos financeiros, dando ao público uma imagem positiva das pesquisas e associando-se com o Estado francês no entre-guerra etc, o que naturalmente tornou Irene um pouco invisível no laboratório...

As investigações que estamos seguindo agora estão de acordo com os primeiros resultados obtidos, mas no curso destas pesquisas encontramos uma segunda substância fortemente radio-ativa e inteiramente diferente em suas propriedades químicas da primeira. De fato, o polônio é precipitado através de soluções ácidas por ácido sulfúrico, seus sais são solúveis em ácidos, e a água os precipita a partir dessas soluções; o polônio é completamente precipitado em amoníaco.

A nova substância que encontramos tem todos os aspectos químicos do bário quase puro: ele não é precipitado pelo sulfeto de hidrogênio, nem por sulfato de amônia, nem por amoníaco; o sulfato é insolúvel em ácidos e em água; o carbonato é insolúvel em água; o cloreto, muito solúvel em água, é insolúvel em acido clorídrico concentrado e em álcool. Finalmente, esta substância mostra o espectro facilmente reconhecível do bário.

Não obstante, acreditamos que esta substância, embora constituída em sua maior parte de bário, contém a adição de um novo elemento que proporciona sua radioatividade e que, além disso, é muito próxima do bário em suas propriedades químicas. (…)

1) O bário e seus compostos não são de modo algum radio-ativos; mostramos que a radioatividade é uma propriedade atômica, persistentes em todos os estados físicos da matéria. Dessa maneira de ver, a radioatividade da substância não é do bário, então atribuímos a outro elemento.

2) (…) Nós obtemos um cloreto 900 vezes mais ativo que urânio (…) e a atividade poderia aumentar se continuássemos os procedimentos.

3) (…) Sr. Demarçay percebeu uma raia espectral que não é de nenhum elemento comum.

As várias razões que acabamos de enumerar levam-nos a admitir que a nova substância radioativa encerra em um elemento novo, para o qual propomos o nome de rádio. Essa nova substância contém certamente uma dose de Bário, mas, apesar disso, a sua radioatividade é considerável. A radioatividade do rádio, portanto deve ser enorme.[36]

Já não se tratava de um elemento químico novo, mas dois. Nas medidas de condução de energia o pechblenda inusitadamente ainda se mostraria mais podereso que os elementos radioativos assinalidos. Uma parcela ativa contida nesse minério, muito próxima do bário, é verdade, apresentava propriedades químicas absolutamente diferentes de urânio, tório e o "ainda em vias de existência, polônio". Já era 900 vezes mais ativo que o urânio e sua força poderia aumentar se o método fosse repetido: "a radioatividade do rádio deve ser enorme". Além disso, o "rádio", como foi chamado, teve sua raia espectral notada por Demarçay, e não era de nenhum elemento químico comum. Por mais que a mistura com o bário pudesse colocar em dúvida a existência desse "novo" elemento, o fato é que o bário puro não era ativo, quer dizer, não emitia radioatividade. Assim como no caso do polônio e o bismuto, que apesar de ainda inseparáveis, o segundo sozinho era inativo.

Nesse mesmo artigo eles ainda aproximam a radioatividade dos raios de Röntgem. Ambos parecem provir de um "fator externo" às substâncias, mas também sensibilizar as chapas fotográficas. Mas, muitas questões ainda permaneciam: as radiações emitidas eram iguais as dos Raios X? De onde saía a energia que esses materiais emitiam? Qual a causa do fenômeno? Por que certos elementos

---

36 CURIE, Marie; CURIE, Pierre; BÉMONT, Gustave. "Sur une nouvelle substance fortement radioactive, contenue dans la pechblende". In: *Comptes Rendus*, 1898, v. 127.

eram ativos e outros não? Até esse momento nada havia sido esclarecido a ponto de se eternizar na história, tinha-se somente a natureza relativa do fenômeno e a abertura de uma avenida de investigação pelos Curie. Mesmo assim, essas espetaculares aparições fizeram muito barulho na Academia de Ciência, tanto que uma parte da "ilustre" Comptus Rendus foi dedicada aos corpos radioativos. A partir de então, toda a atenção estava voltada aos fenômenos descobertos por Marie e desenvolvidos pelo "casal". A fim de contraste, é interessante notar a diferença de recpção das reflexões de Marie Curie, e agora do "casal", quer dizer, o modo como a participação de Pierre fez diferença a ponto de uma seção inteira ser dedicada ao estudo dos fenômenos.

De minha parte, o problema (que é o dos cientistas que estudo) está muito menos no que antecede a radioatividade como um acontecimento do que no que a sucede – nas lutas e procedimentos científicos que compuseram o fenômeno de uma ou outra maneira, permitindo sua resistência às falsificações que viriam. Seguindo os cientistas, a explicação daquilo que a radioatividade se tornou não está nela própria – não podia a radioatividade estar lá o tempo todo, ser lógica e ontologicamente anterior a seu próprio acontecimento – e sim nos seus desdobramentos, nas controvérsias e na política sexual que ela criou e que a constituiu. Quer dizer, a problemática da radioatividade aparece nesse instante absolutamente controversa, incerta, suspensa no tempo e parcialmente engendrada numa política sexual. A problematização dos cientistas envolvidos em torno do novo fenômeno não se dá simultaneamente sem uma problematização do modo como as relações de gênero operavam, como será descrito. A partir de então, se "as relações de gênero não são nem mais nem menos autônomas do que quaisquer relações sociais" (STRATHERN, 2007: 68), descrever como se davam essas relações durante a prática científica de Marie Curie não pode ser diferente de descrever como a radioatividade e os radioelementos apareceram como "autoridades naturais", e vice-versa. Pretendo reconstruir, assim, o agenciamento

SOBRE O "CASO MARIE CURIE" 83

constituinte do "Caso Marie Curie", que torna inseparável dois domínios: tanto o envolvimento das relações de gênero na produção da radioatividade, quanto o envolvimento da radioatividade na produção de relações de gênero. Trata-se de dois reinos distintos funcionando em uma "evolução a-paralela", fenômeno de "dupla captura" (DELEUZE & GUATTARI,1997a).

O fato é que as pesquisas de Marie com a colaboração de Pierre Curie – que agora não mais voltaria a seus próprios estudos – haviam tomado uma proporção incrível, e eles sabiam que estavam experimentando algo novo. Aquilo que era um fenômeno anormal do urânio, a hiperfosforescência, caracterizada por Becquerel, deveria ser combatida para que a radioatividade pudesse existir, com sua própria caracterização enquanto propriedade atômica. A maneira como os experimentos do casal fazem aparecer os fenômenos abriu uma controvérsia em relação à hiperfosforescência do urânio, visto que o tório – e agora concorrendo à existência, também o polônio e o rádio – também emitiam os raios Becquerel. Essa "maneira de ver" o fenômeno como uma propriedade atômica precisava fazer com que os raios Becquerel, (hiper)fosforescêntes já não existissem. Se a fosforescência já não era a mesma após a atividade anormal do urânio, sendo a caracterização aceita para o próprio fenômeno, não se sabia o que era a radioatividade, mas apenas algumas de suas atividades espantosas.

A maneira diferente como os fenômenos atuavam nos dispositivos experimentais e o modo como estabeleciam relações com outros fenômenos, conhecidos ou não, transmitiam as informações que "conflitavam" os dados e as explicações já operantes. Qual era a natureza dos raios urânios, efeitos de (hiper)fosforescência ou radioatividade, uma propriedade atômica? Não se sabia. Era essa realidade com a qual os cientistas se deparavam e que tento aqui descrever. Como as entidades que Marie e Pierre Curie tornaram visíveis no laboratório tinham um estatuto ontológico muito "fraco" – ou seja, ainda se desenhavam enquanto "entidades" –, os

84 GABRIEL PUGLIESE

cientistas necessitavam de muito trabalho para mostrar que não se tratava de uma forma anormal de fosforescência. A radioatividade só começava a pleitear um lugar na taxonomia científica como produto de uma propriedade atômica, mas isso ainda era impossível. Mas então do que se tratava a hipótese dos Curie: o fenômeno geral, a radioatividade, não existe longe dos elementos químicos que a produzem, quer dizer, tratava-se da absorção e da reemissão por parte dos elementos químicos pesados, de uma fonte externa desconhecida reemitida em forma de radiação (radioatividade).

Para "provar sua existência" era indispensável fazer existir os elementos químicos novos para além de hipóteses, como reza as regras da química, assim como desvendar outras de suas "atividades" possíveis, como propõe à física. Os Curie sabiam que, segundo as regras da química, só existe um novo corpo químico quando esse pode ser visto, tocado, para que seja possível pesá-lo, examiná-lo e submetê-lo a reações. Não existe elemento químico sem que este se encontre em relações diferenciais, e mais do que isso, a substância necessita ter seu peso atômico calculado para fazer parte da tabela periódica de Mendeleiev, exigências impossíveis neste momento. A radioatividade precisava ser explorada para experimentar seus caracteres de caracteres, suas relações de relações, como muito bem definiu Whitehead (1994). Enfim, muito mais empenho daqui em diante para fazer a "ontologia vacilante" da radioatividade se estabilizar – mas não sem controvérsias e as vicissitudes de gênero. Ora, é no que se sucede que encontramos a radioatividade de que todos "nós" somos herdeiros – na luta que a separa do tempo, colocando-a na eternidade. Isso é tudo o que se pode dizer de antemão...

Sendo assim, algo ainda estava por vir como sinônimo de uma nova e uma velha temporalidade para os raios desconhecidos: a batalha entre a radioatividade e a hipefosforescência se dá no estranho local de um ainda-aqui-e-já-passado e o ainda-por-vir-e-já-presente,[37] Num "entre-tempo", lugar atual das lutas onde estão lançadas as várias flechas que constituem cientificamente um passado-falso e o futuro-verdade. Se esse acontecimento-radioatividade promove uma "indefinição do tempo", é porque se define por um puro "instante" (ou seja, devir), lugar onde se dá a disjunção de um passado e de um futuro, tornando-se a própria possibilidade de uma ruptura. Entrementes, para o gênero das ciências modernas, só pode haver "uma forma de ver" o fenômeno, na qual uma caracterização implica, necessariamente, na desqualificação da outra. "Em matéria de ciências, obter êxito em fazer da Natureza autoridade e fazer história são sinônimos. O poder de fazer a diferença está ao lado do acontecimento, criador de sentido à espera de significados." (STENGERS, 2002: 113).

É nesse momento de produção de verdade científica em torno dos novos raios desconhecidos que instalo a minha análise. Afinal, tanto Marie Curie quanto a radioatividade são produtos dos desdobramentos que criaram; dos significados atribuídos nas lutas que se seguiram. A própria radioatividade não foi aceita sem conflitos, seu acontecimento criou uma diferença (política) entre os cientistas, ao carregar em seu seio uma política sexual da qual é indissociável. A radioatividade é o fenômeno que põe em jogo o gênero e os outros cortes políticos, que os engendra nas controvérisas científicas, na medida em que abre a possibilidade de afirmar "isso é científico". Quem vai buscar e quem terá recursos para continuar as pesquisas? Como vai ser dividido o trabalho? Que hipótese seguir? Com quem se vai debater? A quem se dará os créditos da descoberta? A quem dar os prêmios?

---

37 Para esse ponto, ver Zourabichvili (2004) comentando a noção de tempo em Deleuze. Ver especialmente DELeuze & Guattari (1996, platô 8).

Qual é a origem da energia? O dispositivo experimental: fazer-falar, fazer-calar (1899-1903)

A ERUPÇÃO DE UMA OUTRA POLÍTICA

Neste capítulo, acompanho os desdobramentos das pesquisas com substâncias radioativas que, a essa altura, já representavam o signo do novo, um entretempo sob um conjunto de indagações. A radioatividade e os elementos químicos que a acompanhavam seguiam para se transformar em uma das "grandes avenidas de investigação" da virada do século XIX para o XX. Assim, meu objetivo é fazer aparecer, em meio a esse agenciamento, o modo como a complementaridade sexual e seus mecanismos de poder funcionavam nas práticas mais moleculares que envolviam as pesquisas. Como suas gavinhas constituíam microorganizações que replicavam, certamente, na singularidade do trabalho laboratorial dos Curie e a forma como foi dividido, mas também nos segmentos molares de outra natureza, como as classes sociais.

Mostrar como o acontecimento-radioatividade tornou visível uma política sexual da qual é indissociável e que o "dispositivo experimental" de Marie Curie não parou de fazê-la variar para um ou outro sentido. Enfim, gostaria de mostrar como o "Caso Marie Curie" permite distinguir os níveis a que pertencem as relações entre humanos e não-humanos de acordo com a imagística de gênero, para reconstruir os fios que engendraram o que chamarei, a partir

88   GABRIEL PUGLIESE

de então, de *radiopolítica*. Por mais inusitado que possa parecer, a radioatividade, que é de gênero "neutro", significa a pedra de toque para compreender como a política sexual operou. Vivemos em um regime de relações que tende a dar um estatuto (de gênero) diferente a humanos e não-humanos; e aqui está o aspecto que pode ser descrito. Enfim, um tentativa estranha e talvez insensata de explorar o funcionamento da multiplicidade da política sexual a partir da radioatividade.

Terminei o capítulo anterior discutindo o modo pelo qual a comunicação (BÉMONT; CURIE, Pierre; CURIE, Marie, 1898) apresentada por Henri Becquerel, numa seção de trabalhos dedicados aos raios do urânio, coloca em questão a existência de um novo elemento químico extraído do pechblenda. O rádio, no processo de depuração, já aspirava a uma potencialidade 900 vezes mais ativa do que o urânio, com a instrumentalização do eletrômetro a quartzo piezelétrico. Ele significava o quarto elemento químico com a característica de tornar o ar um bom condutor de energia e descarregar o aparelho – urânio, tório, polônio e rádio – e o último, sem dúvida, aparecia como o mais "ativo" deles. Já não parecia haver uma relação entre os raios do urânio e a fosforescência invisível da forma como foi trabalhada por Becquerel (1896) e confirmada por Silvanus Thompson. A "hiperfosforescência" dos raios do urânio foi problematizada, posta em controvérsia. Por meio do dispositivo experimental criado por Marie Curie, aquilo que até então era uma singularidade do urânio metálico estava sendo colocado em xeque, e com isso assistia-se ao nascimento de um fenômeno geral com estatuto de *propriedade atômica*.

Foi nesse sentido que Marie Curie preparou um balanço dessas pesquisas até o momento de sua entrada no cenário. Com um texto sobre "filosofia natural", escrito em 1898, mas publicado em janeiro de 1899, no interstício entre o enunciado do polônio e do rádio, a cientista explicitou o debate que a radioatividade encampava, bem como a originalidade de seu dispositivo experimental.

SOBRE O "CASO MARIE CURIE"   89

Ela descreveu com maior ênfase as questões que estavam dispersas nas comunicações anteriores (e fora muito cuidadosa em separar o seu trabalho dos demais cientistas, inclusive Pierre), refazendo o percurso de descoberta do polônio. A partir de seus procedimentos laboratoriais, seguiu uma discussão da ordem do "como" se dava a atividade dos raios: como se comportavam em relação às purificações químicas exigidas, mas também em relação ao trato com o quartzo piezelétrico, ou seja, os caracteres dos caracteres, fazendo com que o seu "porquê" funcionasse da forma "como" a cientista havia identificado. "Ela inventa, a respeito das coisas, um 'como' que define o 'porquê' como o seu resto" (STENGERS, 2002: 101). Enfim, o "como" da atividade dos elementos radioativos explica o "porquê" de sua existência, e não o contrário. A radioatividade existe porque em sua "havência" funcionam rastros de suas atividades; aqui ela é muito mais efeito do que a causa das relações que as constituem. Nesses termos (ou melhor, a partir dessas relações), Marie Curie volta a defender a ideia de sua primeira comunicação, de que os elementos químicos de maior peso atômico absorvem uma desconhecida "energia externa" e reemitem em forma de energia radioativa.

Ela deixa claro o caminho que iria percorrer no artigo mencionado, publicado na *Revue Générale des Sciences*:

> Os raios urânicos foram frequentemente chamados de raios Becquerel. Pode-se generalizar esse nome, aplicando-o não apenas aos raios urânicos, mas também aos raios tóricos e a todas radiações semelhantes. Chamarei de radioativas as substâncias que emitem os raios Becquerel. O nome de hiperfosforescência que foi proposto para o fenômeno me parece uma falsa ideia de sua natureza.[1]

---

1 CURIE, M."Les rayons de Becquerel et le polonium". In: *Revue Générale des Sciences*, 1899, v. 10.

90   GABRIEL PUGLIESE

Esse artigo sobre "filosofia natural" antecipava ainda que outros materiais poderiam emitir tais radiações. Como o texto fora enviado para publicação logo após a descoberta do polônio e antes da descoberta do rádio, este último não entrou no balanço. Mas foi divulgado numa nota do editor ao final do texto, corroborando as conclusões para deixar o argumento mais poderoso. Nos termos do editor, os Curie e Bémont, descobriram, ainda, outro elemento químico (rádio) vizinho do bismuto pelas propriedades químicas, mas diferente pela radioatividade que apresentava. Foi uma clara referência ao derradeiro artigo que os cientistas enunciaram "uma substância fortemente radioativa contida na pechblenda". O editor também aponta para o fato que Eugene Demarçay acabará de notar uma raia espectral desconhecida, um índice do elemento químico novo.

Ora, é nesse entretempo que o dispositivo experimental da radioatividade não cessa de fazer os radioelementos testemunharem em nome da caracterização de Marie Curie, pois, encenados dessa maneira, fariam calar outros autores que desejassem experimentá-los de outro modo. Estamos diante de um conjunto de relações entre humanos e não-humanos que a cientista mobiliza para inventar um "dispositivo experimental", que permite fazer aparecer (anormalmente) visível algo novo, inesperado, que ela descobre, e que, por sua vez, põe um limite nas formas de descrevê-lo de outra forma que não esta. Não por outro motivo, os cientistas se mobilizavam, se interessavam em estudar esse fenômeno, seja para confirmá-lo ou para colocá-lo a prova. "A simples abertura de uma controvérsia experimental já é um sucesso: um enunciado conseguiu interessar os colegas tidos como preparados para pô-lo à prova. Interessar-se é a condição prévia necessária a toda controvérsia, todo teste." (STENGERS, 2002: 112).

Pelo menos a partir desse instante, todo aquele que quisesse estudar a radioatividade (ou mesmo "colocá-la à prova") por meio da abertura de uma controvérsia, teria que tomar partido do dispositivo experimental de Marie Curie. Experimentar a radioatividade significa, a partir de então, seguir os mesmos passos de Marie Curie, colocar seu dispositivo experimental em jogo e extendê-lo, num movimento de repetição. Não obstante, essa multiplicidade de procedimentos que torna possível fazer-falar o fenômeno, promove a "fundação"[2] do território, que é o lugar de seu movimento. Ora, toda vez que alguém encena a radioatividade em um laboratório, torna-se um pouco Marie Curie (inclusive hoje), pois tem de repetir exatamente os procedimentos que ela criou para tornar o fenômeno visível. O dispositivo experimental é exatamente a forma de conferir um poder de existência própria ao fenômeno: uma forma de expressão que confere a radioatividade o poder de conferir a Marie Curie o poder de falar em seu nome.[3] Ao caracterizar o fenômeno como uma propriedade atômica, cria-se uma força capaz de calar os outros autores que desejariam caracterizá-lo de outro modo que não esse.

No entanto, não se trata de um "ponto de vista feminino" (HARAWAY, 1995; KELLER, 1983), seja como um método especial de Marie Curie que pressuporia uma radioatividade pronta de antemão esperando para ser descoberta; seja como uma superioridade cognitiva da cientista em relação a seus pares que a localizaria fora do exercício do poder. Marie Curie provavelmente se reconhecia como autora da radioatividade, mas isso pouco importa. A relação de força que seu "dispositivo experimental" criou, impossibilitava que seus colegas cientistas pudessem usar desse argumento contra ela, acusando-a de "ter falado em nome da radioatividade" ao invés

---

2 Encontro aqui o contraste estabelecido por Deleuze (2000) entre "fundação" e "fundamento". A fundação diz respeito ao solo e mostra como algo se estabelece nele, tomando sua posse e ocupando-o. Já o fundamento vem antes do céu, é um elemento pré-discursivo e transcendente, que tem como característica principal a medição do solo sob um título de propriedade. O primeiro nos leva a um construtivismo radical, remete sempre a uma multiplicidade enquanto substantivo; o segundo, a um relativismo, pois precisa de um ponto fixo transcendente no qual se constitui o múltiplo.

3 Ver Stengers (2000).

de ter "feito a radioatividade falar". É nesse sentido que o dispositivo experimental põe em xeque a noção de "representação" – enquanto uma relação cognitiva de um sujeito (feminina ou não), na qual se cria uma perspectiva sobre o objeto. A singularidade política desse dispositivo consiste em fazer da própria radioatividade uma perspectiva. Daí a radiopolítica; ela está ligada com a singularidade das ciências, com as intensidades de seus dispositivos experimentais, pois estes não atribuem aos cientistas o direito de conhecer ou estabelecer relações "em nome da radioatividade", mas ao fenômeno do poder (a ser construído) de colocar os cientistas à prova. Assim, não há uma perspectiva de Marie Curie sobre a radiatividade, há a radioatividade ela própria como uma perspectiva, daí a singularidade do "dispositivo experimental". Parece-me que se a radioatividade fosse classificada como um fenômeno de ciência feminina, ou ainda, que se Marie Curie tivesse um modo "feminino" de fazer ciência, o dispositivo experimental da radioatividade não poderia tornar-se a pedra angular da radiopolítica.

Portanto, a comunidade científica e o dimorfismo sexual que ali vigora são submetidos a uma interessante radiopolítica. Um deslocamento singular da ação para a própria radioatividade, que aparece visível à comunidade científica independente da vontade de Marie Curie, que se limita a criar uma forma (a)política de fazer as coisas falarem por si próprias. Uma política da radioatividade que é, a partir de então, dissociável da política sexual em que Marie Curie estava envolvida, mas que a encontra e a desloca de uma forma singular. Ora, o que o dispositivo experimental permite é exatamente uma descontinuidade entre o fenômeno e o cientista, na medida em que a radioatividade passa a existir sem a necessidade de um sujeito que o garanta. Qualquer um, com as mesmas condições laboratoriais de Marie Curie e seguindo os mesmos procedimentos pode experimentar a radioatividade.

Dirijo meus esforços para mostrar como essa singularidade criou uma interrogação para a política sexual, sem ter nascido dela

SOBRE O "CASO MARIE CURIE" 93

própria (o que não quer dizer que seja exterior à força que exercia). Desejo acompanhar "justamente a heterogeneidade do poder, quer dizer, como ele nasce sempre de outra coisa diferente dele mesmo" (FOUCAULT, 2006a: 276). Se a política sexual pôde "gaguejar" pela existência da radioatividade, isso se dá pelo mesmo motivo que esse "contra-poder", que coloca o funcionamento do gênero em "crise", não tem nem sua origem e nem o seu fim na política sexual, acontecimento esse que torna Marie Curie um fenômeno, um "ponta de desterritorialização". É nesse sentido que a radiopolítica tornar-se-á um fenômeno de resistência, ao mesmo tempo em que um poder a ser exercido, por funcionar através de outros meios que não da política convencional (homens vs. mulheres) que a complementariedade sexual necessitou se atualizar, pôr-se em movimento. Isto certamente tem a ver, entre outras coisas, com o movimento de a-politização de Marie Curie (de gênero feminino) pelo dispositivo experimental que deslocou o eixo de visibilidade para a radioatividade (de gênero neutro). Como bem notou Latour (1994) uma política das coisas em que a Política deve ser excluída.

Henri Becquerel, que tinha qualificado os raios urânicos como de menor monta e dirigiu seus esforços para outra área da física, viu-se arrebatado novamente ao estudo dos corpos radioativos, e logo tratou de voltar a estudar o assunto. Muito provavelmente, por conta das provocações falsificadoras do dispositivo experimental de Marie Curie em relação à fosforescência, que agora voltava ao estatuto de hipótese. Assim, para se localizar no debate bastante controverso, escreveu um balanço do que havia sido produzido sobre os corpos radioativos, com ênfase especial nas suas descobertas com os sais de urânio e sua fosforescência. Mas, de fato, não fez nenhum experimento.

A essa altura, diversos países europeus tinham pesquisadores interessados na radioatividade, e novas questões não paravam de surgir. Foi quando se descobriu que, no final de 1898, dois professores ginasiais na Alemanha, Julius Elster e Hans Geitel, tomados pelo

94   GABRIEL PUGLIESE

debate da radioatividade, resolveram fazer suas pesquisas em torno do modo como Marie Curie os caracterizou. Afinal, se "os Curie" tivessem razão (os elementos coletariam energia de uma "fonte externa" e reemitiriam em forma de radioatividade), as substâncias perderiam sua energia se fossem enterrados num poço de 850 metros de profundidade. Foi o que eles fizeram, e após oito horas de espera, o material ainda emitia as radiações. Eles concluíram "a partir dessas pesquisas a hipótese de que a radioatividade seja excitada por outros raios, no ar em torno, nos parece altamente improvável" (GEITEL & ELSTER apud QUINN, 1997: 178). Segundo eles, a energia deveria provir do próprio material. Tal falsificação da hipótese dos Curie foi encarada com espanto, mas também com um certo desdém: era impossível, do ponto de vista da física, uma quantidade ínfima de material emitir uma radiação tão poderosa. Alguns miligramas de sais de rádio ou de qualquer outra substância não poderiam emitir em sua própria força uma radiação do tipo. Essas pesquisas não tiveram repercursão imediata.

Bem diferente disso, outra pesquisa teve repercursão imediata. O cientista neozelandês, Ernest Rutherford, publicou um extenso estudo sobre a heterogeneidade das radiações do urânio. Rutherford seguiu os mesmos procedimentos do casal Curie, e notou que as emissões radioativas eram compostas, no mínimo, por dois tipos de raios, chamados por ele de Alfa e Beta: os primeiros, apesar de carregarem uma grande carga elétrica, eram facilmente absorvidos por pequenas camadas de alumínio; e os segundos, embora menos carregados, eram muito mais penetrantes (atravessavam grossas barreiras). Os raios de urânio emitiam não uma forma Uma e homogênea de radiação, mas uma radiação heterogêna que se dividia em duas, assim como os raios X. Ora, tratava-se de uma variação do fenômeno e apontava exatamente para uma analogia com os estudos de Sagnac, que percebeu também uma heterogeneidade do tipo para os raios X. Como Rutherford foi um dos protagonistas da controvérsia em torno da radioatividade, irei me deter um pouco sobre os seus movimentos.

O cientista tentou pleitear uma bolsa no Trinity College, sem sucesso. Cambridge era completamente avessa à pessoas formadas em outros lugares, principalmente nas colônias. Desse modo, trabalhou para trocar Cambridge e a tutela de J. J. Thomson – de quem Rutherford foi auxiliar e orientando – para competir pela cátedra de física da universidade MacGill em Montreal, talvez o melhor laboratório do Ocidente – "era financiado por um magnata do tabaco, que não poupava recursos" (BADASH, 1965). Na Inglaterra, ele só tivera acesso ao urânio e alguns eletrômetros de sensibilidade fraca para as pesquisas com substâncias radioativas; já no Canadá, o acesso a esses materiais e equipamentos se tornaria quase ilimitado. Com ajuda de J. J. Thomson, que testemunhou favoravelmente no concurso, a vaga foi concedida a Rutherford. O reconhecido cientista inglês disse ao chefe de departamento canadense: "Nunca vi um estudante com tanto entusiasmo e capacidade para fazer pesquisa original quanto o Sr. Rutherford" (*apud* BADASH, 1965).

Rutherford, assim que chegou à Universidade MacGill, alertou a família sobre seu objetivo imediato:

> Tenho que publicar meu trabalho atual o mais rápido possível para me manter na corrida. Os melhores velocistas nesta avenida de investigação são Becquerel e os Curie de Paris, que realizaram muitos trabalhos importantes no campo dos corpos radioativos.

Ele tinha razão. Não só Becquerel e os Curie trabalhavam nesse tipo de investigação inaugurada por Marie, como também cientistas de vários países saíram desenfreadamente em busca de corpos radioativos e dos instrumentos necessários para fazer a manutenção de suas pesquisas. Afinal de contas, esses materiais eram de difícil acesso, seja do ponto de vista financeiro, seja do ponto de vista de sua escassez. Montar um laboratório "adequado" para o estudo da radioatividade era algo muito difícil e, em primeira instância, isso significava ter em mãos os minérios e os instrumentos utilizados por Marie

96   GABRIEL PUGLIESE

Curie e Becquerel para acompanhar as pesquisas e ver, a partir da demanda, quais outros instrumentos e minérios poderiam auxiliar no desvendamento da radioatividade. Rutherford logo conseguiu bons instrumentos em seu novo lugar de trabalho e também alguns espécimes de urânio e tório, mas não de calcolita e pechblenda.

Nesse momento, Marie Curie sabia qual seria seu trabalho para os próximos anos: "não pode haver dúvida quanto à existência desses elementos novos, mas, para fazer com que os químicos admitissem sua existência, era necessário isolá-los", escreveu Marie numa carta à família (*apud* CURIE, 1943). As circunstâncias incomodavam os Curie porque o pechblenda continha uma quantidade ínfima da fuligem necessária para que o cálculo do peso atômico do rádio fosse possível. Segundo a própria cientista, a escolha do rádio se deu pela maior facilidade de isolá-lo em relação ao polônio: "Extraí do minério o bário portador de rádio, o qual, no estado de cloreto, submeti a uma cristalização fracionada. O rádio acumulou-se nas partes menos solúveis. No fim do ano (1898) os resultados indicaram claramente que seria mais fácil separar o rádio que o polônio; daí concentramos nossos esforços nessa direção." (CURIE *apud* GOLDSMITH, 2006: 77). Mesmo assim era necessária uma imensidão de matéria-prima para a depuração do rádio puro, inviável diante das condições financeiras do casal. Então como continuar esse trabalho químico se o material para prover as pesquisas era tão caro? Onde encontrar o pechblenda de forma acessível? Ou mesmo onde negociar para torná-lo acessível?

No primeiro semestre de 1899, o casal saiu em busca de recursos para as pesquisa sobre a radioatividade, e Pierre começou a exercer o que poderíamos chamar de "ofício do chefe", como sugeriu Latour (2000). Sem dúvida um escalonamento, uma estratégia, informada pelas relações de poder distribuídas pela imagística sexual. É nesse momento que começa a ficar clara uma divisão sexual do trabalho. Não era nada interessante uma mulher sair nas ruas para fazer negócios, mesmo que isso significasse um empreendedorismo para pesquisas científicas. A casa era o território em que as mulheres circulavam por excelência (e, nesse sentido, para o casal Curie o laboratório se tornava uma extensão), e era ali que a complementaridade sexual circunscrevia as mulheres. Assim, o marido parte para "fora" do laboratório, buscando viabilizar a pesquisa de sua esposa; agora também capturada em seu nome. Não se trata de algo muito diferente daquilo que as feministas contemporaneas identificaram como uma associação perversa: tudo se passava como se estivessem os homens para o público, assim como as mulhres para o privado.

Pierre começa sua empreitada pela Sorbonne, pleiteando um local melhor para trabalhar, pois o "hangar" da EPCI não era dos melhores lugares para se fazer pesquisas científicas – não possuía isolamento térmico e era úmido, sendo que os instrumentos de medição eram bastante sensíveis a tais condições. Assim poderiam não funcionar bem, o que faria outras e ainda desconhecidas "atividades" dos raios passarem despercebidas. Além do mais, sem os instrumentos necessários, o novo trabalho químico requerido poderia ocasionar danos a saúde. O espaço na Sorbonne foi negado. Pierre não desiste de procurar recursos para suas pesquisas, e começa a jornada em busca do pechblenda, tentando conseguir dinheiro com o Estado francês para comprá-la; também em vão (CURIE, 1963).

O pechblenda é um minério precioso que só poderia ser extraído nas minas de Joachimsthal, na Boêmia, onde a Union Minière depurava os sais de urânio utilizados na indústria de vidros. A retirada de urânio, pela indústria – seguindo a hipótese da radioatividade – deixaria intactas as entidades a serem separadas no minério, ou seja, o polônio e o rádio. Para onde iam os resíduos da pechblenda após a retirada do urânio? Para o lixo? Claro, nada ali parecia importante depois da extração do urânio. Imediatamente, Pierre entrou em contato com a Academia de Ciências de Viena, que conseguiu uma intervenção junto ao governo austríaco para que o lixo dos resíduos de minério fosse doado para fins científicos. Isso lhes possibilitou uma tonelada gratuita de material!

98   GABRIEL PUGLIESE

A segunda etapa da pesquisa, já sabia o casal, seria bastante penosa e difícil; toneladas de material "bruto" deveriam ser tratados quimicamente, pelo método da radioatividade. O diretor da EPCI cedeu mais um espaço para o trabalho, dessa vez, a céu aberto, já que implicaria destilações com ácidos e gases tóxicos. O interesse por parte do EPCI aumentara, pois alguma pesquisa valiosa poderia surgir nas suas dependências. Sem dúvida, foi a própria Marie Curie que insistiu na tentativa de purificar os sais de rádio, pois Pierre disse ao amigo Jean Perrin "que por conta das dificuldades iria por outro caminho" (*apud* QUINN, 1997: 167).[4] As negociações por parte do casal não revelavam um consenso, tanto que o trabalho continuou em parceria, mas para lados completamente distintos, o que encenava uma divisão sexual do trabalho. De fato, Pierre iria por outro caminho.

Marie seguiria com o trabalho de purificação de sais ativos puros, ao passo que Pierre iria em busca de compreender qual a origem da energia radioativa – as analogias que possibilitariam conhecer a causa do fenômeno. Segundo Stengers e Bensaude-Vicent (1996), física e química não tinham suas fronteiras bem definidas no momento e, nesse sentido, a radioatividade não representava uma disciplina. No entanto, a física tinha seu território disciplinar já muito bem delimitado, e a química era uma espécie de "física" de menor monta. A divisão do trabalho sexual no hangar da EPCI e a incomensurabilidade política que carregava, acompanhavam exatamente essa diferença. Desse modo, Marie dirigiu seus esforços para uma atividade química, e Pierre ficou com a parte da física. Certamente, a "aptidão intelectual" amparada nas vicissitudes de gênero dividiu tais tarefas e foi objetivada nas figuras de Marie e Pierre Curie. A imagem de inaptidão das mulheres para o trabalho reflexivo, ou racional – o que, em parte, legitimava o exercício do

---

4   Irene Joliot-Curie, em várias oportunidades, comentou que essa "ideia maluca", sem dúvida, foi de sua mãe.

SOBRE O "CASO MARIE CURIE" 99

poder distribuído – colocava Marie Curie na posição de uma "espécie" de assistente de seu marido.

Mas isso seria reduzir demais as essa relação da divisão do trabalho do casal, pois Marie Curie não era pura e simplesmente assistente de Pierre, era uma outra coisa: não se tratava de uma relação hierárquica unilateral, mas um fenômeno de dupla-captura. Já se tornava indistinguível se Pierre capturara a radioatividade em seu nome ou se a própria radioatividade capturara o cientista em seu aparelho de reprodução. Se por um lado, Marie Curie ficava com a parte de menor prestígio do trabalho, por outro, Pierre fora tomado pelo território criado pelo dispositivo experimental de sua esposa. E, ao levá-lo adiante, não fazia outra coisa senão abrir a possibilidade para Marie "ir junto" com a própria (micro)política por ela estabelecida. Marie Curie estava habitando como cientista uma controvérsia importante de um dos centros das Hards Sciences da virada do século, muito embora estivesse dentro das condições do exercício do poder que a desigualdade de gênero colocava.

A fundação do território da radioatividade implicou, sem dúvida, numa política singular. Opôs ao "falogocentrismo" outro poder que constituiu um devir, isto é, que potencializa uma transformação interna a ele mesmo: a radiopolítica. Sua singularidade não cessa de abalar as organizações da complementaridade sexual e força-las a variar em algum sentido para funcionarem. Já não se trata de homens e mulheres, masculino e feminino somente, numa repetição do binarismo molar de gênero; mas também um no outro, um e outro se transformando mutuamente em um fluxo molecular de "mil pequenos sexos" multiplicados. As marcas significantes dos pares masculino/feminina, natural/artificial foram embaralhadas, abrindo uma problematização tanto da ciência quanto do gênero. Minúscula no começo, mas de muita vitalidade, essa política aumenta sua "intensidade" permanecendo imperceptível sem deixar de ser assimilável, escapando às significações dominantes. Marie Curie devém em parte do dispositivo experimental da

100 GABRIEL PUGLIESE

radioatividade, ao mesmo tempo em que a radioatividade devém da política que joga Marie Curie para um espaço indevido, inaudito pela imagística sexual. Núpcias entre dois reinos, "evolução a-paralela de dois seres que não têm nada a ver um com outro" (DELEUZE & PARNET, 2004). Enfim, a radiopolítica é exatamente o meio de intensidade (de poder criador de devir) que envolve a núpcia contra-natureza do "sexo" e da "ciência": o primeiro porque transforma os papéis e os atributos significamentes pré-estabelceidos às mulheres abrindo uma possibilidade de trabalho para Marie Curie; a segunda, porque a radioatividade enquanto uma propriedade atômica implica numa possibilidade nova para a ciência.

Historicamente, a física é concebida como uma disciplina mais reflexiva, e sua compreensão depende muito mais da "capacidade mental" daquele que faz a pesquisa. Em relação a esta, a química é um trabalho arquitetado como mais motorizado, depende menos do raciocínio e mais de experimentos laboratoriais práticos (STENGERS & BENSAUD-VINCENT, 1996). Tudo se passava nesse plano de atualização do poder, como se estivesse o feminino para a química, assim como o masculino para a física. Se a radiopolítica é um fluxo molecular que desenraiza o binarismo molar do gênero multiplicando-o, este não deixa de, ao mesmo tempo, replicar as suas organizações. Se a complementaridade sexual já não era a mesma, pelo fato de Marie Curie estar onde estava, nunca deixou de operar como uma engrenagem que conduziu o trabalho "dos Curie" – toda desterritorização relativa é simultânea a uma reterritorialização igualmente relativa de seus pressupostos. Se disse que Marie Curie fora colocada numa posição de menor prestígio no que diz respeito às pesquisas de substâncias radioativas, é porque seu trabalho foi deslocado para a parte mais "braçal", que significava a manipulação dos resíduos do pechblenda em caldeirões ferventes, depois a destilação química etc. Pierre, por sua vez, a ajudava enquanto aguardava os sais "cada vez mais ativos" para as medições e reflexões ulteriores. O primeiro trabalho era parte constituinte do segundo, mas este estava expresso numa posição intelectualmente muito mais nobre.

Em suas notas autobiográficas Marie enuncia esse estranho movimento:

> Eu tratava até vinte quilos de pechblenda de cada vez, o que me forçava a encher o hangar de grandes vasilhas com precipitados e líquidos. Era um trabalho extenuante transportar esses recipientes, despejar os líquido e, durante horas, mexer a massa em ebulição numa bacia de ferro. (...) À noite mal podia comigo de cansaço. (...) Apesar disso, foi onde se escoaram os melhores e os mais felizes anos da nossa vida, inteiramente consagrados ao trabalho. (CURIE, 1963)

Em junho de 1899, Pierre consegue convencer os proprietários da Sociedade Central de Produtos Químicos (SCPQ) a participar de uma sociedade na produção e na venda do bário radífero, e contratar Andre Debierne, um de seus "bons alunos" no EPCI, para ajudar sua esposa na "árdua tarefa" de manipulação química dos minérios brutos. Assim, à medida que esses destilados aumentassem o lucro, tal empresa deveria ajudar com outros funcionários que "os Curie", porventura, pudessem necessitar. A essa altura, cientistas do mundo todo estavam em busca desse minério: canadenses, ingleses, alemães etc. Sua procura, mesmo que restrita a círculos de cientistas poderia render alguns ganhos em dinheiro, "por conta da dificuldade de sua manipulação e purificação, e pela raridade dos metais fortemente ativos". Essa relação com a empresa promove aquilo que LATOUR (2001) chamou de movimento de "translação", pois "investir na ciência dos Curie" passou a significar para a SCPQ "ganhar dinheiro", e vice versa. Afinal os cientistas concorrentes interessados na radioatividade faziam suas pesquisas com urânio e, no máximo, com o tório. Rádio e polônio eram substâncias raríssimas sob o domínio dos Curie, e por serem mais "fortemente radioativas",

102 GABRIEL PUGLIESE

poderiam apresentar resultados mais rápidos, quer dizer, poderiam mostrar suas "atividades" mais facilmente nos laboratórios.[5]

Mas, a venda dos produtos químicos pelos Curie em conluio com a SCPQ era uma questão de necessidade financeira, afinal de contas, quanto mais rádio se purificava, mais possível se tornava o cálculo de seu peso atômico. Sendo assim, a venda dos produtos era quase ilógica do ponto de vista da corrida científica que se apresentava. A solução comercial para os problemas financeiros afastava Marie Curie de seu desejo de "fazer-existir" o novo elemento químico, e por isso a questão preocupava, mas não só o casal. Por intermédio de Eleuthère Mascart – membro influente da Academia de Ciências, que se tornou presidente da instituição em 1904 –, Becquerel conseguiu para o casal uma bolsa de dois mil francos para evitar a venda desenfreada do bário radífero.[6] Certamente, a intenção de Becquerel, sabendo da necessidade financeira dos Curie, era de evitar a venda do bário radífero para o estrangeiro, a fim de limitar uma maior competição na corrida científica. Becquerel escreve a Pierre: "ele [Mascart] lamenta que você seja obrigado a colocar seus produtos à venda e o ajudará encontrar ainda mais fundos, a fim de evitar essa necessidade. As pessoas estão cheias de admiração pelo seu belo trabalho, bem como o de Madame Curie (...) Seria bom ir visitar Mascart, para lhe agradecer e, ao mesmo tempo, mostrar-lhe suas substâncias luminosas" (*apud* QUINN, 1997: 190-191). Sem trabalho reconhecido em universidades e salários que lhes oferecessem tranquilidade para

---

5 Marie Curie comenta brevemente, em uma nota de rodapé, essa circulação de recursos em sua tese e algumas vezes em suas comunicações na Academia de Ciências. O interessante é que o processo de purificação começou a ganhar escala industrial, e Debierne acabou se tornando "o cabeça" da operação. A indústria separava sob a tutela do cientista os destilados de "Bário Radífero" e Marie Curie, depois, trabalhava na purificação – a partir da "cristalização fracionada" – os sais de rádio puro.

6 Como era impossível, ainda, depurar o rádio puro do bário (e assim saber se ele de fato era um elemento químico), os cientistas utilizavam a expressão "bário radífero" para explicitar essa situação.

SOBRE O "CASO MARIE CURIE" 103

trabalhar, e pior, sem um laboratório adequado, esse tipo de relação política não agradava, soava como um insulto. Sem outra saída que não a de aceitar a proposta, Pierre escreve a Georges Gouy: "você ficará satisfeito em saber que é de Becquerel que estamos mais fartos (*apud* QUINN, 1997: 191).

Desta forma, o trabalho dos cientistas se organizará sexualmente nos anos que se seguiriam. Pierre continuaria a espera de sais cada vez mais fortes de rádio, enquanto procurava mais investimentos "em nome da radioatividade", e Marie, ao mesmo tempo e com o mesmo fim, trabalhava no hangar para purificar mais quantidade de sais de rádio e possibilitar pesquisas mais precisas com os instrumentos de medição. Ela colocava o tacho de pechblenda no fogo, dissolvia, filtrava, recolhia, dissolvia de novo para obter uma solução, mudava-a de recipiente, media e recomeçava (CURIE, 1963). Pierre, sem dúvida, a ajudou nesse trabalho nos primeiros momentos, mas meses depois a divisão foi radical.

Como mostraram autoras feministas (KELLER, 1985; CORRÊA, 2003) – para ficar somente com algumas –, essa relação de poder intrínseca ao trabalho científico em parceria de casais é bastante ambígua: por um lado, possibilitou às mulheres trabalharem em territórios geralmente interditos para o feminino; por outro, acabaram por diminuir sua importância no trabalho. Marie Curie nunca foi considerada uma cientista como todos os outros; ela fora posta à margem do agenciamento da radioatividade. Era diferente em relação às características concebidas como inerentes à mulheres no geral (que eram muitas coisas),[7] mas também, como uma mulher capaz de produzir ciência como homem (o que não quer dizer que ela se tornou homem, ou se masculinizou). Esse tratamento parece ser parte da relação de poder que a comunidade científica, em sua maioria masculina (no sentido qualitativo do termo), exercia sobre ela – a única possibilidade de continuar. Essa transformação

7 Como lembrou Donna Haraway, "não existe nada no fato de ser 'mulher' que naturalmente una as mulheres. Não existe nem mesmo uma tal situação – 'ser' mulher." (HARAWAY, 2000: 52)

104   GABRIEL PUGLIESE

do poder fazia Marie Curie habitar o interior da comunidade científica, porém, lançada para um lugar estranho; sua borda, o lado de dentro da margem, de forma a conjurar sua diferença.

RADIOATIVIDADE POR TODOS OS LADOS

Por conta do intenso trabalho com a purificação de minérios e das relações públicas estabelecidas para manter possível a pesquisa, o casal não publicaria resultado algum no primeiro semestre de 1899. Eles só iram começar a apresentar conclusões após as conquistas de recursos por parte de Pierre e a exploração dos sais de rádio por Marie Curie, já no final do ano. Continuaram suas pesquisas apresentando uma comunicação, no segundo semestre, sobre o modo como a radioatividade do cloreto de bário radífero (que já era a essa altura de 5 a 50 mil vezes mais ativo que o urânio, por conta da cristalização fracionada) induzia outros materiais à atividade, que passavam a agir como se fossem materiais radioativos. A radioatividade operava por contágio.[8] Esse fenômeno foi chamado de "radioatividade induzida", pois transformava durante um tempo relativo materiais a priori inativos (eles experimentaram com zinco, alumínio, chumbo, bismuto etc.) em potencializadores de raios Becquerel. Tratava-se de uma comunicação muito interessante para as pesquisas, pois outros materiais começavam a produzir radioatividade a partir de uma transferência de atividade pela ionização do ar, que diminuía com o tempo – diferente dos "corpos radioativos", que além de emitirem os raios espontaneamente, não tinham sua atividade diminuída com o tempo. Como os Curie eram os únicos a ter em mãos o bário radífero (cada vez mais radiativo), pois era fruto de sua produção, foram eles que avançaram nesse sentido.

Imediatamente, Becquerel escreveu um adendo à comunicação de Pierre e Marie Curie, que ele mesmo apresentou na Academia de Ciências de Paris, associando as novas descobertas aos seus

---

8   CURIE, Pierre; CURIE, Marie. "Sur la radio-activité provoquée par les rayons de Becquerel". In: *Comptes Rendus*, 1899a, v. 129.

SOBRE O "CASO MARIE CURIE" 105

primeiros trabalhos sobre o urânio e mantendo a opinião de que a radioatividade era um fenômeno de fosforescência invisível (diferentemente de Marie e Pierre, que a essa altura já tinham descartado tal possibilidade). Em sua hipótese, mantida de acordo com as observações feitas pelo casal sobre a radioatividade induzida, ele afirma que "os Curie mostraram que existe uma ação persistente da ordem de uma fosforescência". O fato é que a controvérsia sobre a natureza dos raios se mantinha, e as várias "atividades" que passavam a ser conhecidas eram caracterizadas de formas distintas pelos cientistas, o que levava as conclusões para lados absolutamente distintos. A radioatividade, enquanto propriedade atômica, assumia o estatuto do novo, era algo ainda em vias de caracterização possível e necessitava de provas sólidas.

A nota seguinte, apresentada na Academiao era de Demarçay, mostrando a raia espectral do rádio que havia enunciado anteriormente, mas não com os detalhes de suas "atividades". Com alguns detalhes quanto às impurezas do bário radífero (cálcio e alguns traços de chumbo) que enfraqueciam as raias percebidas, e também com uma dezena de raios distintos emitidos por um "centro nebuloso notável", o espectroscopista mostra uma diferença entre o bário e o que poderia vir a ser o rádio, já que o primeiro mostra-se inativo quanto à radioatividade. Essas diferenciações se tornaram possíveis graças ao trabalho de Marie Curie que se esforçava para conseguir sais de rádio cada vez mais puros. Assim, ele enuncia a seguinte sentença:

> Correlativamente ao aumento de poder radiante, a raia nova, que assinalei no ano passado, a presença do cloreto de bário radífero se mostra mais e mais forte e as novas raias vão aparecendo, confirmando assim a suposição de que o espectro está provindo da substância radiante. (DEMARÇAY, 1899)

106   GABRIEL PUGLIESE

Na mesma seção, Marie Curie lança uma comunicação sozinha sobre os primeiros resultados do processo de purificação química do rádio da tonelada de pechblenda.[9] Cada vez mais, o sucesso da purificação do minério tornava o cálculo do peso atômico alcançável, para que, segundo as regras da química, o rádio pudesse ter seu lugar na tabela periódica. No entanto, nessa ocasião, Marie Curie diz claramente que a missão do cálculo ainda era impraticável; fazia-se necessário uma imensidão de matéria para que a tarefa fosse viável, muito mais do que se imaginava inicialmente. Se uma pequena parcela de rádio contida no bário era extremamente mais radioativa que o urânio, quanto mais se tornava difícil o cálculo – por conta da pequena quantidade de material purificado – mais se descobria o tamanho do poder do rádio.

A segunda comunicação dos Curie em 1899 é ainda mais produtiva que a primeira: ela aborda os efeitos químicos produzidos pelos raios Becquerel. Segundo a comunicação,

> os raios emitidos pelos sais de bário radífero muito ativos são capazes de transformar oxigênio em ozônio. (...)

> O cloreto de bário e de rádio seco, e à primeira vista branco, se amarela ao mesmo tempo em que a radioatividade se desenrola. É provável que a mudança de coloração corresponda a modificações moleculares que se produzem nos sais de bário radífero sob o efeito dos sais de rádio. (...)

> A transformação do oxigênio em ozônio necessita de uma dispensa de energia utilizável. A produção de ozônio é efeito dos raios emitidos pelo rádio, isso é uma prova de que a radiação representa um desprendimento contínuo de energia.[10]

9 MARIE. "Sur le poids atomique du métal dans le chlorure de baryum radifère". In: *Comptes Rendus*, 1899b, v. 129.

10 CURIE, Marie; CURIE, Pierre. "Effets chimiques produits par les rayons de Becquerel". In: *Comptes Rendus*, 1899, v. 129.

SOBRE O "CASO MARIE CURIE"   107

Os raios do rádio não só produziriam através da ionização do ar uma "atividade" em corpos brutos (não ativos), mas também produziriam transformações em outros (oxigênio, no composto de bário etc.), num contínuo desprendimento de energia. A radioatividade não só se prolifera, mas também muda entidades que entram em relação, ora tornando-as radioativas, ora fazendo-as virar outra coisa. Ela funciona como um vírus: contagia, mas também transforma. Mas uma série de perguntas aumentavam o rol das ainda não respondidas. Como se dá esse contágio? Como e o que efetua essa transformação? Perguntas essas que estavam na chave da causa ainda obscura da radioatividade.

Henri Becquerel usa sua influência para pedir que os Curie lhes cedessem uma amostra do bário radífero. A cortesia se transformou em outra fonte de pesquisa para o cientista, que também começava a trabalhar com os sais de rádio. Em seu primeiro estudo com os sais de rádio, o cientista nota também algumas mudanças de coloração produzidas em substâncias sob os efeitos dos raios do rádio, as quais ele atribui a alguma reação ao fenômeno da fosforescência.[11] Mas Marie e Pierre também mencionavam uma "transformação molecular" das outras substâncias no contato com a radioatividade do rádio, enquanto Becquerel assumia a ideia de que se tratava de um fenômeno de excitação por fosforescência desconhecida, que o intrigava muito. Todos, com suas pequenas indecisões e diferenças, pareciam aproximar os raios Becquerel aos raios secundários produzidos pelos Raios X, descobertos por Sagnac. O que era a radioatividade? Um fenomeno inusitado de uma variação da fosforescência, algo ligado a propriedades atômica dos elementos, ou ainda uma variação dos raios X?

A partir das pistas enunciadas por Rutherford a respeito da heterogneidade da radiação do urânio (raios alfa e beta), Becquerel resolveu averiguar se o rádio emitia raios parecidos. Ele começou a

---

11 BECQUEREL, Henri. "Recherches sur les phénomènes de phosphorescence produits par le rayonnement du radium". In: *Comptes Rendus*, 1899, v. 129.

108   GABRIEL PUGLIESE

investigar os efeitos que os campos magnéticos de diferentes orientações em relação à direção da propagação apresentavam sobre a radiação do rádio. Posteriormente, o cientista recebeu uma amostra de um composto de polônio do casal Curie, e fez um estudo comparativo entre ele, o urânio e o rádio, percebendo que eles atuavam de formas diferentes em relação ao campo magnético, mostrando uma certa irregularidade. Havia diferenças na forma como os raios dos respectivos (possíveis) elementos radioativos, rádio, polônio e urânio agiam em campos magnéticos, apontando para outra dificuldade, eles podiam ter naturezas diferentes. Sua conclusão inspira outras pesquisas:

> As experiências que vêm intrigando nos fornecem elementos novos para guiar as pesquisas sobre a natureza da radiação dos corpos radioativos; todavia o fato de sua emissão ser continua e sem enfraquecimento notável, através de substâncias não eletrizadas, nos colocam passos a menos, e revelam, aqui, um mistério de grande interesse.[12]

Tratava-se de algo assombroso, digno do novo, um mistério de grande interesse a ser revelado por aqueles cientistas. O tempo estava (ainda) suspenso, operava no regime do acontecimento-radioatividade; o fato é que ninguém sabia de onde vinha aquela radiação. A radioatividade já era o grande campo da física na entrada do século XX, ela formou um grande número de pontos de emergência ou de criatividade, de conjunções inesperadas, de improváveis continuns. Ela duplica a história com um devir (DELEUZE & PARNET, 2004). Vigora, assim, com mais força, o dispositivo experimental de Marie Curie e a radiopolítica que ele encena; cientistas do mundo todo estão interessados nesse grande mistério da radioatividade e nos "problemas teóricos" colocados, agora já reconhecidamente o maior problema da física. Desse modo, o

---

12 BECQUEREL, Henri. "Influence d'un champ magnétique sur le rayonnement des corps radio-actifs". In: *Comptes Rendus*, 1899b, v. 129.

SOBRE O "CASO MARIE CURIE" 109

bloqueio estabelecido na comunidade cientifica pelo dimorfismo sexual começou a "gaguejar", os mecanismos de poder se deslocaram, fazendo a imagística sexual se suspender de modo relativo. O porvir encenado pelo dispositivo experimental forjou o território da radioatividade – que carregava consigo todas as dúvidas que a física não poderia responder – e produziu uma linha molecular, a radiopolítica, que desenraizava o plano molar dos cortes binários que organizavam as relações de gênero. A ciência era tomada por uma problematização colocada pela radioatividade, e pelo mesmo motivo os cientistas eram jogados para o lado de dentro do dispositivo experimental criado por Marie Curie. Assim, a radiopolítica tornava a mutação de Marie Curie imperceptível aos olhos do poder. É "em nome da radioatividade" que Marie Curie dividia os espaços com os "homens de ciência" e, principalmente, com base nas "questões de grande interesse" que o fenômeno criou. Ora, Marie Curie torna-se um "fenômeno de borda", a despeito dos cientistas (majoritariamente masculinos) concordarem ou discordarem dela, estando incomodados ou não com a sua figura, pois o dispositivo da radioatividade que estava em jogo.

Ainda no final de 1899, o cientista alemão Giesel conseguiu tornar desviáveis os raios do polônio com ajuda de imãs, o que colocaria em xeque a aproximação feita pelos Curie, Becquerel e Rutherford com os raios secundários dos Raios X (estudados por Sagnac). Não poderiam ser da mesma natureza, pois esses últimos não eram desviados dessa maneira, o que apontava para um fenômeno "mais novo" do que se imaginava. No entanto, o inusitado ainda viria a acontecer. André Debierne, químico que trabalhava na organização da produção de rádio, em conjunto com Marie Curie, utilizando o método da radioatividade inventado pela cientista, percebeu a existência de um provável outro elemento químico no pechblenda. Marie Curie ainda batalhava para calcular o peso atômico de suas substâncias para conseguir a "carta de identidade" da tabela de Mendeleiev, e mesmo antes disso acontecer, mais um

110   GABRIEL PUGLIESE

"irmão" aparece para conferir legitimidade à radioatividade. Uma substância diferente do urânio, do tório, do rádio e do polônio, ainda inseparável do titânio por processos químicos convencionais, mas que emitia raios muito ativos da mesma ordem que os das substâncias radioativas.[13] No entanto, o cientista havia tomado o cuidado de não nomear a substância antes de confirmar sua existência, ou seja, a sua diferença em relação às outras já descobertas. Nessa altura, o dispositivo experimental de Marie Curie ganhava também um estatuto de um método perspicaz para a descoberta de elementos químicos: além dos dois que já existiam e que ganharam o estatuto de "radioativos", como urânio e tório, já eram mais três que povoariam o mundo requerendo um espaço na tabela de Mendeleiev, a saber, polônio, rádio e outro ainda sem nome. O ano de 1900 seria, certamente, singular para físicos e químicos.

No início do ano, Rutherford lançou uma comunicação sobre o comportamento "incomum" do tório. Mostrou como o tório emitia uma substância gasosa, mas fundamentalmente diferente dele em propriedades químicas. Esse gás, que ele rotulou de "emanação", tinha o poder de produzir radioatividade em todas as substâncias sobre as quais caía, uma radioatividade que durava vários dias. Essa última observação era bem próxima da ideia de "radioatividade induzida" notada por Pierre. No entanto, esse último não havia notado nenhum tipo de "gás". Segundo Rutherford, "a radiação do gás emitido pelo tório é mais penetrante que a do próprio elemento, ou seja, a emanação dos compostos de tório tem propriedades que o tório não possui" (*apud* QUINN, 1997: 182).[14] Enfim,

---

13   DEBIERNE, Andre. "Sur une nouvelle matière radio-active". In: *Comptes Rendus*, 1899, v. 129.

14   Segundo Goldsmith (2006), Rutherford não conhecia a comunicação dos Curie sobre a radioatividade induzida, e ficou muito irritado em saber que o casal havia descoberto essa proliferação radioativa antes dele. De fato, o comportamento do tório não era tão incomum assim, afinal, os dois trabalhavam com amostras de rádio e perceberam um fenômeno muito parecido.

multiplicavam-se não só as atividades dos elementos químicos e da radioatividade, mas também as possibilidades de pesquisa.

À essa altura, as pautas mais centrais de pesquisa sobre a radioatividade – que eram na verdade caminhos para a descoberta de sua natureza – pareciam se dividir em três, mas que certamente conversavam entre si: a primeira, em torno dos raios emitidos, para diferenciá-los e classificá-los, experimentar os seus efeitos no contato com campos magnéticos, sua relação com outros materiais inativos etc.; a segunda diz respeito ao estudo dos "possíveis" elementos químicos, novos ou já conhecidos, não só saber se mais substâncias teriam essa atividade radioativa, mas conhecer suas a propriedades analíticas, seu peso atômico etc; a terceira, e mais recente, era exatamente o estudo da "emanação", tentar compreender qual a sua natureza e porquê sua radioatividade parecia mais ativa que o elemento do qual se desprendia, ou mesmo se esse gás, ele próprio, não era a radioatividade (a tal desconhecida fonte externa) que induzia todas as substâncias que tomava contato fazendo algumas parecerem elementos radioativos.

Pierre e Marie ainda estavam estupefatos com a comunicação de Giesel, afinal, ela parecia "pôr à prova" a hipótese geral, segundo a qual – enquanto uma propriedade atômica – a radioatividade seria a absorção dos raios secundários provenientes dos Raios X por parte dos elementos químicos mais pesados e sua reemissão em forma radioativa. Tal hipótese era a mais aceita entre os cientistas, pois a "energia externa desconhecida", anotada pelos Curie, parecia mesmo ser as radiações secundárias dos raios X. Ora, se essa radiação fosse desviável por imãs, alguma coisa desconhecida acontecia no processo de emissão, ou então, a radiação era de outra natureza que não a dos Raios X secundários, que não se desviavam pelos mesmos motivos. Assim, o casal põe-se a estudar tal fenômeno, que já estava sendo sondado por quase todos os outros cientistas interessados desde o momento em que Rutherford havia percebido dois tipos distintos de raios, que nomeou Alfa e Beta.

112   GABRIEL PUGLIESE

Preocupado com esse problema, Pierre passou a estudar o assunto e compôs uma comunicação sobre a "Ação do campo magnético nos raios de Becquerel. Raios desviáveis e raios não desviáveis",[15] que enviou a Becquerel para ser apresentada na Academia de Ciências de Paris. Começava a comunicação afirmando a importância dos estudos com campos magnéticos, por mostrarem a heterogeneidade da ação dos raios dos corpos radioativos. Com o trabalho do eletrômetro a quartzo piezelétrico, o cientista media a intensidade dos raios. Com um campo magnético colocado no equipamento na passagem dos raios até o aparelho de medição, ele pretendia perceber a quantidade de radiação desviada e absorvida, de acordo com as distâncias das placas do eletrômetro. Isso lhe permitiria saber se os raios eram desviáveis ou não. Percebeu que uma parte dos raios do bário radífero é desviável e outra não, e que isso variava de acordo com a distância colocada. Desse modo, concluiu com uma comparação entre o polônio e o rádio, considerando o tempo de preparação das amostras. Em suas palavras:

> Sr. Giesel obteve um desvio dos raios do polônio por um campo magnético com uma amostra que foi recentemente preparada; ao passo que Sr. Becquerel não obteve nenhum desvio com o polônio preparado por nós há algum tempo. Eu estudarei a ação do campo magnético nos raios Becquerel empregando um método que permite produzir medidas quantitativas.

> Os compostos de Polônio, como eu estudei, emitem raios não desviáveis, como já experimentou Sr. Becquerel. (…) Quanto à radiação do rádio, os raios não desviáveis no campo parecem inteiramente análogos aos raios do polônio. (…) O polônio do Sr. Giesel emite os raios desviáveis pelo campo magnético. Isso mostra

15   Entenda raios desviáveis no campo magnético como raios Alfa, e raios não desviáveis como raios Beta, segundo a classificação de Rutherford.

que o produto não é essencialmente diferente do nosso. É possível que o polônio recentemente preparado emita raios desviáveis e que esses raios sejam os primeiros a se dissipar quando a atividade do produto diminui.[16]

Em seguida, Marie Curie, lança uma comunicação, também apresentada por Becquerel, não apenas para endossar o trabalho do marido, mas para apresentar algumas novidades. Em suas palavras:

> Na nota precedente, Sr. Curie mostrou que a radiação do rádio se comporta em dois grupos bem distintos: os raios desviáveis nos campos magnéticos e os raios não desviáveis em campos magnéticos. Considerando em conjunto, os raios não desviáveis são muito mais penetrantes que os raios desviáveis. Um estudo mais completo sobre a penetração dessa espécie de raios e sobre o modo como atravessam diversas substâncias mostra que sua natureza é inteiramente diferente e confirma assim os resultados obtidos pelos exames dos efeitos do campo magnético.
>
> Os raios do rádio que se apresentam nas experiências feitas aqui, se comportam, do ponto de vista da absorção, como os raios de Röntgen; são igualmente penetrantes e conseguem atravessar um grande espaço de matéria. Atribuo esse efeito à presença simultânea dos raios dotados de um poder penetrante inconstante.
>
> (…) Essa lei de absorção singular é contrária àquela que conotamos a outras radiações; ela restabelece a maneira de se comportar de um projétil, que perde parte de sua força viva ao atravessar os obstáculos. (…)

---

16 CURIE, Pierre. "Action du champ magnétique sur les rayons de Becquerel. Rayons déviés et rayons non déviés". In: *Comptes Rendus*, 1900, v. 130.

> Há uma grande analogia entre os raios não desviáveis do rádio e os do polônio; os raios desviáveis, ao contrário, seriam de natureza diferente.
>
> (...) Isso, portanto, mostra bem que os raios são capazes de causar sombra geométrica perfeita. A experiência com o alumínio mostra que os raios são difusos ao atravessar a lâmina e que a lâmina não permite passagem, ao menos em quantidade importante, dos raios secundários análogos aos raios secundários de Röntgen.[17]

Apesar de algumas aproximações com os raios secundários de Röntgen (que poderiam operar ali em "presença simultânea" à radioatividade), estava clara, a essa altura, a diferença criada entre os raios, muito embora a natureza dessa nova radiação fosse ainda uma incógnita. Se os raios do rádio e do polônio podiam ser desviados em campos magnéticos e perdiam suas forças como projéteis, eram em essência bem diferentes dos Raios X. Assim, qualquer sobreposição entre esses raios era incompatível, a associação da radioatividade com os raios secundários dos raios X estava desfeita e sua natureza cada vez mais era um mistério.

Becquerel continuou tentando desviar os raios dos corpos radioativos em outros campos, como o elétrico, porém, sem sucesso. Em duas comunicações de balanço, ele mostrou a dispersão dos raios e as direções que percorrem, assim como testou inúmeras substâncias e o grau de absorção em relação à radioatividade propagada.[18] Assim, ele trouxe mais um elemento para a controvérsia, segundo ele, a mesma teoria usada para os raios catódicos de Thomson poderia ser aplicada

---

17 CURIE, Marie. "Sur la pénétration des rayons de Becquerel non déviables par le champ magnétique". In: *Comptes Rendus*, 1900a, v. 130.

18 BECQUEREL, Henri. "Contribution à l'étude du rayonnement du radium" & "Sur a dispersion du rayonnement du radium dans un champ magnétique". *Comptes Rendus*, v. 130, 1900.

à radioatividade, quer dizer, os "corpúsculos"[19] faziam parte da radiação dos corpos radioativos, pois se moviam ali partículas eletricamente carregadas. Já não era só necessário saber se os raios eram desviáveis ou não em campos magnéticos, mas também saber que tipo de carga elétrica eles comportavam (positiva ou negativa), segundo a teoria de Thompson. No mais, Becquerel estava certo de que aquilo que os Curie chamaram de "radioatividade induzida", e aquilo que Rutherford chamou de "emanação", era um fenômeno de excitação por fosforescência. O que era então a radioatividade? Transformação molecular das substâncias? Força do gás emitido (ou absorvido) pelos corpos radioativos? Excitação por fosforescência? E mais: qual a causa da multiplicação da radioatividade nos corpos não ativos? Não se sabia, ela era muitas coisas. A única certeza parecia o distanciamento conquistado em relação aos raios X. A radioatividade não existia para além de algumas objetividades relativas, se sua existência no mundo como um rastro era clara, por conta da fundação de seu território pelo dispositivo experimental, sua ontologia mantinha-se como uma "geometria variável" (LATOUR, 1994). O acontecimento-radioatividade ainda estava à espera de um significado uno, como reza o gênero da ciência.

Rutherford tentou dar uma resposta imediata com mais uma comunicação. Após tomar nota dos artigos sobre os corpos radioativos da Academia de Ciências de Paris, ele escreveu seu segundo texto sobre a emanação do tório, o qual repercutia um ataque deliberado às pesquisas de Pierre Curie, mas "não às de Marie". O cientista neozelandês refere-se a "Sr. Curie", e Curie no singular, tornando invisível metade da equipe no que toca os artigos escritos pelo casal. O mesmo acontece com relação aos textos que Marie Curie escreveu sozinha, pois Rutherford os menciona 'como se' fossem de Pierre. Algo que seria recorrente daqui para frente entre os cientistas envolvidos com a radioatividade, mas não uma

19 Esses corpúsculos de Thompson é o que chamamos hoje de elétrons. Mas acompanhar as controvérsias que se situaram em torno disso demandaria outro trabalho, que não cabe aqui.

116   GABRIEL PUGLIESE

generalidade. Essa invisibilidade de Marie Curie certamente é efeito das vicissitudes do gênero, encampada pela complementariedade sexual. Pierre era o cientista a ser combatido no plano molar, enquanto Marie Curie era uma mera coadjuvante na controvérsia, quando não uma assistente ou colaboradora do marido. A forma como esse poder se cristalizava passa por uma totalização, "nós", "o casal", que arregimenta a multiplicidade de gênero que compõe o trabalho laboratorial ao Um, por meio de um movimento em que o masculino acaba por eclipsar ao feminino. Pierre torna-se esse Um. No entanto, o traballho silencioso de borda de Marie Curie, pelo mesmo motivo de sua invisibilidade, fazia correr um fluxo molecular que não só permitia sua estadia, mas também criava "espasmos" de visibilidade, instantes em que esse Um se multiplicava.

Ainda no seu artigo, Rutherford apresenta o balanço da leitura das reflexões francesas, e reclama que só podia fazer as pesquisas e observar o "poder de excitar radioatividade" nos compostos de tório, pois as amostras que possuía de rádio e polônio eram muito fracas. E continuava,

> nenhuma menção é feita sobre a existência ou não de uma emanação de rádio e polônio, como acontece com os compostos de tório. Curie concluiu que os resultados obtidos se deviam a uma espécie de fosforescência, excitada pela radiação; ao passo que, no caso do tório, o autor mostrou que tal teoria é inadmissível.[20]

Essa conclusão tinha um duplo sentido: o primeiro era em relação à diferença de radioatividade das amostras de rádio e polônio, às quais os Curie tinham privilégio e portavam as mais intensas, o que criava uma desigualdade entre as pesquisas nos aparelhos de medição. O segundo sentido é um desclocamento do primeiro, ele estava sugerindo que, se a pesquisa fosse feita com amostras

---

20   RUTHERFORD, Ernest. "Radioactivity produced in substances by the action of thorium componds". In: *Philosophical Magazine*, 1900, v. 5(49).

de radioatividade considerável, certamente as outras substâncias (como ao rádio e o polônio) também emitiriam esses gases que ele chamava de "emanação". Mas a comunicação de Rutherford apresenta outra questão importante. Ele colocou todos os pesquisadores de Paris sob a tutela da teoria da "fosforescência" de Becquerel. Isso significa outro escalonamento, dessa vez de classe. Isso se deve a um conjunto de fatores: a influência de Becquerel como membro da Academia, posição que permitia apresentar os trabalhos dos Curie, mas também conquistar recursos para a pesquisa deles através de bolsas; suas diversas comunicações explanatórias nas quais afirmou que os Curie estavam mostrando algo da ordem de uma fosforescência; e os diversos momentos em que os Curie publicamente, por necessidade da posição política de Becquerel, deram o crédito de "suas descobertas" ao método fotográfico inventado por ele.

Em meio à complexa política, Marie Curie lançou sua segunda comunicação sobre o processo de purificação química do rádio – seguindo a clara divisão sexual do trabalho. Afirmou que a cristalização fracionada sistemática permitiu sucessivas verificações da raia espectral do elemento, com o intuito de se chegar ao peso atômico. Com esse procedimento, afirma Marie, o "Sr. Curie e eu" conseguimos uma solução 7.500 vezes mais ativa que o urânio metálico. Contou, também, que a quantidade até então separada do produto era insuficiente para o cálculo, mas que o "bário radífero" se mostrava mais pesado que o bário convencional (não ativo). Assim ela sugeria que o peso atômico do rádio poderia ser superior à 174, o que o tornaria um dos elementos químicos mais pesados da tabela de Mendeleiev.

> A quantidade de cloreto de rádio puro que eu isolei é insuficiente para poder fazer um estudo das propriedades do rádio puro. Entretanto, nós estamos muito felizes, Sr. Curie e eu, de ter obtido a prova da existência deste

118   GABRIEL PUGLIESE

elemento, e ver assim confirmar as ideias que nos guiam em relação às pesquisas com substâncias radioativas.[21]

As raias espectrais do bário radífero se tornavam cada vez mais claras, ao mesmo tempo em que o seu peso atômico subia, de acordo com o grau de purificação. A conclusão de Marie Curie era clara em relação à sua hipótese inicial, de que esse elemento assim como as outras substâncias radioativas, eram muito pesadas e, por isso, absorviam raios que lhes eram exteriores, provocando o fenômeno da radioatividade. Mesmo após muito trabalho árduo, a quantidade de material ainda era insignificante, e todos os cientistas do mundo que aguardavam o cálculo do peso atômico do rádio teriam que esperar mais algum tempo. Muito tempo.[22] A quantidade de rádio contida no pechblenda era ainda menor do que se imaginava, o poder do rádio era extraordinário em comparação ao urânio.

Apesar da divisão sexual do trabalho, Marie Curie utilizava-se de uma estranha estratégia molecular de resistência. Afirmava o trabalho conjunto com o esposo para manter-se na borda da controvérsia, ao mesmo tempo em que insinuava sua presença anômala. "Eu isolei", diz ela, mas complementa que eles, "o casal", estão felizes por comprovar a existência do novo elemento. Estratégia de detalhe, pequena, mas que não para de se agrupar, de habitar entre os dispositivos binários da complementariedade sexual, ao mesmo tempo replicando-os e multiplicando-os. Tudo passava como se a anomalia imanente a sua posição evitasse uma localização, uma fixação do seu movimento imperceptível e silencioso no poder, tornando-o dual. Ora, para além dessas estratégias entre o masculino

---

21 CURIE, Marie. "Sur le poids atomique du baryum radifère". In: *Comptes Rendus*, 1900, v. 131. Em uma nota como essa, no final desse trecho, Marie Curie agradece pela bolsa da Academia de Ciência, pela ajuda da Sociedade Central de Produtos Químicos e por uma doação anônima (do Barão de Rothschild), dizendo que o processo de purificação do elemento ocasionou muitas despesas.

22 Irene Joliot Curie explicou à Goldsmith (2006). Marie Curie chegou a purificar um grama de rádio puro, o que seria relativo a uma colher de chá. A essa altura, ela tinha em mãos 1/50 de uma colher de chá. Era insignificante.

e o feminino, uma outra multiplicidade tem papel crucial, nessa estratégia de deslocar a ação de uma forma-sujeito-feminino. Esses pronomes não designam nada além de uma "autoria", que perde a importância na medida em que a radioatividade se mostra sozinha nos experimentos de todos os cientistas, desde que mobilizem seu dispositivo experimental. No que toca o gênero da ciência, sua singulariedade, autor é somente aquele que tem seu nome ligado ao que se torna "erro", aquele que não foi capaz de fazer sua caracterização do fenômeno resistir à história. Autor em certa medida é aquele que produziu uma "ficção" – no sentido de "falsidade" em não de fictio, teatro e não produção.[23] A natureza da ciência não respeita autores (por isso não pode haver ciência masculina ou feminina, senão no "erro"). A ligação entre o fenômeno e o cientista é de outra ordem, tem a ver com um modo específico de fazer-falar os fenômenos naturais através de um dispositivo experimental, e fazer esse modo de caracterização resistir a falsificações posteriores. Assim, se o sentido da radioatividade está nos desdobramentos de seu acontecimento, nas controvérsias que se seguem, a relações de poder exercidas pela complementariedade sexual, em seu sentido molar e molecular, também esperam seu desfecho, uma interpelando um ao outro. Quem terá seu nome ligado à radioatividade depende exclusivamente dessas relações, da radiopolítica, que não implica somente em homens e mulheres, mas também, e principalmente, na recalcitrância dos femomenos naturais. Para a luta de Marie Curie, o essencial era fazer existir e resistir os elementos que enunciou por meio de tal estratégia, inveter a equação, fazer sua visibilidade ser efeito da radiopolítica, não sua condição. Apesar da firmeza que ela exprime a respeito da existência do elemento, o fato está longe de ser resolvido.

---

23 Daí sua impressão de a-historicidade. Isso tem implicação, por exemplo, na seguinte sentença: "Se Beethoven tivesse morrido no berço, suas sinfonias não teriam vindo à luz. Em contrapartida, se Newton tivesse morrido aos quinze anos, um outro em seu lugar..." (STENGERS, 2002, 51).

120   GABRIEL PUGLIESE

Enquanto o processo de purificação do rádio corria silencioso e sem muito diálogo, os cientistas se voltaram ao estudo das similitudes entre radioatividade e raios catódicos – as cargas elétricas que eram emitidas na radiação do rádio – enunciada pelas pesquisas de Becquerel. Esse fenômeno também levou os Curie a se deterem nos dois tipos de radiações que as substâncias emitiam para saber qual carga elétrica comportavam. Mantiveram a aproximação dos raios Alfa com os raios catódicos estudados por J. J. Thomson e Lenard, Giesel, entre outros, no modo como transportavam cargas elétricas negativas. Partindo dessa explicação, eles verificaram que os raios desviáveis (Alfa) do rádio transportam uma carga elétrica negativa como os raios catódicos.[24] Os raios Beta eram uma incógnita, Rutherford havia mostrado que eram penetrantes e pouco eletrizados, mas não se aprofundou no assunto. Seu efeito era assombroso, como descrevo a seguir – seguindo a descrição dos próprios cientistas.

Em meio a esse imbróglio de raios e elementos químicos, Becquerel se envolveu numa controvérsia com Villard, um estudioso dos raios catódicos e professor das École Normale Supérieure, sobre o poder da radioatividade (raios Beta) em atravessar certos corpos. O cientista acusou Becquerel de um erro experimental. Becquerel, por sua vez, respondeu refazendo o experimento e convidando Villard (que não acreditara, assim como muitos outros cientistas, no poder de penetração dos raios não desviáveis do rádio) a repeti-los.[25] Foi o que Villard fez. Sua conclusão, no entanto, é uma rendição à radioatividade: "Os fatos precedentes conduzem a admitir que a parte não desviável da emissão do rádio contém radiações muito penetrantes, capazes de atravessar lâminas

---

24 CURIE, Marie; CURIE, Pierre. "Sur la charge électrique des rayons déviables du radium". In: *Comptes Rendus*, 1900, v. 130. Hoje as partículas Alfa têm uma carga positiva, são outra coisa que não os raios catódicos, diferente desse momento em que se apresentam com carga negativa e com atividade bem parecida.

25 BECQUEREL, Henri. "Note sur la transmission du rayonnement du radium au travers des corps". In: *Comptes Rendus*, 1900, v. 130.

metálicas...".[26] Na mesma comunicação à Academia de Ciências, Villard ainda apresentou a emergência dos raios Gama, que iriam se juntar a Alfa e Beta descritos por Rutherford. Ele percebeu que "os raios do rádio não desviáveis" em campos magnéticos se dividiam em dois. Durante a pesquisa, foi possível perceber que os raios (que se entendiam somente como Beta) percorriam caminhos distintos nos instrumentos de medição, desdobrando-se em Beta e Gama. Os raios Beta, que eram muito penetrantes, se tornaram medianamente penetrantes, pois os novos "raios Gama" se mostravam muito mais penetrantes. Já se identificavam três tipos de radiação diferentes, Alfa, Beta e Gama; cada um deles agia de maneira distinta no campo magnético colocado em meio ao eletrômetro. O poder da radioatividade permaneceria inacreditável se o dispositivo experimental não o tornasse visível. Assim, muitos outros cientistas se interessaram pelo fenômeno e passaram a pesquisar os raios espantosos. A fundação da radioatividade no galpão de batatas onde Marie e Pierre trabalhavam impedia outras caracterizações possíveis do fenômeno, criando as condições de possibilidade para aquilo que era de uma força extraordinária e perante o que os cientistas se dobravam.

Enquanto as duas veias de investigação mais antigas avançavam, isto é, de um lado, os "estudos dos raios", e de outro, "a depuração dos elementos químicos", os estudos sobre a "emanação" começariam a se transformar no centro da controvérsia, porque passariam a ser o lócus, a fonte de ligação entre outras duas, mas de forma negativa. É que Sir William Crookes – químico consultor e editor da *The Chemical News* – encontrou aquilo que seria a comprovação da "emanação" de Rutherford. No início de 1899, Crookes já havia escrito à Comptes Rendus, dizendo que concordava com Pierre e Marie Curie em relação à teoria de que a energia radioativa vinha de uma fonte externa, "da enorme quantidade de energia presa no

---

26 VILLARD, Paul. "Sur la réflexion et la réfraction des rayons cathodiques et des rayons déviables du radium". In: *Comptes Rendus*, 1900, v. 130.

122 GABRIEL PUGLIESE

éter" (*apud* QUINN, 1997), e que os elementos pesados absorviriam e reemitiam em forma de radiação. No entanto, ele revelou dessa vez, já em maio de 1900, que conseguiu separar do urânio a sua radioatividade, deixando-o completamente inativo. Essa substância radioativa separada do urânio era bastante diferente dele mesmo que agora passava a ser inativo, e, portanto foi denominada urânio--X, como no caso do tório X estudado por Rutherford. Mas a diferença de sua revelação laboratorial implicava no fato de um urânio puro de toda a radioatividade. Ou seja, ainda que por hipótese, Crookes promove uma dissociação entre os elementos químicos, sua propriedade atômica e a radioatividade, ideia que conduzia as pesquisas até então. Desse ponto de vista, a radioatividade não dependia de elementos radioativos...

Além disso, nessa época era comum a ideia, a contragosto dos Curie, e mesmo sem ser expressa formalmente, de que a radioatividade era uma propriedade exclusiva de substâncias raras como o rádio, e não de elementos químicos ordinários. Estariam os novos elementos químicos colocados em xeque? Poderia o rádio e o polônio não serem elementos químicos, já que sua radioatividade poderia ser isolada completamente? Essa era uma das questões levantadas por Crookes. Se fosse possível eliminar completamente a força radioativa das substâncias, seria fácil provar que não se tratavam de elementos químicos, como defendiam os Curie, e especialmente Marie. Estava o dispositivo experimental da radioatividade, o território de sua fundação, sendo substituído por outro? Seria possível a existência da radioatividade sem os elementos químicos que a emitem, quer dizer, a radioatividade deixa de ser uma propriedade atômica? Afinal, o que mantinha essa linha de raciocínio era a força radioativa de elementos químicos ordinários como o tório e o urânio, que não diminuíam com o tempo nem se modificavam após inúmeras reações químicas. Como já eram há algum tempo conhecidos (mas a pouco tempo tornaram-se radioativos graças a o polônio e o rádio), essa atividade era a garantia da existência dos

SOBRE O "CASO MARIE CURIE"   123

radioelementos no geral. Se fosse possível isolar a "emanação" dos elementos que supostamente a produziam (como forma de reemissão de uma energia externa desconhecida), como afirmou ter conseguido Crookes, talvez os elementos químicos ordinários fossem induzidos por essas substâncias raras (rádio e polônio), que não deveriam ser consideradas elementos químicos como os outros...

Assim, no início do ano, Becquerel começou a trabalhar como um químico. Impelido por tais questões, tentou por várias semanas separar a radiação magneticamente desviável (radiação Alfa) do urânio, do próprio elemento seguindo a hipótese de Crookes. A uma solução de cloreto de urânio ele acrescentou o cloreto de bário, precipitando o bário como sulfato. O precipitado produzia alguma coisa nova, pois a radiação desviável do urânio diminuía. Por meio de longas repetições dessa operação, ele conseguiu uma amostra de 1/6 do valor original da radiação. Mas não obteve o sucesso químico de Crookes, de isolar a radiação completamente do elemento.[27]

Marie Curie ainda escreveria um balanço sobre os estudos da causa da radioatividade. Publicou um artigo na *Revue Scientifique*, que parece contradizer os estudos recentes sobre os a radiação--emanação do urânio, principalmente os estudos de Becquerel e Crookes, que tentaram separar a radiação do elemento químico. Não se tratava somente de uma defesa de sua hipótese sobre a radioatividade (trabalho conjunto), mas uma defesa deliberada da existência dos próprios elementos químicos (seu trabalho individual) e um esforço no sentido de fazer calar os cientistas que tentavam falsificá-los. Assim, ela ampliava o leque de suas hipóteses para além da absorção da "fonte externa" e assumia também a possibilidade de uma sedutora teoria materialista da radioatividade: "um violento movimento interior ao átomo". Quer dizer, ela desejava fazer funcionar seu dispositivo experimental para além

---

27 BECQUEREL, Henri. "Note sur le rayonnement de l'uranium". In: *Comptes Rendus*, 1900, v. 130.

124   GABRIEL PUGLIESE

das primeiras hipóteses e, de certa forma, manter a existência dos elementos. Em suas palavras:

> Nenhuma das novas substâncias radioativas foi separada. Acreditar na possibilidade de separá-las significa admitir que sejam novos elementos. É essa opinião que tem guiado nosso trabalho. Ela se baseia no caráter atômico da radioatividade dos materiais que eram o objeto de nosso estudo. (...) Esta propriedade tenaz, que não podia ser destruída pelo grande número de reações químicas que executamos, sempre seguiu o mesmo caminho em reações comparáveis e se manifestava relacionada a uma quantidade de material inativo recuperada. (...) Ela deve ser uma característica absolutamente essencial do material. (...)
>
> A emissão dos raios do urânio é muito contínua e não varia de forma observável com o tempo, com a exposição à luz, ou com a temperatura. Este é o aspecto mais inquietante do fenômeno. Quando observamos a produção dos raios catódicos ou dos raios Röntgen, nós próprios estamos fornecendo a energia elétrica. (...) Mas, no caso da emissão urânica, não ocorre nenhuma mudança nesse material, que irradia a energia de maneira contínua. O urânio não mostra nenhuma mudança considerável de estado, nenhuma transformação química visível, ele permanece, pelo menos na aparência, o mesmo de sempre, e a fonte de energia que descarrega continua impossível de se detectar. (...) Os elementos radioativos podem ser substâncias nas quais existe um violento movimento interior, de substâncias no curso de se fragmentarem. Nesse caso, o rádio deveria constantemente perder peso, mas a pequenez das partículas é tal que, embora a carga elétrica enviada para a atmosfera

SOBRE O "CASO MARIE CURIE" 125

seja fácil de detectar, a massa correspondente é absolutamente insignificante, demoraria milhares de anos para
o rádio perder miligramas de seu peso. A teoria materialista da radioatividade é muito sedutora.[28]

No geral, Marie Curie respondeu aos cientistas contrários, ou
que especulavam a inexistência dos novos elementos aos quais ela
tentava dar uma identidade, perguntando se alguém havia conseguido ver um só composto de urânio (ou de qualquer outro
elemento "dito" radioativo) que não emitisse as radiações. Nesse
sentido, ela contrariava a afirmação de Crookes sobre um urânio
completamente inativo, utilizando como exemplo a experiência
de Becquerel. Sugeria que, se Crookes percebera "uma certa inati-
vidade", fora por conta da falta de sensibilidade dos instrumentos
utilizados. Desse modo, ninguém havia conseguido isolar o gás radioativo a ponto de deixar os elementos para sempre inativos, ou
seja, isolar a radioatividade do material. A radioatividade, como
caracterizada pela cientista, era algo espontâneo, emitia os raios de
forma contínua, e não variava com o tempo. Devia ser uma característica do próprio material, disse Marie Curie. Dessa forma, a
cientista tentava colocar um ponto final em relação à desconfiança
sobre os elementos químicos.

Marie Curie aceitava que poderia haver uma transformação
interior aos elementos, muito lenta, mas que era uma explicação
sedutora, como forma de defender seu dispositvo experimental e
o território da radioatividade fundado como uma propriedade atômica. Deslocamento estratégico. Isso a colocava no caminho avesso
de Pierre, que não via transformação possível interna aos elementos, somente uma "força externa" que o compunha como forma de
reemissão... Aqui a divisão sexual do trabalho, entre a física de um
lado e a química de outro, opera também uma divisão nas hipóteses sobre a natureza do fenômeno. A dissociação do casal que

28 CURIE, Marie. "Les nouvelles substances radioactives". In: *Revue Scientifique*,
1900, v. 3(14).

só existia no plano das tarefas, passa a ser também uma diferença teórica, tanto que os trabalhos publicados em conjunto começam, cada vez mais, a diminuir. Essas relações de força são um ponto importante. Entretanto, era só o início da batalhas, internas ao casal (que não tem nada a ver com afetividade), mas também externas a ele, no qual o gênero se torna um fio condutor e ao mesmo tempo conduzido da radiopolítica.

Enfim, depois de um longo período de confirmação, e mesmo com a desconfiança que reinara em relação aos novos elementos químicos, Debierne conseguiu a referência do radioelemento que havia enunciado: o actínio. Amparado na defesa que Marie Curie havia feito sobre a existência dos novos elementos, ele disse:

> Já mostrei em uma comunicação precedente que existe nos resíduos do tratamento da pechblenda, além do rádio e do polônio descobertos por Pierre e Marie Curie, uma nova matéria radioativa aparentemente do grupo do ferro; indiquei que essa matéria, de certa maneira, é precipitada pelos reativos principais do titânio.
> (DEBIERNE, 1900)

O químico auxiliar dos Curie, e responsável pelo tratamento industrial do rádio, repetiu os experimentos que haviam sido feitos para as outras substâncias radioativas, tendo encontrado, do ponto de vista químico, outro comportamento de reagentes para a nova substância. No entanto, sua atividade radioativa era similar aos outros corpos descobertos, podia ter seus raios desviados por campos magnéticos, induzia radioatividade a outros corpos, tornava o ar um bom condutor de energia etc. Também repetiu os experimentos de Rutherford, Crookes e Becquerel e percebeu que, assim como o tório e o urânio, *o* actínio produzia uma substância estrangeira a ele, sua emanação, que se mantinha radioativa. Assim, os cientistas tinham como produto das experiências com a radioatividade e (ainda) competindo a existência, vários radioelementos (urânio, tório, polônio, rádio e actínio); e vários tipos de raios produzidos pelo fenômeno (Alfa, Beta e Gama) – todos eles criados pelo conjunto de relações diferenciais possibilitadas pelos laboratórios.

A radioatividade já era composta de inúmeras relações. Muitos caracteres de caracteres de sua "havência" no mundo eram trazidos à tona. À sua volta, vários interessados faziam-na proliferar-se rapidamente (tanto para humanos quanto para não-humanos), levando a radiopolítica a funcionar com maior intensidade e cada vez mais para um maior número pessoas, instituições, não-humanos etc. A intensidade das pesquisas com substâncias radioativas, bem como o conjunto de relações que estou apresentando, provinham do dispositivo experimental de Marie Curie para a radioatividade. Portanto, toda vez que um cientista discutia a radioatividade, para colocá-la à prova ou para extendê-la, conferia com isso um pouco mais de visibilidade a Marie Curie, já a essa altura muito além do espaço de Paris. Enfim, enquanto o dispositivo da radioatividade como uma propriedade atômica mantinha-se, a radiopolítica jogava cada vez mais Marie Curie para o centro de sua força, dando-lhe maior visibilidade, ao mesmo tempo em que promovia uma transformação no gênero, criando uma "agramaticalidade" na política sexual.

O mundo estava voltado para a radioatividade, e esse modo de Marie Curie "ir junto" com o fenômeno, correspondendo a uma descontinuidade criada entre o fenômeno e ela por meio do dispositivo experimental, que chamo de radiopolítica. Se, por um lado, a radiopolítica é criada pela descontinuidade entre Marie Curie (constituída sob o signo do feminino) e o fenômeno que faz-falar (constituído sob o signo do neutro), por outro, é essa diferença entre uma e outra que possibilita uma "evolução a-paralela" (DELEUZE & GUATTARI, 1995a) de ambas. A singularidade desse acontecimento-radioatividade, da força que o agencimanto da radiopolítica encena, não se prolifera transformando somente a física e a química, ressoa também para uma transformação da política sexual. Esse modo específico de fazer da radioatividade uma perspectiva no mundo, de mostrar a sua havência e de fazê-la um rastro visível, é o que promove uma multiplicação de Marie Curie.

Em Paris acontecia a Exposição Universal e, como parte dela, o Congresso Internacional de Física. O evento representava o fechamento do século XIX, o século da ciência, das luzes, e a abertura de um novo, em que o progresso intensificaria sua velocidade. Os populares estavam espantados com as novas descobertas e o mundo assombroso que o novo século desenrolava e prometia. A exposição universal ficou conhecida como a "festa da eletricidade", e atraiu milhões de visitantes para conhecer as ruas iluminadas de Paris; mas, para os físicos, era a radioatividade que despertava interesse. Como parte da exposição, Becquerel e os Curie (os grandes conhecedores desse grande fenômeno) foram convidados a apresentar ao público que circulava os corpos radioativos luminosos. Como vários cientistas ilustres do mundo todo participariam, Marie Curie disse que era "uma oportunidade de tornar mais conhecidos pelos cientistas estrangeiros nossos corpos radioativos. Este era um dos pontos de interesse central no congresso" (CURIE, Marie *apud* QUINN, 1997: 172). Becquerel expôs uma história da descoberta e alguns dos experimentos que estavam sendo feitos; os Curie apresentaram seu ensaio mais longo e cheio de dúvidas. Nesses trabalhos, os Curie e Becquerel mostraram as várias atividades do fenômeno, e concluíram ressaltando a controvérisa aberta: "a espontaneidade da radiação é um enigma e produto de um profundo espanto. (…) Qual é a fonte da energia dos raios Becquerel? Será que vem de dentro dos corpos radioativos, ou de fora deles?" (*idem, ibidem*). Isso era uma fonte de controvérsia entre os próprios Curie. Marie parecia ter se inclinado a imaginar que a força era emitida pelo próprio material (considerando também a absorção exterior dos raios), mas Pierre não defendia somente a tese da "fonte externa" transformada pelos átomos radioativos: o cientista tomava como hipótese, a partir de agora, que a radioatividade era uma exceção no princípio de Carnot, e da lei geral de conservação de energia. A radioatividade trocaria calor com o ambiente.

Uma outra questão é importante frisar: a radiopolítica, apesar de seu potencial molecular de se multiplicar em "mil pequeno sexos", que estou ressaltando, e que ressoa para a própria transformação do gênero, não para ser capturada pela distinção molar de classe, na medida em que Becquerel também se prolifera com seus efeitos. Mas existem ainda outros efeitos além desse. Algumas sobreposições da radiopolítica estão em jogo, na medida em que ela se torna mais complexa e perspectiva. Ela replica numa luta molar entre nações, na qual a França se apresenta como o país sede da radioatividade; é também uma política molar de classe, na qual Becquerel sobrepuja-se em relação aos Curie, aparecendo muitas vezes como uma espécie de tutor do casal – tanto que a "radioatividade" aparece, em vários momentos, como sinônimo de "raios Becquerel" apesar da diferença criada por Marie Curie; é também uma política molar de classe que eclipsa a molecularidade do gênero, na medida em que Curie se torna invisível entre Becquerel e os Curie; mas é também uma política molar de gênero quando o "mérito" das descobertas não é dividido com Pierre, mas se eclipsa no próprio casal, na complementariedade sexual que lhe é inerente etc. Essas linhas são parciais, porque dependem daquilo que estou acompanhando. Sem dúvida, ainda existem outras linhas de força, que não acessei seja pela economia desse livro, seja pelo que circunscreve o meu problema. A radiopolítica, na medida em que sua intensividade aumenta, ganha extensão ao mesmo tempo em que uma multiplicidade de facetas, de improvisos, de espasmos inesperados, mas que mostram em si mesmos a força de sua "havência", de seu rastro no mundo.

Em meio a essa complexidade política, e em conjunto, pelo menos quatro radioatividades possíveis se apresentavam com suas ontologias vacilantes: a primeira seguia a hipótese inicial sobre a qual o fenômeno devia ser uma propriedade atômica, segundo a qual os elementos pesados absorviam uma energia etérea exterior desconhecida e reemitiam em forma de radiação. Grosso modo, uma forma de caracterização, que aclopava interior e o exterior das substâncias, e que garantia sua existência enquanto elementos radioativos, pois suas propriedades que absorviam a tal fonte externa e reemitiam produzindo a radioatividade que depois se proliferava para outras substâncias que não a produziam eram somente receptáculos; a segunda, era a respeito de que a radioatividade funcionava como um tipo de força externa, que se proliferava para diversas substâncias transmitindo radiação. Essa hipótese defendia uma força puramente externa às substâncias que apresentam radioatividade, e assim não reconhecia elementos químicos; a terceira, que também não reconhecia elementos químicos novos, apresentava a ideia de que a radioatividade era um fenômeno produzido internamente por substâncias raras como o rádio, uma espécie de fosforescência que se proliferava externamente para os elementos químicos ordinários e para outras matérias; a quarta, mais radical, mantinha a ideia de uma propriedade atômica de elementos radioativos, mas a radioatividade seria produto de uma transformação interna aos elementos químicos, de uma exteriorização provocada por uma transformação molecular de sua natureza. O fato é que os cientistas transitavam por essas hipóteses a partir de pequenas diferenças produzidas pelos fenômenos no laboratório, da mesma forma que essas radioatividades se interpelavam, em suas diferenças sutis.[29] Se o gênero da ciência pede que uma delas se torne majoritária e garanta sua existência Una, isso não se dá sem as lutas que envolviam: estratégias de posição, mudança do ângulo da caracterização,

---

29 "Becquerel, por vários anos, considerara o fenômeno como uma fosforescência de longa duração, embora nos primeiros anos do século XX passasse a falar em uma transformação molecular [como Marie Curie]. Seguindo a tradição britânica de modelos mecânicos visualizados, Crookes sugerira um demônio de Maxwell modificado, situado em cada átomo de urânio, extraindo energia das moléculas de ar mais rápidas. Os Curie haviam considerado várias possibilidades, mas estavam fortemente inclinados para a ideia de uma radiação etérea desconhecida, cuja evidência se manifestava apenas por sua ação nos elementos mais pesados, que então passavam a emitir raios alfa, beta e gama como radiação secundária". (BADASH, 1965).

contra-laboratórios, utilização de novos instrumentos, exercício de poder, relações de gênero e de classe etc. O caminho de torná-la um Ser com delimitações exatas não foi fácil, pois havia uma recalcitrância do próprio fenômeno por meio dos cientistas em manter-se relativo, permancer vacilante. Territorio múltiplo da radioatividade, mas ainda assim território criado pelo dispositovo experimental de Marie Curie e da política que dele desdobra. Enfim, a radioatividade é o acontecimento que criou uma desigualdade política entre os cientistas, além de escancarar outras desigualdades da mesma ordem que estavam latentes na controvérisa, exatamente pela possibilidade de afirmar "isso é científico".

Em outra direção ainda, Pierre se envolveria numa pequena (e rápida) controvérsia com Gustave Le Bom. É que Le Bon colocou-se a estudar o que ele chamava de "os corpos ditos radioativos". Ele mostra em sua comunicação várias atividades desses corpos, como a perda de luminosidade ao serem umidificados; as propriedades em relação ao fósforo úmido; a emissão possível de matéria pelos corpos radioativos e a abstenção de polarização dos raios do rádio. Ainda comenta uma emissão negra proveniente desses corpos, resgatando a ideia da "luz negra". O interessante é que o cientista (e também psicólogo de massas) apresenta essas questões como absolutamente novas.[30] Pierre, por sua vez, numa pequena nota responde a Le Bon dizendo que essas questões todas já haviam sido objeto de publicação de Giesel, Becquerel, Marie Curie e dele mesmo. No que se refere à luz negra, Pierre explica didaticamente a Le Bon que Graham Bell, em 1880, já havia explicado esse fenômeno para raios caloríficos infravermelhos.[31] Numa sessão posterior, Le Bon prometeu uma resposta a Pierre, que nunca aconteceu.

---

30 LE BON, Gustave. "Sur la propriété de certains corps, de perdre leur phosphorescence par la chaleur et de la reprendre par le refroidissement". In: *Comptes Rendus*, 1900, v. 130.

31 CURIE, Pierre. "Remarques à propos de cette Note de M. G. Le Bon". In: *Comptes Rendus*, 1900, v. 130.

132   GABRIEL PUGLIESE

As dificuldades com o laboratório continuavam no segundo semestre de 1900, os Curie, que só contavam com o hangar da EPCI, eram, de todos os pesquisadores influêntes que participavam da controvérsia em torno da radioatividade, os únicos que não possuíam um espaço laboratorial considerado adequado. 1) Becquerel tinha à sua disposição o Museu de História Natural e um laboratório muito equipado, herança de seu pai, além de membro da Academia de Ciencias de Paris; 2) Rutherford em MacGill poussuía recursos quase ilimitados para seu laboratório, graças ao empresário do tabaco; 3) Giesel tinha o laboratório da maior universidade alemã sob seu domínio; 4) Sir Willian Crookes, sendo muito rico, contava com um grande laboratório pessoal. Eles sabiam que em algum momento iria faltar um laboratório adequado, e que tal fato estava próximo; na medida em que as pesquisas avançavam, as medições precisariam ser cada vez mais precisas, e seriam necessários outros equipamentos. Marie Curie enfatizou, anos depois, referindo-se, sem dúvida, à estrutura mobilizada pelos outros pesquisadores: "estava em extrema desvantagem, por conta das condições inadequadas, pela falta de local apropriado onde trabalhar, pela falta de dinheiro e de pessoal" (CURIE, 1962: 82). A extensão de suas redes (principalmente a de não-humanos) era menor em relação a seus competidores e, quando os equipamentos já não davam conta dos problemas colocados pela radioatividade, resolveram analisar uma proposta para sair de Paris.

Como fruto da radiopolítica, ainda em 1900, Pierre recebera uma proposta da Universidade de Genebra, na Suíça, para assumir uma cátedra de física com um laboratório bem equipado e um salário generoso. Também fizeram uma proposta para Marie Curie, na qual seria auxiliar de Pierre. Os Curie viajaram para a Suíça para conhecer a estrutura, gostaram muito do laboratório que, com alguns ajustes rápidos (e o transporte dos materiais de Paris), ficaria perfeito para o estudo da radioatividade e a purificação do rádio. As propostas de salário, de cargos, também eram divididas de acordo com o dimorfismo sexual, e o estatuto que assumia, atualizava as relações de poder, colocando Marie sempre numa posição inferior a Pierre nos territórios em que a radiopolítica funcionava. Posição inferior na divisão sexual, é verdade, mas já era uma trasnformação do gênero imposta pela radiopolítica: a Universidade de Genebra sequer aceitava estudantes mulheres, quanto mais uma professora, novamente molar e molecular se arrebatam.

A radiopolítica não parava de funcionar como um meio que arrebatava e fazia mudar o "inter-esse" dos cientistas, das indústrias, das universidades etc. Como um vírus, proliferava-se para todos os cantos possíveis a partir das linhas que a sua própria força projetava e não cessava de aumentar. Não por outro motivo senão da política nacionalista, em contrapartida à oferta Suiça, alguns representantes da Sorbonne ofereceram a Pierre um cargo de professor assistente em um anexo da universidade, e também uma autorização para utilizar o laboratório. Ele aceitou, mesmo sabendo que não teria "o seu laboratório", tal como oferecido pelo outro país, mas um espaço que poderia ser utilizado de forma sazonal. Seria um desperdício para a França deixar mudar parte importante da radioatividade de país, o interesse nacionalista francês funcionou a partir de um convite da Sorbonne a Pierre, da mesma forma que sua paixão pelo rádio o fez aceitar.[32] As pesquisas continuariam no galpão de batatas.

Por outro lado, o "inter-esse" geral em torno da radioatividade fez com que Marie Curie recebesse a primeira oportunidade de emprego para lecionar física na École Normale Supériéure des Jeunes, em Sevrès, uma academia de elite que educava moças. Tornar-se-ia, no início do ano seguinte, a única mulher do corpo docente, e a primeira a obter licença de lecionar por lá. Sèvres distanciava-se uma hora e meia de Paris e, portanto, lhe tomariam um tempo

---

32 Curie (1962) comenta que a mudança de país implicaria numa perda considerável de tempo, e em contraste com a proposta recebida em Paris, que apesar de não ser tão boa, facilitaria a continuação das pesquisas que precisavam ser rapidamente publicadas.

134   GABRIEL PUGLIESE

precioso das pesquisas. Mas já se tratava de uma fissura nas vicissitudes do poder que o sexo instituía, produzida sem dúvida pela radiopolítica, que arrastava a academia, abrindo espaço para a mulher cientista. Marie Curie começava a ocupar cantões historicamente masculinos, apesar de deliberadamente continuar como um fenômeno de borda. Mesmo na École Normale, uma instituição integralmente dedicada à educação de mulheres, estas ainda eram uma minoria (no sentido qualitativo)... No caso de Marie Curie, o nacionalismo francês também aparecia como um modo de exercício de poder, que não esquecia sua origem polonêsa. As meninas não paravam de cantarolar frases desajeitadas em francês, imitando o sotaque da professorinha polonesa, como lembrou uma aluna de Madame Curie, que também se lembrou de uma canção feita pela vigésima promotion que a odiava:[33]

> Enquanto a fêssora gagueja,
> O... o... o... resultado da soma,
> As meninas da classe se queixam, aos sussurros,
> "Ah, meu Deus, mas que chatice!"
> Será que ela não se daria melhor
> Cozinhando para o marido fessô
> Em vez de falar sem parar

Para uma turma que morre de tédio? (*apud* QUINN, 1997: 233).

A noção de "poder" em Foucault (2008) é interessante, para esta pesquisa, exatamente por sua forma heterogênea, que evita o simples dualismo entre dominadores (os que "têm" o poder) e dominados (os destituídos de poder). O "poder" deve ser compreendido em sua positividade, como uma multiplicidade de relações de força imanentes ao domínio onde se exercem. Essas relações de força produzem, transformam, invertem os pontos de onde emanam.

---

33 Quinn (1997) diz que foram publicadas várias reminiscências daquele período de aulas em *Sèvriennes d'hier et d'aujourd'hui* em 1967, data do centésimo aniversário do nascimento de Madame Curie, esses comentários da aluna de Madame Curie forma feitos em uma delas, por Marthe Baillaude.

Não se deve procurar o poder no Homem, ou no Aristocrata da Ciência (por isso, importa pouco quem fala ou quem exerce): eles são mais funções da forma como o poder opera do que a sua causa. Porque nesse plano de correlações, a radiopolítica é um agenciamento de resistência, um fenômeno que se move para suplantar um esquema de modificações nas matrizes do poder, para fazê-lo variar. Não obstante, o poder que se exercia através da complementaridade sexual não era exercido por homens contra as mulheres, ou mesmo sobre as mulheres, mas uma prática que se passa entre homens e mulheres, e exercido pelas mulheres, inclusive. Por outro lado, a nacionalidade polonesa de Marie Sklodowska Curie, não passava despercebida o tempo todo: tratava-se de uma estrangeira, alguém de fora, implicando em outros desníveis e escalonamentos das relações.[34] Se tal heterogeneidade do poder organizava o modo como se dava a imagística sexual, mas também os termos de nacionalidade não seriam diferentes para as ofertas de trabalho, nem com o tratamento em relação à desigualdade de Marie.

A diferença de salários e de prestígio dos cargos era enorme. Pierre agora estava trabalhando na EPCI e em um anexo da Sorbonne, enquanto Marie Curie ministraria aulas para moças numa pequena (mas tradicional) escola no interior de Paris. Qualquer cientista (homem, francês) que trabalhou como Marie em pesquisas importantes na França conheceu melhores possibilidades. Esse maneirismo do poder, suas diversas formas criativas de captura, acompanhava os deslocamentos da força e mantinha Marie Curie numa posição menor no círculo de cientistas, e assim fazia dela, sempre, uma excepcional. Se por um lado, a radiopolítica furava o poder, abria espaço em suas víceras, transformando a distribuição do gênero e jogando Marie Curie para espaços inusitados e inauditos, por outro e simultaneamente, esse poder atualizava-se

---

34 Essa questão da nacionalidade aparece de formas variadas em diversos momentos, como mostro mais a frente no trabalho.

136 GABRIEL PUGLIESE

para manter seu funcionamento, como uma transformação interna ao seu próprio movimento.

Enquanto as pesquisas e as oportunidades avançavam, Marie Curie começava a redigir sua tese de doutoramento que havia sido interrompida pelo acontecimento-radioatividade. Sabia que não seria fácil se transformar na primeira doutora em ciências. Mas as circustâncias radiopolíticas abriram uma oportunidade e tanto: de uma pesquisa quantitativa sobre os raios Becquerel sem maiores pretensões, ela agora tinha um grande tema nas mãos a ser apresentado para a banca de sábios da Sorbonne. Começou no início de 1901 a redigir a tese sobre suas inovadoras pesquisas com substâncias radioativas, que haviam balançado a física do período. As aulas em Sèvres e a tese lhe tomaram tempo suficiente para que ela não apresentasse comunicações seguidas, como vinha fazendo até então. Além do mais, ainda restavam toneladas de pechblenda para serem processadas, e vários miligramas de bário radífero para serem purificados por suas mãos, para que fosse possível calcular o peso atômico e, assim, cravar a existência do novo elemento. O fato é que sua produção propriamente científica se tornou mais esparsa.

Pierre Curie, ao contrário de sua esposa, publicava mais rapidamente procurando aliados para continuar a pesquisa sobre os raios ainda enigmáticos, principalmente procurando desatirnar sua causa. No mesmo ano, assim, preocupado com a radioatividade induzida, compôs duas comunicações – em conjunto com o pai do actínio, Debierne – para mostrar o modo como tudo ao redor dos corpos radioativos havia sido induzido pela radioatividade. O fenômeno tinha tomado os equipamentos, os móveis, tudo à sua volta, atrapalhando as medidas quantitativas tão necessárias. Eles comentam "a deplorável situação do laboratório, onde tudo se tornou radioativo. Esta deplorável situação não nos parece ser explicada pela radiação direta da poeira radioativa espalhada pelo laboratório; deve-se, provavelmente, em grande parte, à contínua

SOBRE O "CASO MARIE CURIE" 137

formação de gás radioativo".[35] Pela primeira vez, Pierre comentou a acertiva de Rutherford a respeito do gás radioativo, fenômeno que o neozelandês havia nomeado de emanação. Pierre não só comenta o fato das substâncias radioativas produzirem outra substância em sua transformação, mas também aceita a tese.

Rutherford, não muito tempo depois que Pierre Curie publicou com Debierne, retrucou a comunicação. Os artigos "O novo gás do rádio", e "As emanações das substâncias radioativas" iniciavam uma batalha que duraria alguns anos. Com um ar irônico de alívio por ter confirmado sua hipótese, o cientista escreve:

> Os Curie e colaboradores declararam ter obtido um gás radioativo que preservou sua atividade durante várias semanas; possivelmente é idêntico à emanação (…) bem recentemente alguma luz foi lançada sobre essas emanações, os resultados apontam para a conclusão de que a emanação do rádio é, na realidade, um gás radio-ativo". (*apud* QUINN, 1997: 184)

O que Rutherford queria dizer é que a emanação era algo geral de todos os corpos radioativos, ou mesmo tomados pela radioatividade. O cientista tinha em mente que era possível extrair de todas as substâncias radioativas o resíduo radioativo que carregavam que muito provavelmente seria esse gás. Ele discordava "dos Curie" e passava a acompanhar a hipótese de Crookes: para ele, rádio e polônio não eram elementos químicos, mas, na verdade, bário e bismuto radioativos. Nesse momento, o cientista estava inclinado a aceitar a dissociação entre a radioatividade e os (supostos) elementos químicos. Como não haviam sido totalmente isolados, ainda não eram elementos para a comunidade científica, e para Rutherford não deveriam ser. A radioatividade deveria ser uma fonte externa, e não uma propriedade

---

35 CURIE, Pierre; DEBIERNE, André. "Sur la radio-activité induite provoquée par des sels de radium"; "Sur la radioactivité induite et les gaz activés par le radium". In: *Comptes Rendus*, 1901, v. 131.

atômica. É possível notar aqui também aquilo que venho afirmando a respeito da relação entre o "casal", pois mesmo nos momentos em que Marie Curie não assinava as comunicações, era dos "Curie" que se tratava. Ele aproveitava o texto de Pierre com "colaboradores" para estender as críticas aàMarie Curie também, como se "os Curie" fossem um só. Mas, na verdade, refiria-se à tentativa de Marie Curie isolar os elementos químicos, que a essa altura desacreditava, como uma tentativa do casal, refirndo-se, é claro, a Pierre (refiro-me ao modo como a relação masculino/feminino é categorizada a partir da complementariedade sexual). O casal assume, novamente a figura do masculino, na medida em que Marie Curie era conceitualizada como uma espécie de extensão de Pierre.

Outra questão inusitada faria os Curie proliferarem como as suas entidades. A radioatividade abriu outro campo de pesquisa graças aos estudos dos alemães Walkhoff e Giesel, que evidenciaram as propriedades terapêuticas do rádio, mesmo ainda não reconhecido como elemento. A radioatividade se proliferava muito rapidamente e, por conta das várias atividades dos corpos radioativos, ganhava incessantemente utilidades bastante heterogêneas. Até então, a radioatividade era um fenômeno importante para abordar "questões teóricas" e interesses financeiros de pequeno porte; mas mobilizava somente físicos e químicos. Giesel e Walkhoff, acompanhando as pesquisas que circulavam sobre a radioatividade induzida e a emanação de gases pelos corpos radioativos, tentaram saber se pessoas também eram induzidas pelo fenômeno. Ao aproximar durante um tempo o bário radífero de seu corpo para fazer a medição, Giesel percebeu uma inflamação e logo publicou um trabalho sobre o assunto, comparando o fenômeno com a ação terapêutica dos raios Röntgen, que a essa altura já representavam uma nova possibilidade para o diagnóstico médico.

Simultaneamente, Henri Becquerel participava de uma sessão da Academia de Ciências no início de 1901 com um frasco contendo bário rádífero no bolso. Depois de uma hora, ele percebeu

SOBRE O "CASO MARIE CURIE"   139

algumas queimaduras causadas pela substância. Assim, Pierre Curie resolveu fazer uma experiência: colocou em um de seus braços uma quantidade de bário radioativo (5 mil vezes mais ativo que o urânio metálico), num embrulho fino de papel durante dez horas, e observou, após remover o produto que em sua pele apareceu uma vermelhidão, que dia após dia aumentou até formar-se uma crosta e, mais tarde, um ferimento.[36] No quadragésimo segundo dia, a pele começou a se formar novamente, mas permaneceu ali uma mancha acinzentada que mostrava como o ferimento fora mais profundo. Pierre publicou seus resultados junto aos resultados de Becquerel.[37]

Em pouco tempo, a medicina se interessaria pelo rádio e pela radioatividade. Como a própria Marie Curie escreveu meses depois: "a ação do rádio sobre a pele foi estudada pelo doutor Daulos no Hospital Saint-Louis. O rádio dá resultados animadores: a epiderme parcialmente destruída reforma-se em estado são" (*apud* CURIE, 1949: 169). Médicos franceses imediatamente começaram a fazer as primeiras aplicações, como Daulos, Wickam, Dominici, Degrais etc. A divulgação científica logo fez um grande barulho e os Curie ganhavam cada vez mais prestígio. A cada território que a radioatividade avançava, os Curie, do outro lado, também avançavam; "evolução a-paralela" de dois seres que não têm nada a ver, mas que se alimentam mutuamente um do outro. Se o nome dos Curie passou a ser conhecido em lares da França e depois do mundo, foi por conta de serem associados à cura de tipos de câncer.

O interesse por parte da medicina em relação à destruição de células doentes causou um novo impacto, pois logo: "o Rádio cura lúpus, tumores, e certas formas de cancro". A esperança dos populares em relação a esse "elemento sagrado" era a máxima possível. A atividade de destruição de tecidos doentes a partir do rádio pela

---

36 Marie Curie (1963) informou também, na biografia de Pierre Curie, que as pontas dos dedos deles estavam duras, muito machucadas e doloridas. E que, mesmo depois de dois meses, a inflamação não diminuía.

37 CURIE, Pierre; BECQUEREL, Henri. "Action physiologique des rayons du radium". In: *Comptes Rendus*, 1901, v. 132.

140 GABRIEL PUGLIESE

medicina foi nomeada imediatamente de "Curieterapia" (CURIE, 1943). A partir de então, a radioatividade, e não os raios X, eram objeto de delírio coletivo. Mas nesse caso, um delírio puramente imagético, que se cristalizava nas mãos dos sábios, e na esperança em suas pesquisas. Diferente dos raios X a radioatividade não era fácil de reproduzir, as substânias e os instrumentos eram restritos até mesmo aos cientistas, que estavam tentando desvendar o "maravilhoso fenômeno". Mas, agora de um interesse restrito aos cientistas, a radioatividade tinha alcançado a opinião pública, e também os interesses de Estado que começavam a fixar seus investimentos nas pesquisas. Já não se trata mais de uma questão de filsofia natural somente, mas de um problema pragmático que envolvia a "vida" dos cidadãos. Incentivar as pesquisas com corpos radioativivos tornar-se-ia um "fenômeno de urgência", contra os males que acoitavam os homens. A radioatividade passa de um fenômeno de interesse geral da ciência, para um dispositivo de estado, de sua razão, e a radiopolítica começa a flertar com questões de genealogia bem distinta dela.

Já no segundo semestre de 1901, interessados na corrida científica em torno da radioatividade induzida e da emanação que aumentava cada vez mais, Pierre e Debierne decidiram confeccionar um balanço sobre a radioatividade. Os objetivos da comunicação foram descritos no primeiro parágrafo: "vamos mostrar precedentemente que se pode comunicar temporariamente as propriedades radioativas a um corpo qualquer com ajuda dos sais de rádio, e em particular comunicá-la para água destilada". De fato, os dois cientistas conseguiram tornar a água radioativa temporariamente, e também perceberam que a água era uma ótima condutora de energia, assim como o ar. Através de procedimentos simples, mostraram como a água perdia sua atividade de forma definitiva com o tempo. Ao contrário do que acontecia com os sais de rádio, que apesar de perderem um pouco de sua atividade, sempre regenevam-se e retornavam à sua atividade primitiva. Eles então afirmaram uma teoria:

> é possível admitir que um átomo de rádio funciona como uma fonte contínua e constante de energia radioativa; nada mais é necessário, aliás, para determinar de onde vem essa energia. Ela pode produzir uma modificação no rádio; ela pode provir da transformação de uma radiação exterior incomum; ela pode tomar emprestado o calor do ambiente, contrariamente ao principio de Carnot.[38] A energia radioativa acumulada pelos sais de rádio tende a se dissipar em duas frações diferentes: 1° por raios (raios carregados e não carregados de eletricidade); 2° por condução de seu estado pouco a pouco a corpos em torno por intermédio de gás e de líquido (radioatividade induzida).[39]

Como Rutherford, os Curie também demonstraram que a radioatividade induzida e/ou emanação, primeiro aumentava até um máximo em "corpos não ativos", e depois diminuía de acordo com uma curva exponencial. No que diz respeito a corpos ativos, o cientista neozelandês trabalhava também em termos de uma diminuição de energia, afinal, poderiam não ser elementos, mais substâncias quaisquer que se tornavam radioativas no contato com a radioativade (externa). Pierre, no entanto, não acreditava nessa última afirmação; segundo ele, toda a energia era expulsa pelos átomos de elementos radioativos, que tinham uma natureza constante. Aqui, mais uma vez, os elementos químicos radioativos (rádio, polônio, actínio, urânio e tório) absorviam uma fonte etérea e a reemitiam produzindo radioatividade: "um átomo de rádio funciona

---

38 Pierre faz uma menção direta ao trabalho de sua esposa, dizendo que todos esses pontos e hipóteses foram publicados por ela em 1899.

39 CURIE, Pierre; DEBIERNE, André. "Sur la radio-activité des sels de radium". In: *Comptes Rendus*, 1901, v. 133.

142   GABRIEL PUGLIESE

como uma fonte contínua e constante de energia radioativa; nada mais é necessário, aliás, para determinar de onde vem essa energia".

Rutherford sabia que precisaria de um químico para trabalhar com ele, pois cada vez mais o foco deixava de ser os raios ou os gases emitidos pelas substâncias (a física), para se tornar as próprias substâncias (a química), dirigindo-se à esteira em que Marie Curie estava trabalhando. Ele arregimenta, então, um químico chamado Frederick Soddy, para tentar extrair, mediante procedimentos químicos avançados, a matéria radioativa do tório para verificar a possibilidade de torná-lo inativo. Passa todo o segundo semestre nesse trabalho. Afinal, Marie Curie e, corroborando com ela Pierre, estavam sendo incisivos no fato de que os "elementos radioativos" não perderiam energia com o passar do tempo. Marie Curie, no entanto, afirmava que se houvesse qualquer transformação na energia, ela demoraria milhares de anos, bem diferente de substâncias inativas – diferente do que queria Rutherford que não via diferença de decaimento entre umas e outras.[40]

Marcelin Berthelot, membro da Academia de Ciências de Paris – e muito respeitado na comunidade científica por seus trabalhos em química orgânica e sobre a origem inorgânica do petróleo – foi convidado por seu amigo Becquerel a conhecer os maravilhosos efeitos das substâncias radioativas. Além disso, sua personalidade "ia além de círculos científicos": foi senador da França em 1881, e depois ministro da educação de René Goublet (1886-1887). O ex-senador e ex-ministro decidiu fazer pesquisas sobre a radioatividade, se dobrar aos seus "notáveis efeitos" e as "substâncias preciosas". Trata-se de mais um efeito da importância do rádio e dos sábios que a descobriram para a política francesa, porque sua influência como

40 Muitos outros pesquisadores começariam, entre os anos de 1899 e 1903, a apresentar trabalhos sobre o assunto nas mais diversas academias do mundo. Dentro de meus limites documentais e de espírito, ficarei somente com algumas que julguei importantes. Tornou-se impossível acompanhar as pesquisas de modo minucioso, afinal, são inúmeras comunicações científicas. Em prol do argumento, ficarei sem comentar muitas delas. Consolo-me sabendo que todo trabalho é parcial.

SOBRE O "CASO MARIE CURIE" 143

figura pública foi uma passagem necessária para uma molarização da rádiopolítica como efeito de estado. Outro que eclipsou metade da equipe a partir das subtrações de classe e gênero. Ele afirma:

> Conheci os notáveis efeitos determinados pelas radiações especiais do rádio. Esse domínio novo aberto à ciência por Pierre Curie em domínio conexo com as descobertas de Henri Becquerel. Foi confiada por eles a mim uma amostra desse precioso produto e já comecei a fazer algumas experiências para comparar certas reações químicas específicas, determinadas pela luminosidade e pela influência elétrica, que o rádio é suscetível a provocar.[41]

Além de se dizer impressionado com a potencialidade dos produtos que recebeu, fez algumas experiências com o vidro e outras substâncias, notando a indução radioativa. Em seu segundo trabalho, aparece no texto a ideia de que o rádio é um novo elemento. Assim, ele faz especulações sobre o peso do elemento e experimenta algumas outras reações químicas a partir daquilo que Pierre Curie havia isolado (na verdade fora Marie Curie). Nada de muito interessante, quero dizer, inovador. O que também era esperado, visto que Berthelot não era um "intessado" no assunto, pelo menos não nos problemas de filosofia natural que colocava. Seu interesse e a disponibilidade em escrever sobre a importância das pesquisas sobre a radioatividade de Pierre Curie "em domínio conexo as descobertas" de Henri Becquerel, parecem-me muito mais uma forma dar visibilidade maior ao fenômeno e aos cientistas do que um interesse em contribuir com as pesquisas. Como ele mesmo afirma: "trata-se de um fenômeno de interesse geral e que ultrapassa em muito a comunidade de cientistas"... [42]

---

41 BERTHELOT, Marcelin. "Essais sur quelques réactions chimiques déterminées par le radium". In: *Comptes Rendus*, 1990, v. 133.

42 BERTHELOT, Marcelin. "Études sur le radium". In: *Comptes Rendus*, 1900, v. 133.

144   GABRIEL PUGLIESE

Os pesquisadores franceses receberam a notícia de que, no Canadá, Rutherford e sua equipe estariam tentando retirar a atividade radioativa do tório (tório-X) para deixá-lo inativo; ou seja, o cientista estava caminhando no sentido de Crookes, contra a ideia dos radioelementos, principalmente os novos (rádio, polônio etc.), já que o urânio e o tório continuariam elementos ordinários (não radioativos). A discordância em relação às substâncias era geral. Não era fácil ter uma posição definida nessa controvérsia, mas os Curie se inclinaram para o fato de que a causa da emissão era proveniente de uma atividade dos elementos radioativos – muito embora, principalmente para Pierre, essa causa estivesse associada a uma transformação da radiação etérea externa em seu interior. Se fosse possível tornar os elementos ordinários inativos (urânio e tório), todas as hipóteses dos Curie e várias de Becquerel iriam por água abaixo. Inclusive as cartilhas de identidade de elementos químicos novos como rádio, polônio e actínio, que passariam ao estatuto de (apenas) substâncias quaisquer. Becquerel estava intrigado com o embate acerca da existência dos elementos químicos, e se a radioatividade era, de fato, uma propriedade atômica inerente a eles (como todos os cientistas). Haja vista os processos de produção do urânio-X e do tório-X pelos pesquisadores do Canadá, da Inglaterra e também dos alemães. Após alguns estudos detalhados toma sua posição seguindo Marie e Pierre Curie, mas também seu amigo pessoal Berthelot:

> (...) Fiz conhecer a radioatividade espontânea e permanente do urânio dos seus sais e do metal, e observei que, em certas condições, as propriedades radiantes de seus corpos não remanescem constantes. Giesel, em particular, mostrou que, com certos tratamentos e preparações, o urânio torna-se menos ativos, e sir W. Crookes, por cristalizações fracionadas, obteve um nitrato de urânio inativo. (...) Após dezoito operações sucessivas, obtive sais de urânio muito pouco ativos. Isso pode constatar

> debilidade progressiva de produtos para a ação do ele-
> trômetro, e para as impressões fotográficas ao atraves-
> sar uma lamela de vidro. (...) As observações de sir W.
> Crookes, que eu lembrei, podem fazer pensar que a ati-
> vidade do urânio está contida em uma pequena quanti-
> dade de um composto muito ativo, e que o urânio puro
> é inativo.
>
> (...) Essa hipótese é pouco provável. Já que a radioativi-
> dade talvez debilitada, recupera com o passar do tempo
> sua radioatividade primitiva. (...) Assim, a atividade
> perdura e se recupera espontaneamente. Ao contrário
> do sulfato de bário, que era mais ativo que o urânio (por
> conta da indução), e está hoje completamente inativo.
> Por qual mecanismo os corpos recuperam a atividade
> temporariamente debilitada? A hipótese de uma auto-
> -indução aplicar-se-ia a uma mistura própria a uma
> combinação química de moléculas, umas ativas, e ou-
> tras inativas; por um corpo puro, equivalendo a uma
> transformação molecular.[43]

Além de desqualificar as hipóteses que conduziam os trabalhos de Crookes, e de certa maneira, os dele mesmo no ano anterior, Becquerel ainda fez um comentário interessante, seguindo exatamente a ideia de Marie Curie: ele se perguntava se a radioatividade não poderia operar com as pequenas partículas subatômicas de J. J. Thomson, já que a radiação carrega uma quantidade considerável de eletricidade – o que ele chama de "transformação molecular". Quer dizer, se a própria matéria não estaria se dividindo em pequenas partículas capazes de produzir radiações e emanações, induzindo sua própria dissipação a outras substâncias. Assim, Becquerel se alia a Marie Curie e também a Pierre na defesa dos

---

43 BECQUEREL, Henri. "Sur la radio-activité de l'uranium". In: *Comptes Rendus*, 1901, v. 133.

146   GABRIEL PUGLIESE

elementos químicos e da radioaividade como uma propriedade atômica, sendo tomado por seu dispositivo experimental. Aponta para o mesmo caminho, pois a despeito de qual fosse a causa da radioatividade, era impossível "pensá-la dissociada" dos elementos químicos que a emitiam. Marie Curie já havia apontado que a radioatividade era uma propriedade atômica, e essa hipótese já havia sido sondada por ela em seu derradeiro artigo de 1899 sobre "filosofia natural", no qual criticava o próprio Henri Becquerel a respeito da noção de hiperfosforescência.

Na última sessão da Academia de Ciências de Paris no ano de 1901, foram anunciados os diversos prêmios para os grandes senhores da Ciência local. Foi quando Pierre descobriu que deveria receber o prêmio La Caze, um dos mais interessantes e prestigiados da França. Tal prêmio ainda ajudaria na compra de equipamentos para o laboratório e para questões financeiras de maneira geral. A comissão do prêmio escreveu as memórias:

> A comissão concede por unanimidade o prêmio ao senhor Pierre Curie. A descoberta do rádio marcou de modo célebre no mundo inteiro o nome de senhor Pierre Curie, associado a sua eminente colaboradora Madame Curie.

Depois de tanto trabalho, os Curie puderam "fazer o rádio fazê-los" merecedores de um prêmio de grande importância, que lhes daria mais visibilidade no seio da academia, e não fora dela, pois nesse estrato já se proliferavam o mundo todo associado à descoberta do rádio e a uma possível cura do câncer. Quanto a Marie Curie, o poder alinhava-se na estratégia de mantê-la na borda, fazendo-a aparecer em meio aos cientistas, mesmo que, às vezes, como uma extensão do marido. Os mecanismos de poder da complementaridade sexual não paravam de capturar Marie Curie nos diversos estratos, por mais deslocados que se tornassem pela radiopolítica, e por mais que ela ocupasse territórios intocáveis para as mulheres. Ora, se no plano molar da percepção do que se passou Marie Curie seria sempre a esposa daquele que descobriu o rádio, "sua colaboradora", no plano molecular tratava-se já de uma "eminente" cientista, anômala, que trabalhava para purificar quimicamente os elementos radioativos (principalemtne o rádio) enquanto o marido trabalhava com seus efeitos teóricos imediatos. O masculino caputra o feminino e o engloba ou o disposivo experimental da radioatividade arrebata o masculino e o feminino num insessante devir que os transforma através da radiopolítica? As duas coisas. Separá-las é um falso problema.

Elemento químico ou não, o rádio entraria no ano de 1902 como uma das façanhas mais importantes do mundo científico. Sua produção tornou-se sinônimo de urgência, ele representava a esperança de cura de doenças que assombravam a Europa do início do século. Ao mesmo tempo, o átomo começava a ser tocado pela radioatividade para além de hipóteses gerais, começavam a aparecer conexões com as pesquisas de Thomson sobre os corpúsculos subatômicos (elétrons). Enquanto isso, cada vez mais, o movimento das pesquisas sobre a causa da radioatividade se dirigia dos raios para os elementos químicos, da física para a química, do exterior para o interior. E se assim o for, porque não um movimento de Pierre Curie para Marie Curie, do masculino para o feminino?

TRANSMUTAÇÃO ATÔMICA: UMA NOVA ALQUIMIA

O átomo dos físicos ainda estava no limbo. Era uma questão ultrapassada, mas alguns fenômenos como a radioatividade fariam ressurgir as discussões atômicas, e tirá-las do ostracismo. J. J. Thomson apresentava aos cientistas as magnificas cargas elétricas negativas (elétrons), os crepúsculos, que poderiam ser minúsculas partículas subatômicas. Enquanto isso, Jean Perrim, falava que o átomo era uma espécie de universo em miniatura. A relação entre a matéria e a eletricidade ainda estava em vias de caracterização e, para além disso, as coisas apareciam como uma incógnita, pois a própria

148 GABRIEL PUGLIESE

existência do átomo era uma incerteza. Desde os gregos, os átomos eram considerados indivisíveis, entidades eternas e imutáveis que constituem o nosso mundo físico. Os átomos eram partículas minúsculas e indivisíveis de matéria e eram a unidade mínima de toda substância. Átomo era igual à menor molécula de matéria.

O número de radioelementos conhecidos aumentava (mesotório, radiotório, iônio, protactínio e o radiochumbo) como fruto das pesquisas com substâncias radioativas, isto é, com efeito da emanação e/ou radioatividade induzida, sendo que físicos e químicos não sabiam o que fazer com esse *boom*. Mendeleiev, o grande químico inventor da Tabela Periódica, a essa altura mostrava-se extremamente contra a existência desses supostos elementos químicos, e assim ficaria por muitos anos. Afinal de contas, se essas substâncias se tornassem elementos químicos "de direito", bagunçariam toda taxonomia organizada por ele, toda a lei da química. A radioatividade deveria ser, de seu ponto de vista, uma similaridade por natureza entre o éter universal – que participaria nos processos radioativos – e um gás inerte muito leve. Nenhuma dessas substâncias deveria ser um elemento químico, pois destruiriam as bases da lei periódica.

Sem se preocuparem com o tamanho do problema que causariam, Rutherford e Soddy apresentaram no mês de janeiro de 1902, uma hipótese iconoclasta para a ciência estabelecida. Como mencionei há pouco, os estudos sobre emanação do tório avançavam, e o gás radioativo passou a ter um nome: tório-X. Por procedimentos químicos parecidos com os de Crookes e Becquerel, eles isolaram a atividade radioativa do tório, deixando-o inativo. Mas como havia sido previsto por Becquerel, Pierre e Marie Curie, o tório readquiria sua atividade e, então, o tório-X poderia ser extraído novamente do elemento, e assim sucessivamente. Mas o tório-X, o depósito ativo do tório, não parava de se transformar em outra coisa, tório-A, B, C e assim por diante.[44] Rutherford e seu assistente, Soddy, estavam

---

44 RUTHERFORD, Ernest; SODDY, Frederick. "The radioactivity of thorium componds I". In: *Transations of the Chemical Society*, 1902, n. 81.

apontando para uma transformação subatômica, que seria a causa da atividade dos elementos radioativos, de sua radioatividade. Mas aí tiveram de extender "a fórmula" do dispositivo experimental de Marie Curie, multiplicando-o: a transformação radioativa era algo inerente aos elementos químicos, uma propriedade atômica...de singular de autodestruição. "Impunha-se uma interpretação: o tório transforma-se em tório X, sendo a radioatividade a testemunha dessa interpretação. Como o tório se transforma lentamente, pode, durante um curto intervalo de tempo, aparecer como não-radioativo; quanto ao tório X, continua a transformar-se bastante rapidamente noutros produtos, razão pela qual continua radioativo". (STENGERS & BESAUDE-VICENT, 1996: 321). A radioatividade não era somente uma propriedade elementar, mas sim o indício de uma transformação de um elemento químico em outro.

Apesar de terem feito suas pesquisas com o tório, a emanação já havia sido declarada para todos os outros elementos radioativos: o rádio, o actínio, o urânio e o polônio. Os elementos químicos radioativos deveriam se transformar gradualmente, e esse processo interior aos seus átomos seria a própria natureza da radioatividade, de sua força ativa, mas também do modo como eles se desintegrariam e perderiam sua atividade. O que serviu para Pierre Curie (que discordaria radicalmente dessa posição "internalista") num primeiro momento, certamente serviria para Rutherford a partir de então: tornava-se indistinguível se ele capturara a radioatividade em seu nome ou se o próprio dispositivo da radioatividade capturara o cientista em seu aparelho de reprodução. Afinal, a radioatividade, enquanto uma propriedade atômica, garantia sua existência na medida em que os procedimentos inventados por Marie Curie eram respeitados, constrangindo os cientistas à sua volta em um devir que os envolvia. É exatamente de envolvimento que convém falar, no sentido estético, afetivo e etológico, pois os três termos articulados, conduta, verdade e realidade, só se conjugam sob uma nova maneira de existir e fazer existir, em que a conduta produz a verdade a respeito de uma realidade que ela descobre-inventa, em que a realidade garante a produção da verdade se as restrições de conduta são respeitadas, em que o próprio cientista padece um devir que não pode se resumir a uma simples posse de um saber (STENGERS, 2002: 112).

Numa história bem conhecida, Soddy, espantado com o que via durante as pesquisas, disse a Rutherford: "isso é transmutação de um elemento em outro, o tório está se desintegrando e se transformando em gás argônio!" E o cientista neozelandês respondeu: "não chame assim, se falarmos em transmutação, chamar-nos-ão de alquimistas..." Eles só estavam dizendo que o átomo não era tão estável, afirmativa que pelo menos desde os gregos era plenamente aceita. O mundo físico, segundo os dois, era muito mais minúsculo, infinitesimal e variável do que antes, e a radiopolítica aumentava seus efeitos se infiltrando no "centro" mais estável da física. Um de seus atavismos mais autoevidentes, pois apesar de estar no limbo, o átomo era a condição de possibilidade das teorias físicas, mesmo quando não estava em jogo.

Nem duas semanas haviam se passado após a publicação do texto de Rutherford e Soddy, quando o casal Curie apresentou um ataque velado (não mencionavam os nomes dos cientistas) à ideia de uma transformação atômica. Comentavam, também, a hipótese de Henri Becquerel, que parecia poderia apontar para a mesma linha, mas sem a mesma intensidade. Em suas palavras:

> Em uma nota precedente, Becquerel fez uma hipótese sobre a natureza dos fenômenos radioativos; nós exporemos algumas ideias que nos guiam durante nossas pesquisas. Pensamos sobre a vantagem de atribuir uma forma mais geral às hipóteses necessárias para as pesquisas em física. Desde o início de nossas pesquisas, admitimos que a radioatividade é uma propriedade atômica dos corpos. Esta suposição foi suficiente para criar o método de pesquisa para elementos radioativos.

Cada átomo de um corpo radioativo funciona como uma fonte constante de energia. (…) As experiências que fizemos durante os anos mostram que, para o tório, o urânio, o rádio, e provavelmente o actínio, a atividade radiante é rigorosamente a mesma e, no mesmo estado químico e físico, essa atividade não varia com o passar do tempo. (O polônio, ao contrário, é uma exceção; sua atividade diminui lentamente com o tempo. Ele deve ser uma espécie de bismuto ativo e não um novo elemento.) (…)

Se se procurar precisar a origem da energia radioativa, pode-se fazer diversas suposições que vêm se agrupar em torno de duas hipóteses bastantes gerais: 1) cada átomo radioativo contém, no estado de energia potencial, a energia que ele libera; 2) um átomo radioativo é um mecanismo que, em todos os casos, tem a capacidade de liberar energia para fora de si. Para a primeira hipótese, a energia potencial dos corpos radioativos, as experiências que fizemos durante os anos não nos indicam presença qualquer de variação. Se, por exemplo, admitirmos com Crookes e Thomson que a radiação do gênero catódico é material, então os átomos radioativos estão em vias de transformação. As experiências de verificação, feitas aqui, deram resultados negativos. (…)

As teorias de Perrim e Becquerel são igualmente teorias de transformação atômica. Perrim assimila cada átomo a um sistema planetário, onde certas partículas carregadas negativamente podem escapar. Becquerel explica a radioatividade induzida por um deslocamento progressivo e completo dos átomos. As hipóteses do segundo grupo, que estamos mais inclinados, são aquelas que apresentam os corpos radioativos como transformadores de energia. Esta energia em decomposição

152 GABRIEL PUGLIESE

> é emprestada, contrariamente ao principio de Carnot (...).

> Ao estudar fenômenos desconhecidos, podemos apresentar hipóteses bem gerais e avançar passo a passo, em conformidade com a experiência. Esse processo seguro e metódico é necessariamente lento. Em contraste, podemos apresentar hipóteses ousadas, nas quais os mecanismos do fenômeno são especificados. Este procedimento tem a vantagem de sugerir certas experiências e, acima de tudo, de facilitar o duro processo, tornando-o menos abstrato, com o uso de uma imagem. Por outro lado, não podemos imaginar a priori uma teoria complexa que esteja de acordo com a experiência. As hipóteses precisas, quase seguramente, contêm uma parte de erro, juntamente com uma parte de verdade.[45]

A comunicação "dos Curie" era completamente resistente aos materialistas, inclusive a Becquerel, que a apresentou na Academia. Mas o parágrafo final foi preparado para Rutherford e Soddy, que tiraram, somente com pesquisas com o tório, grandes conclusões gerais "sugerindo certas experiências" para imaginar uma transformação atômica. Tal evento mostra que os Curie eram (estrategicamente) contra as conclusões rápidas, achavam que para conseguir avançar não eram necessárias grandes hipóteses, mas um cuidado especial com as pesquisas. Pierre Curie, principalmente, não aceitava a teoria da transmutação; o mais provável para ele era uma contradição no principio de Carnot – transformação na lei de conservação de energia. Marie Curie chegou a sondar, em vários momentos, "uma transformação interior aos elementos", dizendo que era uma explicação sedutora. Como todos os elementos pareciam

---

45 CURIE, Pierre; CURIE, Marie. "Sur les corps radioactifs". In: *Comptes Rendus*, 1902, v. 134.

SOBRE O "CASO MARIE CURIE"   153

ser constantes (não havia nenhuma transformação neles), para justificar a crítica dirigida a Rutherford, os Curie – inclusive – sacrificaram a existência do polônio enquanto um elemento, pois segundo eles era esse o único que se comportava diferentemente dos demais (perdia energia com o tempo, se desintegrava). Não exploro esse contraste entre as diferenças cruciais de opinião entre Pierre e Marie Curie, porque não sei se, a essa altura, Marie Curie concordava com Pierre, fora persuadida por ele, ou mesmo acabou fazendo corpo à teoria do marido por algum outro motivo. Não há dados que me possibilitem explanar essa relação. No entanto, posso mostrar que – e para isso disponho de dados – Marie Curie acenava positivamente para a ideia de uma transformação interna ao átomo dos elementos radioativos (a hipótese materialista), abrindo para tal possibilidade, assim como as outras. Pierre sempre se manteve avesso a essa ideia, apontando para um empréstimo de energia externa, uma "contradição no princípio de Carnot", como os Curie defenderam no último artigo.

Rutherford queria rapidamente comprovar sua teoria. Mas para isso era necessário uma pesquisa muito mais detalhada, além de fazer a mesma regra de emanação do tório funcionar para o rádio, polônio, actínio e urânio, como sugeriram os próprios Curie. Essa tarefa não seria fácil. Os cientistas estavam copiando os experimentos uns dos outros, mas chegando a resultados completamente distintos. Se com Rutherford os elementos se desintegravam com o tempo, nas mãos dos Curie os elementos (com exceção do polônio) não variavam em sua intensidade, e eram fontes constantes de energia. Para provar o que havia enunciado, Rutherford deveria fazê-los desintegrar como fez com o tório. O primeiro problema era como conseguir uma amostra "fortemente radioativa de rádio". Segundo Goldsmith (2006), nesse período, Rutherford solicitou amostras de destilados de rádio para os Curie, e por mais que elas fossem vendidas na SCPQ (por um preço elevado), e eles competissem nas pesquisas, o material foi cedido pelo casal como cortesia profissional.

154   GABRIEL PUGLIESE

Muito provavelmente, Rutherford fez o pedido aos Curie por algumas razões: gostaria de ver de perto as pesquisas dos franceses, principalmente pelo fato de que a radioatividade do rádio vendido era infimamente menor do que as que os Curie portavam. Muito provavelmente Rutherford sabia disso, pois Crookes, Giesel, entre outros, reclamavam diferenças das amostras de rádio que fazia o casal ver coisas que os outros cientistas não conseguiam identificar. A corrida desigual pendia para o lado dos Curie por conta do poder do rádio, graças ao dispositivo de purificação inventado por Marie. Esse era o outro lado da radiopolítica, que eliminava muitos pesquisadores e transformava o rádio na pedra angular das pesquisas dos Curie. Afinal, ninguém possuía, como os dois, amostras que apresentavam tanta intensidade. Comparando as amostras radioativas dos Curie com as alemãs, Giesel escreveu: "Nem é preciso dizer que é por isso que a pesquisa de vocês é mais eficaz. Vocês podem observar fenômenos que não são perceptíveis aqui" (*apud* GOLDSMITH, 2006: 107).

Não demorou muito tempo para que Rutherford e Soddy publicassem outro trabalho importante. Na verdade dois, e com um ímpeto absolutamente atrevido, pois apesar de a alquimia ter sido exorcizada há muito tempo pela Ciência, ela voltaria a reinar em outros termos: transmutação atômica. Segundo os dois cientistas:

> Todos os mais proeminentes trabalhadores nesse assunto entraram em acordo, considerando a radioatividade um fenômeno atômico. Pierre e Marie Curie, os pioneiros na química do objeto, declararam que essa ideia fundamenta todo o seu trabalho, desde o início, e criaram seus métodos de pesquisa. (...) A radioatividade é, ao mesmo tempo, fenômeno atômico e efeito secundário de uma mudança química, na qual novos tipos de matéria são produzidos. As duas considerações nos impõem a conclusão de que a radioatividade é uma manifestação de mudança química subatômica. (...) Tais mudanças

diferem das comuns porque não estão entre aquelas que se encontram sob nosso controle. (…) Nada pode ser declarado sobre os mecanismos de mudança envolvidos, mas parece não ser descabido esperar que a radioatividade nos proporcione os meios de obter informações sobre processos que ocorrem dentro do átomo químico.[46]

Após receberem de seu investidor uma grande quantia para o laboratório, adquiriram uma máquina de ar líquido que poderia ajudar no estudo das emanações em baixa temperatura. Eles sustentavam que os átomos radioativos "decaem", e que esse processo representa a transmutação de um elemento pai para um elemento filho e, depois, para um neto etc., até se tornarem estáveis. Isso se daria por uma produção de um gás da família do argônio. Assim, cada átomo passaria por uma transformação em um período característico, o seu tempo de decaimento.

A ideia de uma transformação atômica, que no final do texto é tomada como um dado, foi arrasadora: ela colocaria em xeque teorias da física aceita há séculos, uma nova alquimia estava por vir como sinônimo de futuro. A questão que estava posta para Rutherford e Soddy era tornar possível o cálculo do tempo de decaimento de cada substância radioativa com métodos bastante claros, pois se eles estivessem certos, não haveria a contradição no principio de Carnot, clamada por Pierre Curie. Afinal, se a radioatividade do mundo tendesse a decrescer, o princípio da conservação de energia não seria violado. Tudo se passava como se os elementos radioativos tivessem uma meia-vida muito maior que a humana. Dessa forma, classificaram a radioatividade como uma propriedade fundamental da natureza, capaz de se reunir ao seleto grupo da eletricidade, do magnetismo, da luz e da gravidade. Uma inovação e tanto!

Outra coisa é importante frisar: os dois cientistas mostraram como todos os "proeminentes" pesquisadores do mundo

---

46 RUTHERFORD, Ernest; SODDY, Frederick. "The cause and Nature of radioactivity I e II". In: *Philosophical Magazine*, 1902, v. 6(4).

consideram a radioatividade como um "fenêmeno atômico". Pois bem, é verdade, pelo menos até aqui, que esse texto é um dos poucos momentos em que Rutherford e Soddy dissociaram Marie de Pierre, como dois cientistas diferentes, e no fim, fazem mais Pierre concordar com a esposa do que o contrário. Nem mencionaram "os Curie", nem mesmo "Pierre" como ponto de referência único. Remetem a "Pierre e Marie Curie". Além disso, falam positivamente do "trabalho químico" do casal, quase que parafraseando o texto de Marie Curie que abre espaço para uma transformação molecular dos elementos. Não outra coisa, portanto, consiste tal fato, senão num demonstrativo da força do dispositivo experimental da radioatividade (e o modo como ele arrasta Marie Curie), pois, por mais variável que a radioatividade tenha se tornado com o passar dos anos, seu terrrítório – lugar de seu movimento – constituiu a condição de possiblidade de qualquer radioatividade. Daí a radiopolítica, que passa ser extendida para outros cantos, e mais expecificamenta nesse caso, para dentro do átomo.

No entanto, os Curie continuavam preocupados com suas condições de trabalho, o laboratório que dispunham (se é que podia ser chamado disso) não apresentava as condições necessárias para a continuação das atividades. As pesquisas sobre a radioatividade, para o bem ou para o mal, estavam sondando o interior do átomo, e isso, sem dúvida conduziria à necessidade de mais equipamentos que pudessem dar conta do problema. Pierre tentou pleitear equipamentos que servissem às pesquisas, pediu emprestado à colegas; se desdobrava. Quando receberam Rutherford em seu estabelecimento laboratorial para dar-lhe a amostra de rádio, o maior de seus concorrentes disse: "deve ser horrível não ter um laboratório" (*apud* GOLDSMITH, 2006: 78). Ainda, o químico Wilhelm Ostwald observou num outro momento: "insisti em ver o laboratório. Parecia um estábulo ou um depósito de batatas e, se não tivesse visto a mesa de trabalho com equipamentos de química, acharia que estavam mentindo" (*idem, ibidem*). O laboratório que lhes faltava iria custar muito caro. Eles estavam em grande desvantagem com os outros cientistas, como notou Marie Curie. O laboratório é a fonte de poder de fazer-falar os fenômenos da natureza, é o dispositivo que torna possível o cientista testemunhar não somente a existência de um determinado fenômeno, mas também os feitos das entidades em questão (LATOUR, 1994; STENGERS, 2002). Com o avanço das pesquisas, e sem os recursos necessários, os Curie sabiam que não conseguiriam fazer frente aos novos experimentos, quer dizer, aos "contra-laboratórios" (LATOUR, 2000) que colocavam em xeque algumas das hipóteses que haviam levantado. Ou seja, tornar-se-ia quase impossível, para além de seu território estabilizado, fazer a radioatividade testemunhar de uma forma diferente da que laboratórios de grande poder agenciavam... A única vantagem cristalizada pelos Curie, o modo como poderiam exercer poder em relação a seus pares, era por meio da diferença de intensidade das substâncias radioativas isoladas por Marie Curie. Quer dizer, em certo sentidos as circunstâncias os colocavam à frente na química, e em plena desvantagem em física.

Mas os mecanismos de poder, bem como os bloqueios que os seus escalonamentos propiciavam, não cessavam, funcionavam bem além das dificuldades com o laboratório. Pierre foi encorajado por alguns amigos, no segundo trimestre, a pleitear a vaga de membro na Academia de Ciências. A instituição de maior prestígio do ramo da Ciência lhe propiciaria altas bolsas de estudos – que, de uma forma ou de outra, se transformariam em equipamentos de laboratório – e também a possibilidade de apresentar seus próprios trabalhos aos sábios, assim como os de Marie Curie, sem precisar estabelecer relações políticas com terceiros. Após as inúmeras "visitas" a membros, vários deles decidiram apoiar sua candidatura, o que possibilitaria uma competição diferente da primeira. Em nove de junho de 1902, ele informa o amigo George Gouy sobre o resultado:

158 GABRIEL PUGLIESE

> Como você previra, a eleição foi favorável a Amagat, que teve trinta e dois votos, enquanto eu tive vinte e Gernez seis. Lamento, considerando tudo, ter pedido tempo e feito as visitas, para chegar a esse brilhante resultado. A sessão apresentou-me unanimemente como primeira escolha e lhes permiti que assim fizessem. Mas Amagat fez um grande esforço, enfatizou sua prioridade, sua idade, e também apresentou-se como um homem perseguido. Em última instância, estou convencido de que Becquerel, embora se declarasse a meu favor, fez jogo duplo. De qualquer jeito, tenho certeza de que ele ficou satisfeito por eu não ter entrado e também acho que deve ter votado em Amagat. Além disso, Amagat teve todos os votos clericais e os da totalidade dos acadêmicos mais idosos. (CURIE, PIERRE *apud* QUINN, 1997: 194)

Desde o início do contato com Becquerel, Pierre Curie reclamava do tipo de relação de poder que mantinham. Tinham, o tempo todo, que ceder favores a Becquerel – instrumentos, amostras de rádio, explicações etc. –, em troca das apresentações na Academia, além de suas bolsas. Para Pierre, se Becquerel o apoiasse na candidatura, perderia sua tutela em vários aspectos. A movimentação dos Curie na Academia estava sob o controle do prestígio de cientistas mais bem postados e de maior envergadura: os textos, os prêmios, as notificações, tudo passava por esse tipo de estratégia. Os Curie sabiam que eram de fora, desiguais, cada um à sua maneira. Essas relações de desigualdade tornam claras, mais uma vez, o caráter heterogêneo do poder, e fazem cruzar outros marcadores igualmente importantes. As relações de poder entre os masculinos não eram menos conflituosas do que com os femininos, exatamente por conta dos outros cortes, como o de classe, que passavam em seu interim. Entretanto, e também na mesma linha, o domínio da complementaridade sexual operativo no casal Curie era arrebatado pelas relações de força entre *os* cientistas, quer dizer, essas batalhas e interdições de Pierre certamente ressoavam para Marie Curie, para as interdições e os bloqueios exercidos sobre ela.

Depois de inúmeros cálculos falhos, Marie Curie conseguiu, em junho, mostrar o peso atômico do rádio: 225,93[47] – o que seria um dos feitos mais importantes daquele momento. Conseguiu o cálculo ao ter em mãos um decigrama do material radioativo, após inúmeras manipulações químicas, toneladas de pechblenda processadas e cristalizações fracionadas. O rádio deixaria de ser uma hipótese para se tornar uma realidade; cravava a existência da natureza elementar "singular" de matéria ativa (colocando-se ao lado de urânio e tório), mas também da radioatividade, que era somente uma hipótese, ou melhor, muitas delas. Era a única prova material da radioatividade, seja de Pierre, Rutherford, Becquerel, Crookes ou de qualquer outro. Esse trabalho em química foi feito sozinho por Marie Curie e publicado da mesma forma. A "primeira pessoa" em que foi escrita a comunicação não diz outra coisa:

> Levei quase quatro anos para produzir o tipo de evidência que a ciência química exige, mostrando verdadeiramente que o rádio é um novo elemento (...) segundo o seu peso atômico, ele deverá ser colocado na tabela periódica de Mendeleiev depois do bário, na tabela de metais terrosos alcalinos.[48]

Quando Mendeleiev recebeu a notícia ficou muito intrigado, e meses depois estava na França para conferir o fato com seus próprios olhos. Becquerel recebeu o químico em sua casa e logo Mendeleiev se dirigiu ao "galpão de batatas" onde o rádio havia sido isolado. O grande químico passou a trocar informações com Marie Curie para poder estudar mais tal assunto, saber se era necessário ou não rever aspectos da lei perídica. Mas mesmo antes de tal fato acontecer, o rádio ganhou seu espaço em algumas tabelas no

47 Hoje, o valor do peso atômico do rádio é 226.

48 CURIE, Marie. "Sur le poid atomique du radium". *Comptes Rendus*, v. 135, 1902.

160 GABRIEL PUGLIESE

número 88, que circulavam entre a comunidade científica. Mas não em todas (pelo menos não nas de Mendeleiev). O químico trataria esse assunto na sexta e na sétima edição da Osnovy Kimii (1903 e 1906). Marie Curie conseguiu "provar" a existência do rádio como elemento químico, terminando com as hipóteses que tentavam falsificá-lo, e mais, fez com que o rádio mantivesse, por analogia, o estatuto de elemento radioativo para o tório e o urânio. Enquanto as questões de física estudadas por Pierre estavam sendo colocadas abaixo por Rutherford – a respeito da fonte externa como contradição ao princípio de Carnot – a química de Marie Curie não só despontava, mas justificava o trabalho de ambos.

As promessas terapêuticas do rádio repercutiam cada vez mais e, assim, a Academia de Ciências custeou para os Curie vinte mil francos destinados à "extração e purificação de matérias radioativas" (CURIE, 1943). A Sociedade Central de Produtos Químico, sob a direção de Debierne, começou a produção de rádio em escala industrial, processando cinco toneladas de pechblenda. A empreitada ocorreu sem fins lucrativos e com a tutela do Estado frances. Simultaneamente, o preço do rádio começou a subir sem precedentes e as bolsas de valores aumenta suas especulações sobre o produto químico. Cada vez mais, a diferença criada pela radioatividade e os radioelementos ia diferindo dos fenômenos conhecidos, e sua proliferação conectava cadeias de ordens distintas e as agenciava segundo seus estratos, multiplicidades físicas, químicas, médicas, econômicas, sexuais e políticas que foram arrebatadas nesse "entretempo" que o acontecimento potencializou. Em meio a essa multiplicidade de acontecimentos, é possível perceber um duplo agenciamento: quanto mais os Curie e os outros cientistas se movimentavam no laboratório, mais mostravam a radioatividade e os radioelementos para o mundo; e quanto mais as entidades desenhavam-se como Entidades, mais mostravam os grandes sábios para o mundo.[49] Mas uma coisa era certa, o nome dos Curie estava

---

49 Essa reflexão está em LATOUR (2003).

SOBRE O "CASO MARIE CURIE"   161

indissociavelmente ligado à radioatividade, o que os fazia "ir junto" com o fenômeno, e isso é uma coisa muito rara. Tão raro quanto era Marie Curie, uma anomala em meio à imagística sexual que paerava nas ciências. Foi ela quem criou o dispositivo experimental da radioatividade, dando as bases para a descoberta em questão, mas também foi ela que, descobriu e purificou o "elemento-santo".

No segundo semestre de 1902, o antigo professor de Marie Curie na Sorbonne, agora novo reitor, Paul Appell, escreveu a ela tentando ajudar o casal com algumas "consequências práticas". Ele avisaria que Pierre estava cogitado para a Legião da Honra do próximo ano – homenagem de grande prestígio feita pelo Governo francês – e que isso lhe traria boas recompensas. Appell dizia na carta:

> Conversei várias vezes com o reitor Liard sobre os belos trabalhos de Pierre Curie, a insuficiência da instalação que ele trabalha e o interesse que haveria em dar-lhe um grande laboratório. Liard falou de Pierre Curie ao ministro e, para isso, escolheu o momento da apresentação da sua lista de propostos para a Legião da Honra de 1903. O ministro parece interessar-se por Pierre Curie – e talvez queira revelar o interesse condecorando-o. Realizada a hipótese, eu vos pediria para empregar toda vossa influência para que Pierre não recuse. A coisa em si evidentemente não significa nada; mas do ponto de vista das consequências práticas – laboratórios, créditos etc., tem considerável importância. Peço-vos para insistir com Pierre, em nome da ciência e dos altos interesses da Faculdade, para que ele se deixe condecorar. (*apud* QUINN, 1997: 195)

Contudo, tal honraria estava dentre os "altos interesses da faculdade" (Sorbonne), que sempre fechou as portas para o cientista, consedendo-lhe somente uma vaga menor em seu anexo. Indignado com a situação, recusou a "Legião da Honra" do Ministério da Ciência

162 GABRIEL PUGLIESE

dizendo: "Peço que agradeça o ministro e informe a ele que em vez de homenagens preciso, isso sim, de um laboratório" (CURIE, Pierre *apud*, GOLDSMITH, 2006: 83). A irritação de Pierre não era despropositada. Para se manter na luta que travava com os outros pesquisadores precisava de um laboratório e, com Rutherford iniciando suas pesquisas com o rádio doado por ele, a pequena vantagem que tinham se esvaziava. No mais, a importância da pesquisa já estava justificada, havia uma grande produção de substâncias radioativas cada vez mais fortes, fazendo com que o preço dos produtos radioativos não contasse tanto em relação aos possíveis benefícios das pesquisas. O fato é que, cada vez mais, os cientistas faziam pesquisas com as substâncias mais fortemente radioativas (rádio e polônio), o que tinha sido a vantagem do casal Curie.

Enquanto Pierre publicava algumas questões sobre a radioatividade induzida e a "transferência de energia" – contradição do princípio de Carnot – dos corpos radioativos, com a intenção de refutar a hipótese de Rutherford, Marie Curie se envolvia numa controvérsia a respeito da existência do polônio. Foi quando receberam um aviso de que um físico alemão e professor da Universidade de Berlim, chamado Willy Marckwald, havia feito um comentário sobre o polônio além de ter enunciado a descoberta de um novo elemento químico, chamado radiotelúrio. O comentário do cientista sobre o polônio era um "xeque-mate" em sua existência enquanto elemento, feito com base na nota dos Curie sobre o seu desprendimento anormal de energia. Marckwald acrescentava que o novo elemento (radiotelúrio) era muito próximo ao de Marie Curie, mas com delimitações exatas. O polônio, segundo ele, era parte da desintegração radioativa do seu novo elemento, uma espécie de polônio-X, e não o próprio elemento.

Em dezembro, Marie respondeu a Marckwald na mesma revista em que fora publicada a crítica, retrucando que: 1) não dissemos que o polônio não era um elemento, mas sim que era (ainda) impossível isolá-lo; 2) com base em observações preliminares observei que a substância radioeleutério é a mesma que o nosso polônio. Em seguida, o cientista publicou uma nota de tréplica dizendo: "está distante de meus pensamentos diminuir o imortal mérito alcançado pelos Curie, marido e esposa, pelas descobertas dos novos elementos radioativos" (*apud* QUINN, 1997) e concluiu afirmando que a substância que descobrira era diferente do polônio.[50]

Marie Curie era a maior representante dos elementos radioativos, seu dispositivo experimental não só criou o método para fazê-los existir, mas também de fazer calar os concorrentes. Todo e qualquer elemento radioativo passaria por sua tutela de algum modo, seja por sua confirmação ou pelo método que inventou. Se a funcionalidade do poder da complementaridade sexual era fundada na diferença intelectual entre homens e mulheres, cortando todo o tecido social, a radiopolítica se tornou um grande foco de resistência, que abria fissuras no poder. Se ainda discursava-se sobre os feitos do casal, ou sobre os feitos de Pierre Curie – Marckwald não seria o primeiro a separar "marido e mulher" – dava-se em contrapartida outro estatuto a Marie Curie, mostrando que ela já exercia uma certa autoridade a respeito dos radioelementos.

Ora, foi "em nome da ciência da radioatividade" que homens e mulheres acabaram levados pelo devir-mulher (que não pode ser confundido com as mulheres) que a radiopolítica carregava, autorizando Marie Curie, essa anômala, a ganhar mais e mais força; figurar entre "eles". "As mulheres, seja qual for seu número, são uma minoria (…) elas só criam tornando possível um devir, do qual não detêm a propriedade, no qual elas próprias têm de entrar, um devir-mulher que diz respeito ao homem por inteiro, homens e mulheres inclusive" (DELEUZE & GUATTARI, 1995a: 134). Desse modo, haja vista o caráter relacional da imagística sexual, homens nem sempre são maioria e muheres, minoria, pois não há menor e maior que não seja uma perspectiva. O que acontece o tempo todo é o maior interpelar o

---

50 Marie Curie só retomaria essa controvérsia em torno do polônio em 1906. Descrevo-a de modo breve (ela mesma foi breve), no terceiro capítulo.

164   GABRIEL PUGLIESE

menor, e vice-versa, assim como o menor se transformar circunstancialmente em maior, e vice-versa. Nada disso cessa em um simples dualismo. E não é dual porque o que produz "os mil pequenos sexos", essas diversas interpelações, entre outras coisas é a radiopolítica: seu poder, apesar de imanente as lutas sexuais, nasce de outra coisa, do modo como o dispositivo experimental da radioatividade exerce poder nos cientistas que transitam em seu território. Enfim, se através da imagística sexual, em sua série, o feminino pode ser o oposto à ciência, a radiopolítica pode ser expressa como uma materialidade incorpórea que dobra o poder, ao promover uma inclinação que suspende sua própria funcionalidade, jogando em algum sentido a ciência em oposição às repetições de gênero, criando vicissitudes inesperadas e acontecimentos próprios.

Ora, foi o programa de trabalho "em química do objeto" que arquitetou Marie Curie como uma autoridade em relação aos novos elementos radioativos: a purificação do rádio foi sua maior realização. Sem sombra de dúvida, o poder do dimorfismo sexual foi tomado pela "agramaticalidade" de seu exercício, ele próprio como devir que não parava de "gaguejar", transformando-se de forma quase imperceptível (DELEUZE & PARNET, 2004). Mas essa resistência ao poder que a radiopolítica exercia e que arrastava a imagística sexual – contra-poder – não estava em exterioridade em relação ao poder do gênero, mas antes, era imanente a elas e a todas as outras relações (de classe, políticas, econômicas, científicas) que arrebatavam os cientistas de forma variáveis. Desse modo, as relações de força se modificavam em seu próprio exercício, reforçando certos termos e enfraquecendo outros, possibilitando à Marie Curie exercer uma autoridade no território que seu dispositivo experimental criou.

Por conta desse trabalho (e dessas complexas relações de força), três prêmios foram concedidos aos Curie no final do ano: Marie Curie recebeu sozinha, pela terceira vez, o prêmio Gegner da Academia de Ciências de Paris, e com Pierre (dessa vez dividindo o prêmio e não como uma colaboradora), receberam a honrosa

SOBRE O "CASO MARIE CURIE" 165

medalha Berthelot, também da Academia de Ciências e, por último, o Prêmio da Fundação Debrousse.

NOS BASTIDORES DO NOBEL

No ano de 1903, os Curie já eram mundialmente famosos, e já tinham notícias de seu reconhecimento internacional. No entanto, fora Pierre que recebera um convite para proferir uma conferência na Royal Society de Londres – a primeira Academia de Ciências do planeta e uma das mais reconhecidas[51] – sobre as propriedades magníficas do rádio. E apesar dos bloqueios constituídos pelas estratégias do poder da complementaridade sexual, Marie Curie se preparava para ser a primeira do sexo feminino a defender (com ou sem sucesso) tese de doutoramento em física.[52]

Várias comunicações foram apresentadas pelos cientistas concorrentes no início do ano. Entre outras, Henri Becquerel, que refez alguns experimentos de Rutherford sobre os raios Alfa do rádio, comparando com o polônio, para ver se apresentavam os mesmos efeitos. O rádio era o ponto de medida dos outros, uma vez que havia sido isolado e já era um elemento químico "existente".[53] Pierre Curie, por sua vez, fez um estudo sobre a radioatividade induzida, no qual calculou a lei exponencial de diminuição de sua atividade no tempo

---

51 Para saber mais sobre esse assunto, ver Latour (1994), em especial o capítulo "Constituição".

52 Nesse momento, Marie Curie sabia que estava grávida de uma menina, novamente. Essa menção pode parecer deslocada de sentido, ou mesmo fora de lugar, mas a despeito de tantas outras mulheres de ciência que evitavam as relações propriamente femininas como a maternidade, Marie Curie nunca se indispôs com essas características. Pensava o tempo todo em ser uma boa mãe, em cuidar bem de casa etc. (CURIE, 1963). Quer dizer, em nenhum momento Madame Curie se masculinizou ou lutou contra as características atribuídas ao feminino. Conceitualizar as relações de força desse modo seria uma forma de repor o dualismo masculino/feminino que a radiopolítica fez variar, e que estou combatendo aqui.

53 BECQUEREL, Henri. "Sur la déviabilité magnétique et la nature de certains rayons émis par le radium et le polonium" e "Sur le rayonnement du polonium et du radium". In: *Comptes Rendus*, 1903a, v. 136.

166 GABRIEL PUGLIESE

em corpos não ativos.[54] O cientista francês voltaria a discordar de Rutherford em relação à emanação radioativa, dizendo que não haveria razões para aceitar a teoria da transmutação, pois, segundo ele, a energia dos elementos radioativos era constante diferente das substâncias induzidas e não diminuiria com o tempo. Além disso, manteve sua posição quanto à "fonte externa" da radiação e a variação do princípio de conservação de energia. Debierne também apresentou um estudo sobre o poder da radioatividade induzida do actínio aplicando a lei exponencial que Pierre havia calculado.[55]

Pierre continuaria com o estudo da emissão espontânea de calor do rádio, desta vez associado e em coautoria com Laborde. Perceberam que "um grama de rádio depreende uma quantidade de calor que é da ordem de 100 pequenas calorias por hora", e continua:

> o desprendimento contínuo dessa quantidade de calor não pode se explicar por uma transformação química ordinária. Se alguém procura uma origem do calor numa transformação interna, essa transformação deve ser de uma forma muito profunda, causada pela transformação do rádio. Se a hipótese precedente é exata, a energia posta em ação pela transformação dos átomos seria extraordinariamente grande. A hipótese de uma modificação contínua do átomo não pode ser compatível com o desprendimento de calor do rádio. O desprendimento de calor só pode ser explicado se o rádio utilizar uma energia exterior de natureza desconhecida.[56]

54 É interessante notar que esse foi o primeiro trabalho dos Curie que não foi apresentado por Becquerel. Imagino que a essa altura a relação entre eles estava desgastada, e a singularidade do que criaram certamente mobilizou novos interessados. A nota foi apresentada por Potier. CURIE, Pierre. "Sur la radioactivité induite et sur l'émanation du radium". In: *Comptes Rendus*, 1903, v. 136.

55 DEBIERNE, Andre. "Sur la radioactivité induite provoquée par les sels d'actinium". In: *Comptes Rendus*, 1903, v. 136.

56 CURIE, Pierre; LABORDE, A. "Sur la chaleur dégagée spontanément par les sels de radium". *Comptes Rendus*, v. 136, 1903. Andre Laborde é um auxiliar de Pierre,

SOBRE O "CASO MARIE CURIE" 167

Pierre não aceitava de maneira nenhuma a teoria de Rutherford, e era resistente todo o tempo. O cientista neozelandês, por sua vez, escreveu um artigo em francês (não em seu inglês nativo) para Philosophical Magazine, no qual concluía que: "o Sr. Curie aparentemente não viu o meu último artigo. À luz desses resultados, a teoria alternativa proposta pelo Sr. Pierre parece inútil" (*apud* GOLDSMITH, 2006: 90). O fato é que, muito provavelmente, foi isso que aconteceu: Pierre não conhecia o artigo; Rutherford havia mostrado com Soddy e sua máquina de ar líquido, que a emanação radioativa – pensada como parte de uma transmutação atômica – tinha como um de seus resultados um desprendimento contínuo de calor. Ele corrigiu Pierre, respondendo cada um de seus argumentos, e afirmou que "não disse que era uma transformação química ordinária, mas uma mudança subatômica".

Soddy trocou Montreal e o trabalho conjunto com Rutherford por Londres, para trabalhar com Willian Ramsay, em Cambridge. Em maio do mesmo ano, Soddy e Ramsay mostrariam algo que deixaria Pierre Curie mais abalado. Provaram que as transformações da emanação do rádio produziam gás hélio. Isso conformaria empiricamente a hipótese de Rutherford, e seria o primeiro exemplo de uma transformação de elementos químicos. O desprendimento radioativo produzia outro elemento e desprendia gás hélio como forma de liberação de energia e calor. Pierre não aceitava que uma energia tão grande viesse de uma transformação autodestrutiva do próprio material, que era quase ínfimo – e, em suas mãos, constante no que dizia respeito à energia. Rutherford já havia sondado a hipótese de que a grande quantidade de gás hélio na atmosfera era produto das transformações radioativas – Ramsay e Soddy mostraram que era um fato...

Em outra linha, ótimas notícias sobre as atividades terapêuticas do rádio: as pesquisas médicas começaram a dar os primeiros

devem da aliança com a Sociedade Central de Produtos Químicos, que pagava seu salário em troca do aumento dos lucros em relação ao rádio, purificado pelos Curie.

168   GABRIEL PUGLIESE

resultados. Entre outras comunicações de diversos países, um fisiologista francês chamado Danysz apresentou uma comunicação na Academia de Ciências com resultados promissores. Usando sais de rádio (a essa altura, 500 mil vezes mais ativos que o urânio) doados pelo casal Curie, o médico verificou os resultados de uma aplicação, em cobaias e em humanos, em alguns minutos. Segundo Danysz, determinadas epidermes são destruídas completamente, regenerando-se de forma normal após alguns dias. Também fez experiências com os sais de rádio na destruição de micróbios e outros tipos de organismos que causavam doença em humanos e percebeu sua eficácia.[57] Por outro lado, viu-se pela primeira vez o trabalho de Bohn, segundo o qual uma exposição longa aos efeitos do rádio poderia causar a morte, segundo experiências com cobaias.[58] Nesse período, a entidade (rádio) que Marie Curie havia isolado era cotada na bolsa de valores em alto custo, tornando-se o elemento químico mais valioso da história até aquele momento. Esse valor era devido à grande procura por parte dos industriais, que já buscavam a extração do elemento químico para fins da indústria médica.

Acompanhando de lado as batalhas científicas que se proliferavam para todos os lados, fruto da controvérsia que abriu, Marie Curie teve seu manuscrito aceito na Sorbonne para a defesa de sua tese, marcada para junho. No intervalo, os Curie estariam em Londres, no Royal Institut para as conferências de Pierre sobre o rádio. Lá Marie Curie viu da plateia (a imagística sexual e a distribuição de seu poder não permitia uma mulher no palco ministrando aulas para decanos da física) a força daquilo que havia isolado com seu dispositivo experimental. Grandes cientistas do mundo todo, como Lord Kelvin e Armstrong, escutavam seu marido em meio a uma multidão de professores e estudantes, como jovens em seu primeiro curso na universidade. Os dois reconhecidos cientistas

---

57   DANYSZ, J."De l'action pathogène des rayons et des émanations émis par le radium sur différents tissus et différents organismes". In: *Comptes Rendus*, 1903, v. 136.

58   BOHN, Georges. "Influence des rayons du radium sur les animaux en voie de croissance". In: *Comptes Rendus*, 1903, v. 136.

tomaram ciência das críticas de Pierre Curie à transmutação atômica, da qual também eram extremamente resistentes, engrossando a fila dos céticos em relação às teorias de Rutherford. Ainda em Londres os Curie receberam a informação que seriam condecorados com a medalha Davy da Royal Society pela "descoberta do rádio", uma das honras de maior prestígio na comunidade científica mundial. Voltaram para Paris com a viagem de volta marcada para a cerimônia de entrega do prêmio no dia 5 de novembro do mesmo ano de 1903. Engraçado o cinismo do poder, e sua aparente bagunça; Marie Curie não podia apresentar aos sábios suas próprias conclusões, mas receberia, em conjunto com Pierre, a medalha mais sonhada entre os cientistas...

Por outro lado, a sorte de Marie Curie estava lançada na capital francesa. Tanto que a defesa de tese foi um acontecimento coberto por jornais e revistas da época, o que não era comum para qualquer cientista (GOLDSMITH, 2006). Uma mulher tentava o título de doutora em ciências, privilégio que desde o início era circunscrito aos homens. Mas não era uma mulher qualquer, apesar de ser uma mulher como qualquer outra (pois essas eram muitas coisas). Também não era uma tese comum: dissertava sobre a descoberta da radioatividade e dos radioelementos, sendo que o rádio havia sido isolado por ela e, como se não bastasse, o único isolado, e o mais poderoso dos elementos radioativos. O texto utilizava uma estratégia muito interessante: escrevendo várias vezes na primeira pessoa do singular (eu fiz), a autora separava o seu trabalho dos de outros cientistas, inclusive Pierre. Ainda acompanhava os avanços produzidos pela comunidade científica após suas primeiras pesquisas com um catálogo de mais de quarenta substâncias radioativas descobertas e, principalmente, a formação de um novo campo de investigação em física, o maior daquele momento, aberto com base em seu dispositivo experimental. Marie Curie terminava sua tese com um balanço das controvérsias sobre a causa da radioatividade, discorrendo sobre as hipóteses de Pierre e Rutherford entre outros, e se mostrava com reservas em relação a todas elas, sem contudo descartá-las. Não tomava posição e continuava ilocalizável no debate. Poderia até sugerir, a título do efeito do que não é dito, que tenha sido uma estratégia para não expor Pierre Curie, o que seria "deselegante" de sua parte, considerando o modo como o gênero operava.

Com o título "Pesquisa de substâncias radioativas", ela defendeu seu trabalho, recebendo o título de Doutora em Ciências Físicas, com menção "très honorable". Como um documento importante da "nova ciência da radioatividade", a banca enviou o trabalho para publicação na Inglaterra no Chemical News de Crookes e nos Annales de Physique et de Chimie na França. Eis a primeira mulher doutora em ciências no mundo. Georges Gouy, o grande amigo de seu esposo, escreveu: "Meus parabéns pela defesa, que foi uma das mais brilhantes e celebradas, a julgar o que dizem os jornais. Junto-me ao público com meus aplausos" (*apud* QUINN, 1997: 200). Suas alunas de Sèvres compareceram em peso, e representavam a maior parte da plateia. Se não era comum ver uma mulher defendendo doutorado na mais dura das ciências, era igualmente incomum notar meninas interessadas pelo assunto...

Cada vez que um pesquisador relacionava sua pesquisa à radioatividade (ou fazia outros não-humanos estabelecerem relações com ela), ajudava a constituir "em nome da ciência" um novo *status* também para Marie Curie, fruto da (des)continuidade que o acontecimento produziu. Quanto mais *a* radioatividade existia, mais se multiplicavam as linhas de força em torno dos experimentos que abalavam o poder. Portanto, criou-se um novo território para a física, bem como um novo território para as mulheres, por conta dos movimentos ontológicos de ambas constituídos nas (e pelas) relações. Um novo caminho para a ciência e uma fissura no poder que empurrava as mulheres para seu exterior. Assim, por conta de seu dispositivo experimental, estava a radioatividade (e, portanto, Marie Curie) para o racional, assim como as desigualdades de gênero para o subjetivo (todo o inverso do que se pressupunha nas

SOBRE O "CASO MARIE CURIE"   171

relações entre homens e mulheres). Só podemos descrever a história desse processo se reconhecermos que homem e mulher são ao mesmo tempo categorias vazias e transbordantes; vazias porque elas não têm nenhum significado definitivo e transcendente; transbordantes porque, mesmo quando parecem fixadas, elas contêm ainda dentro delas definições alternativas... (SCOTT, 1990: 22).

Esse devir-mulher propiciado pela radiopolítica tomava os cientistas, os homens e as mulheres, inclusive, transformando toda e qualquer afirmação negativa em relação à radioatividade obscurantista e irracional. O fenômeno da natureza, a radioatividade, operava como um centro de ressonância, que obliterava as relações de poder que tendiam a excluir as mulheres da ciência – o "trabalho masculino". Devido a essas correlações que a radioatividade impunha, Marie Curie foi ganhando espaços, fugindo dos focos de poder e encontrando, enfim, visibilidade na história. O "Caso Marie Curie" fez passar um corte nas relações de poder, os atributos positivos da oposição masculino/feminina entraram em variação. Quanto mais à radioatividade era firmada ontologicamente e se proliferava, mais o poder local do gênero variava, e mais a "senhora Pierre Curie" se tornava Marie Curie: cientista, doutora, descobridora do elemento-santo etc. Esse contra-poder fez com que a imagística sexual se atualizasse em outro plano, nunca deixando de compor a vida da cientista, exercendo seu poder em outras linhas.

Logo em seguida, Pierre foi à Inglaterra receber a medalha Davy em nome do casal (Marie Curie não foi pessoalmente receber o prêmio por conta de suas condições de saúde[59]). Lá recebeu uma carta

---

59 Logo após a defesa de sua tese, no mês de agosto, Marie Curie abortou o bebê que esperava. Em seguida, teve o diagnóstico de seu problema: anemia. Ela escreveu à irmã uma carta sobre o ocorrido e sobre a possível causa: "estou de tal forma consternada com esse acidente que não tenho coragem de escrever para ninguém. Fiquei tão acostumada com a ideia da criança que estou absolutamente desesperada e nada me consola. Escreva para mim, eu lhe suplico, se acha que devo atribuir esse acontecimento ao cansaço geral – devo admitir que não poupei minhas forças. Tive confiança em minha constituição e agora me arrependo amargamente, porque paguei muito caro por isso. A criança – uma menina – estava em boas condições e vivia. E eu a queria tanto!" (apud QUINN, 1997: 201)

172 GABRIEL PUGLIESE

da comissão de um prêmio criado em 1901, cujo primeiro condecorado foi Röntgen pela descoberta dos Raios X. Esse manuscrito afirmava que haviam sido indicados para o prêmio Nobel em física de 1903, Henri Becquerel e Pierre Curie; sendo que a honraria destinava-se à descoberta da radioatividade. Uma descrição distorcida da descoberta do fenômeno foi apresentada por quatro conselheiros, sendo um deles Gabriel Lippman (que afirmou publicamente, anos depois, que Marie Curie era muito imatura para receber o prêmio), o antigo orientador de Marie e um dos membros de sua banca. A carta redigida e assinada pelos conselheiros afirmava que "aqueles dois homens, competindo com rivais estrangeiros, haviam trabalhado juntos e separadamente e purificado alguns decigramas daquele material precioso" (GOLDSMITH, 2006). Marie Curie não foi sequer mencionada na carta.[60]

O prêmio Nobel era muito interessante por causa da quantia em dinheiro que disponibilizava; além disso, o glamour de sua publicidade o tornava um tanto respeitado (CRAWFORD, 1984). Para se ter uma ideia, todas as premiações dadas pela Academia de Ciências de Paris durante um ano todo, em conjunto, não atingiam nem de perto o valor concedido pelo novo prêmio.[61] Mas do ponto de vista do prestígio, não se comparava, por exemplo, à medalha Davy da Royal Society, que era muito mais tradicional. Pierre Curie, por sua vez, enviou uma carta de resposta a Estocolmo: "se é verdade que pensam seriamente em mim, desejo muito ser considerado juntamente com Madame Curie, com relação à nossa pesquisa so-

---

60 Muito provavelmente, Becquerel foi incluído no prêmio por suas contribuições ao estudo da fosforescência do urânio, que ele mesmo considerava ser a descoberta da radioatividade, mas também por conta dos créditos que Marie e Pierre deram a ele e, principalmente, por conta do poder que exercia sobre o casal. Muitas vezes, como venho enfatizando, tudo se passava como se os três trabalhassem juntos pelos diversos motivos que já enumerei.

61 Alfred Nobel, grande cientista, deixou sua fortuna proveniente da indústria de dinamites para que grandes cientistas fossem premiados de forma genuína. Apesar de não se tratar de um prêmio tradicional entre os cientistas, era uma oportunidade e tanto para resolver os problemas financeiros, além disso, ele tinha uma cobertura de imprensa excepcional.

SOBRE O "CASO MARIE CURIE"   173

bre corpos radioativos. (...) Não acha que seria mais satisfatório do ponto de vista artístico se fôssemos associados dessa maneira?" (*apud* QUINN, 1997: 207). Quando ficou sabendo do ocorrido, Mittag-Leffler, um dos consultores do prêmio do ano, exerceu uma pressão considerável para que a cientista fosse incluída. Porém, mesmo sob alegação do "desejo artístico"[62] de Pierre e com a pressão exercida por alguns dos conselheiros, não era possível a indicação de Marie Curie. Havia um problema burocrático. Durante a eleição, o nome de Marie não constava entre os agraciados em 1903. Aproveitou-se então a indicação do patologista Charles Bouchard de 1902 que, naquele período, já se encontrava fascinado com as propriedades terapêuticas do rádio, trabalhando em pesquisas do tipo. Esticando-se consensualmente os estatutos do prêmio, Marie foi finalmente indicada. No jogo de forças, como Bouchard era um membro estrangeiro de direitos permanentes, de modo que as coisas puderam ser contornadas (GOLDSMITH, 2006).

Mas os Curie também não viajariam para a Suécia por conta da saúde de Marie Curie. Agradeceram à Academia de Estocolmo pelo prêmio e acompanharam a cobertura jornalística de casa. O jornal Le Rapide Paris[63] publicou um artigo reclamando sobre a falta de incentivo do Governo francês para com os Curie: "mesmo hoje, os poderes públicos, ministros, senadores, deputados, não sabem nada sobre o rádio. Ele ilumina, aquece, queima tudo o que toca, e tudo de que se aproxima. Só a autoridade pública não é afetada por seus raios." La Grande Revue, outro jornal, na mesma empreitada publicou:

---

62   Não entendi o que Pierre quis dizer com desejo artístico. Talvez um apelo de aporte pró-Marie Curie não cairia bem... E, como o prêmio Nobel estava em constituição, e apelava para uma forte propaganda aos populares para ser reconhecido entre os grandes prêmios (diferentemente dos outros que circulavam entre os cientistas), um casal premiado poderia ser um forte atrativo.

63   Logo após o anúncio dos vencedores do prêmio Nobel, alguns artigos de jornal foram publicados no final de 1903 e no início de 1904. Utilizo como fonte sobre a cobertura jornalística parte da pesquisa de Quinn (1997), como já anunciei na introdução. As fontes estão localizas entre as páginas 210 e 220 de sua biografia.

174   GABRIEL PUGLIESE

> durante sete anos, ninguém em nosso país pensou em recompensar esses admiráveis cientistas, que fizeram essa nova conquista... Foi preciso a generosidade do estrangeiro. Para os franceses o prêmio Nobel para os Curie era, ao mesmo tempo, uma glória e uma vergonha.

As relações de poder que envolviam a nacionalidade polonesa de Marie Curie ainda apareceriam de forma eclipsada, deslocada, em relação ao eugenismo do jornal francês *L'Éclair*:

> a supremacia da França não se deve à organização ou à assistência que o trabalho científico recebe em nosso país. Relaciona-se unicamente com a especial forma de inteligência, com a capacidade de duvidar metódica e desinteressada que caracteriza a mente francesa. (...) Madame Curie nasceu polonesa e é francesa por adoção. Ela adquiriu um doutorado em física aqui e trabalhou como professora em Sèvres. Então, não vamos sofismar sobre questões de nacionalidade.

Esse afrancesamento da cientista – fruto da radiopolítica – tornou-se necessário, afinal, os poloneses eram infinitamente inferiores aos franceses, racialmente inclusive (e, portanto na inteligência)... Talvez tal descoberta não pudesse ser feita se Madame Curie não tivesse sido tomada pelo meio francês...casando-se com Pierre?

Contra as versões em que Marie Curie era descrita como auxiliar de seu marido, um jornal feminista chamado *Le Radical* marcou um ponto:

> o rádio foi descoberto por Madame Curie... Desafiando o dogma de que mulher é inferior, prestou-se uma homenagem pública a Madame Curie, com a concessão de uma soma surpreendente. Então, como a norma do matrimônio é de que o marido tem o gozo, o benefício

SOBRE O "CASO MARIE CURIE" 175

e a plena posse de tudo o que pertence à sua esposa, Sr. Curie foi associado a Madame Curie, na partilha da cem mil coroas do prêmio Nobel, com Monsieur Becquerel.

E o *Nouvelles Illustrées* afirmou:

> seria um erro acreditar que é por causa do sentimento de gentileza conjugal que o Sr. Curie quis associar a sua mulher à honra da descoberta. Nesse lar de cientistas casados a mulher não é uma auxiliar, mas, com toda a força da palavra, uma colaboradora e, na verdade, frequentemente, a inspiradora de seu marido.

O acontecimento da radioatividade e as suas relações de força inspiravam combates de toda ordem, e não parava de fluir, de transformar a ordem do gênero, da classe e da nacionalidade, revirá-los, como uma força que faz com que o poder tenha de atualizar-se. Digo isso porque a política produzida pelo dispositivo experimental de Madame Curie abria a possibilidade para uma (des)caracterização da desigualdade de gênero numa espécie fetiche sexista, ou seja, numa ideologia discriminatória. A sua singularidade não cessou de iluminar as estratégias de poder e trazê-los à tona, criando um problema para certos mecanismos de poder vigentes. A radiopolítica compõe com as vozes que reclamam a desigualdade de gênero, o que não quer dizer que pararam de funcionar...

No discurso de entrega do prêmio, mais algumas distorções foram feitas. Os acadêmicos, muito provavelmente, ficaram irritados com a falta dos Curie na cerimônia. Pelo menos não havia motivo para Pierre não receber o prêmio Nobel, como havia ocorrido em Londres, onde recebeu em nome de sua esposa adoentada. Assim, Becquerel ficou com todos os créditos da descoberta da radioatividade. Segundo o discurso, o cientista recebeu o prêmio "em reconhecimento dos serviços extraordinários que ele tem desenvolvido com a descoberta da radioatividade espontânea". Os Curie

176 GABRIEL PUGLIESE

receberam o prêmio "em reconhecimento aos extraordinários serviços que eles têm desenvolvido com suas pesquisas conjuntas sobre o fenômeno da radiação descoberto pelo professor Becquerel".[64] O relatório lido na Academia sobre a história da descoberta ainda dizia que os Curie haviam sido ultrapassados por outros cientistas (com certeza, Rutherford e Soddy), mas que isso não lhes tirava o mérito de terem sido os pioneiros e desenvolvido trabalhos interessantes na área.

No discurso de entrega do prêmio, feito por um representante da Academia de Ciências sueca, a cientista foi tratada, mais uma vez, como uma mera assistente de pesquisa dos outros dois "vencedores". Ainda na cerimônia do prêmio, um representante da academia continuou:"O grande sucesso do professor e Madame Curie (…) faz-nos ver a palavra Deus a uma luz totalmente nova: não é bom que o homem esteja só; far-lhe-ei uma auxiliadora que lhe seja idônea." (*apud.* GOLDSMITH, 2006: 96)

O Nobel foi dividido em duas partes, metade para professor Becquerel, da influente linhagem da Academia de Ciências de que proveio, e metade para o professor Curie e sua esposa ("o casal", visto como um só). As resistências à inserção das mulheres na Ciência também se tornam visíveis em algumas das condecorações em que a radioatividade foi premiada. O poder de gênero, classe, e outros cortes conferido à organização das relações era substancial, e por isso a invisibilidade das mulheres na história da ciência não é acidental. Contra tal invisibilidade, Marie foi uma das primeiras a se esquivar por meio da vitalidade da radiopolítica, que fez a cientista fugir da história convencional das mulheres – considerando que a história das mulheres é uma história dos excluídos (PERROT, 1992), o que não é o caso de Marie Curie.

Se Marie não produzisse um dispositivo experimental que convencesse os cientistas daquilo que estava falando, não haveria ajuda de Pierre. Então, não haveria nada de laboratório e muito

---

64 Ver www.nobelprize.org.

SOBRE O "CASO MARIE CURIE" 177

menos radioatividade. E sem esta, não haveria colegas cientistas pesquisando o assunto nem tampouco toneladas de pechblenda. Com isso, adeus ao rádio, à opinião favorável da Curieterapia e aos financiamentos provenientes dela. Enfim, nada de prêmios e, provavelmente, nada de mulher (com visibilidade) na Ciência. A produção de história do "Caso Marie Curie" parece ter ocorrido como uma oração coordenada adversativa. Tudo se passava como se toda afirmação em relação a Marie Curie fosse seguida por uma classe de palavras com aspecto de negação ("mas", "contudo", "entretanto", "todavia"). Essa sequência era dotada de gênero. Seu trabalho científico ressoou não apenas para "positivar" a existência da radioatividade e dos radioelementos, mas também para reduzir a concebida e substantiva quantidade de força "negativa" que portava o feminino naquele território. Fazendo-se existir a radioatividade (que passou a ser progressivamente majoritária entre os cientistas), possibilitou-se uma fissura, uma linha de fuga (DELEUZE & GUATTARI, 1995a) para a produção científica de Marie Curie.

Ressonâncias de atividades radiopolíticas: o agenciamento e seus estratos (1904-1911)

INUNDADOS PELA RADIOATIVIDADE

O prêmio Nobel de 1903 daria ao nome "Curie" uma visibilidade mundial sem precedentes, foi um momento culminante da associação dos cientistas com o fenômeno que se debruçaram. A cobertura jornalística que recebeu foi a Ressonância de atividades rádiopolíticas: o agenciamento e seus estratos (1904-1911) maior já vista, e essa singularidade expressava exatamente a euforia que tomou a todos. Elisabeth Crawford (1984), que historiografou os bastidores do prêmio, percebeu muito bem que o Nobel concedido aos Curie foi um "divisor de águas" em termos de prestígio. Não foram apenas os Curie que ganharam uma visibilidade até então nunca vista: o próprio Nobel não seria mais o mesmo. Tornar-se-ia um dos prêmios mais famosos e prestigiosos, como um desdobramento da radiopolítica que arrastava o casal e sua particularidade. A visibilidade ao casal decorreu não somente das descobertas da radioatividade e do rádio, mas também de seus desdobramentos médicos, com a verificação das propriedades terapêuticas. Mas ainda outra relação surgiria com popularidade inusitada. O jornal Les Dimanches tornava clara tal proposição: "o caso de monsieur e madame Curie, trabalhando juntos no campo da ciência, sem dúvida é incomum (...) Um Idílio num laboratório de física, isso jamais foi visto" (*apud*

QUINN, 1997: 211). O sucesso dos Curie transformava sua popularidade em um caso especial: sabia-se de casais que trabalhavam juntos, mas em nenhum deles, marido e mulher, tornavam-se famosos juntos. Geralmente, todas as honras eram destinadas aos homens, enquanto as mulheres, na maioria das vezes, se restringiam a cuidar das pesquisas apenas como auxiliares.

Mas, para os Curie, a popularidade não era somente um sinal de reconhecimento. Eles viveriam o que chamaram de uma "vida estúpida". Reclamavam que jamais iriam voltar a fazer pesquisas sérias. As correspondências e entrevistas tomavam todo o tempo dos cientistas, que precisavam continuar seus experimentos, caso quisessem continuar na controvérsia da radioatividade. Esse contragosto é perceptível nas poucas pesquisas que fizeram, mesmo sabendo que havia ainda muito a se realizar. O fato é que aquele momento marcava o início de um período improdutivo. Marie Curie escreveu:

> A gente fica com a vontade de cavar um buraco no chão, em alguma parte, e se enfiar, para conseguir um pouco de paz. Recebemos uma proposta da América de ir lá fazer uma série de palestras sobre nosso trabalho. Eles nos perguntaram que soma gostaríamos de receber. Quaisquer que sejam os termos, nossa intenção é recusar. Com muito esforço, evitamos banquetes que as pessoas queriam organizar em nossa honra. Recusamos com a energia do desespero e as pessoas entendem que não há nada a se fazer. (*apud* QUINN, 1997: 216)

E Pierre compartilhava os mesmos sentimentos em uma carta a um colega:

> Queria escrever para você há muito tempo; desculpe se demorei. A causa é a vida estúpida que vivo no momento. Você viu essa súbita paixão pelo rádio, que resultou

SOBRE O "CASO MARIE CURIE" 181

> para nós em todas as vantagens de um momento de popularidade. Temos sido perseguidos por jornalistas e fotógrafos de todos os países do mundo; eles chegaram ao ponto de relatar a conversa de minha filha e sua ama e descrever o gato preto e branco que vive conosco. Finalmente, os colecionadores de autógrafos, esnobes, o pessoal da alta sociedade e até alguns cientista vieram nos visitar (...) e toda manhã uma volumosa correspondência precisa ser enviada. Nesse estado de coisas, sinto-me invadido por uma espécie de estupor. No entanto, esse tumulto talvez não seja em vão, se em consequência eu obtiver uma cátedra e um laboratório. (*apud* GOLDSMITH, 2006: 99)

A "súbita paixão pelo rádio", sua intensidade sem precedentes, fazia com que os Curie despendessem muito tempo com os curiosos e, enquanto isso, cientistas do mundo todo armavam seus laboratórios para estudar a radioatividade. Eles sabiam que Rutherford, Soddy, Ramsay, entre outros, estavam adiantados em seus trabalhos e fazendo existir uma radioatividade que Pierre não aceitava (para ele a energia provinha de um "fonte exterior"); além disso, os Curie sequer possuíam um laboratório adequado para enfrentarem a competição. Toda essa paixão pelo rádio não valeria de nada se não resultasse em recursos necessários para continuar as pesquisas. E mais, eram necessárias boas condições de trabalho, pois o reumatismo de Pierre e a anemia de Marie já não permitiam que eles trabalhassem como antes. Consequência da fraqueza do corpo, a primeira medida que Pierre tomou ao receber o belo montante da metade do prêmio Nobel foi passar suas aulas na EPCI para Paul Langevin, um de seus melhores alunos. Assim, ficou somente com o trabalho do anexo da Sorbonne. Para ajudar no plano financeiro, Marie Curie ainda dividiu pelas pesquisas com o rádio, no início do ano, o prêmio Osiris com Edouard Branly (que acabara de inventar métodos para a composição do telégrafo), recebendo uma

182   GABRIEL PUGLIESE

boa soma em dinheiro. Marie Curie também diminuiu sua carga de aulas em Sévres.[1]

Como já previra Pierre Curie, a publicidade do Nobel constituiu uma pressão considerável nas instituições que colaboravam com a Ciência na França. O jornal La Presse divulgou ao público a "vergonha francesa" e a incontornável indiferença para com os grandes cientistas: "Aqui está um fato absolutamente desconhecido. Pierre Curie foi apresentado previamente à Academia de Ciências e não foi eleito. Sim, cinco anos depois de descobrir o rádio ele não foi considerado digno de entrar no Instituto." (*apud* QUINN, 1997: 220). A imagem criada pela imprensa era muito poderosa, afinal, como poderiam aqueles cientistas que tinham o nome mencionado em "todas as línguas do mundo" trabalharem em condições desfavoráveis e, mais ainda, ocuparem posições inferiores entre os cientistas? O próprio presidente da França, Émile Loubet, por conta da repercussão, foi visitar o laboratório e declarou constrangido que havia entrado num "galpão de batatas". Paul Acker, do jornal Echo de Paris, fez uma descrição bastante eloquente daquele hangar da EPCI, revelando para os franceses a dura situação em que os Curie realizaram seus trabalhos e a dívida da França com eles:

> Atrás do Panthéon, numa rua estreita, sombria e deserta, como as que vemos nas água-fortes que ilustram os romances melodramáticos, a rua Lhomond, entre casas enegrecidas, um miserável barracão se ergue todo de tábuas: a Escola Municipal de Física e Química. Atravessei um pátio que já sofrera as piores injúrias do tempo; depois, uma abóbada solitária onde meus passos ressoaram, e achei-me num beco úmido onde, entre tábuas, agonizava uma árvore retorcida. Lá o barracão se erguia, longo, baixo, envidraçado dentro do qual distingui pequenas chamas e instrumentos de vidro de variadas

1   No final desse capítulo, Branly e Langevin voltarão a ser protagonistas do "Caso Marie Curie".

formas... Nenhum rumor; um silêncio triste e profundo; nem o eco da cidade chega até lá. Bati ao acaso numa porta e entrei num laboratório de impressionante simplicidade: chão de terra batida e empelotada, muros de rebocos escalavrado, teto de caibros vacilantes e escassa luz a entrar pelas janelas poeirentas (...). (*apud* CURIE, 1943: 182-183)

É interessante notar na descrição sensacionalista, como nem a árvore vivia bem! Como um vírus, a radiopolítica estendia suas gavinhas aos sentimentos dos populares e compunha, assim, uma força irreversível a favor dos Curie, os heróis do rádio. Não tardaria muito para que essa força contagiasse a academia, a universidade e a política, abrindo um espaço para "os Curie" nesses territórios. O diretor da Academia de Ciências enviou, então, uma petição para a Câmara dos Deputados, solicitando a criação de uma nova cátedra de ciências na Sorbonne, acompanhada de um salário de dez mil francos, a ser ocupada por Pierre Curie (GOLDSMITH, 2006). Mas tal cátedra não viria acompanhada de um laboratório. Por conta da força radiopolitica que já tomava a opinião pública, Pierre pôde recusá-la, e as instituições envolvidas na criação da cátedra recuaram e prometeram a Pierre um laboratório plenamente equipado, com três auxiliares que ele poderia livremente escolher e com Madame Curie nomeada chefe de pesquisa (QUINN, 1997). Assim que a decisão foi tomada, Pierre escreve a um amigo: "Como você viu, a sorte nos favorece nesse momento; mas essa sorte não vem sem muitas preocupações. Nunca estivemos menos tranquilos do que agora. Há dias em que mal temos tempo de respirar" (*apud* GOLDSMITH, 2006: 101). É que até que as vitórias do laboratório e das boas condições de trabalho se concretizassem, os dois cientistas mal conseguiam trabalhar diante dos diversos afazeres que a publicidade criara. Poucas pesquisas foram feitas por Pierre Curie neste ano. Marie Curie, por sua vez, não publicou nenhum trabalho. Pelo menos na França, a radioatividade não gerou muitas publicações,

184 GABRIEL PUGLIESE

pois Becquerel e o casal Curie estavam ocupados demais com outras coisas, enquanto parte dos outros cientistas foram arrebatados para um novo fenômeno. Muitos, inclusive, deixaram de estudar a radioatividade, que já tinha um território bem delimitado pela maestria de alguns, para se aventurarem no novo espaço de pesquisa dos Raios N – uma nova radiação invisível e penetrante.[2]

No que se refere às pesquisas com a radioatividade, Pierre ainda tentava levar adiante sua discordância com Rutherford, Soddy e Ramsay, e os outros cientistas que defendiam a transmutação atômica. Seu primeiro trabalho publicado no ano de 1904 foi em colaboração com um cientista inglês, J. Dewar, do Royal Institut, com quem tinha feito contato durante a entrega da medalha Davis. Pierre publicou um artigo que acabou corroborando as conclusões de Rutherford, e começou a perceber a impossibilidade de manter as suas certezas sobre a "fonte externa" que produziria a radioatividade.[3] Os autores mostravam, entre outras coisas, o decaimento do rádio – sua desintegração com o passar do tempo – e, como produto desse efeito, o desprendimento de gás hélio. Eles também conseguiram notar a raia espectral do hélio, como havia sido feito

2 René Bondlot, um físico de Nancy relativamente conhecido, reivindicou a descoberta de outros tipos de raios, o que chamou de Raios N, por conta de sua cidade natal. Publicou diversos artigos no ano de 1904, e muitos cientistas, entre eles, Jean Becquerel, Augustin Charpentier, Ed. Meyer e Bichat, começaram a estudar os novos raios. A febre dos Raios X, dos raios Becquerel e agora dos Raios N, tomava o imaginário dos cientistas. Os novos raios também agiam no campo magnético, eram fosforescentes, emitiam fotografias e também possuíam propriedades terapêuticas – no caso, anestésicas. Contudo, esses raios não resistiram ao ceticismo (STENGERS & BENSAUDE-VINCENT, 1996), virando chacota entre os cientistas dos outros campos, que rapidamente os tornaram invisíveis e irreais. Mas há uma enorme diferença entre torná-los irreais e o modo como se trabalha como se fossem irreais desde sempre. Esses raios passaram a ser alimento para historiadores da física sendo, inclusive, hoje, chamados de anormais por conta de sua gritante irrealidade. Como no caso de Martins (2007), que mostrou que tudo não passava de um erro dos cientistas.

3 CURIE, Pierre; DEWAR, James. "Examen des gaz occlus ou dégagés par le bromure de radium". In: Comptes Rendus, 1904, v. 138.

SOBRE O "CASO MARIE CURIE"   185

por Ramsay e Soddy na Inglaterra.[4] Como se diz, nenhum resultado incomoda um bom cientista, intriga-o; mas o fato é que as coisas não se seguiram como Pierre esperava. Assim, as teses que lhe guivam desde o início começaram a se desvanecer.

Em fevereiro de 1904, Pierre fora convidado a proferir uma palestra na Sorbonne. Além dos decanos da universidade que sempre lhe fecharam as portas, condessas, artistas, escritores, autoridades públicas e jornalistas estariam presentes para conhecer aquela maravilhosa substância e aparar alguns mal-entendidos comuns sobre as propriedades mágicas do elemento químico. Tratava-se não apenas de mais uma oportunidade política para destacar a necessidade de melhores condições de pesquisa (inclusive a possibilidade não evidente de sua esposa trabalhar como cientista), mas também de mostrar o modo como as pesquisas haviam sido feitas: somente com a boa vontade de poucas pessoas e sem nenhum incentivo das instituições de renome da França – inclusive da Sorbonne. Pura estratégia. Reproduzo o início da palestra:

> Quero recordar aqui o que fizemos na Escola de Física e Química da cidade de Paris. Em toda produção científica a influência do meio onde o investigador trabalha tem uma enorme importância, e grande parte desses resultados obtidos vem dessa influência. Há mais de vinte anos que trabalho na Escola de Física. Schutzenberger, o primeiro diretor, era um eminente homem de ciência... Recordo-me com gratidão que ele me proporcionou meios de trabalho quando eu ainda era um preparador; mais tarde ele permitiu que Madame Curie viesse trabalhar comigo, e essa autorização, na época que foi dada, constituiu uma inovação notável. (...) Os professores da Escola e os alunos que de lá saíram nos têm sido muito

---

4   Ramsay ganhou o prêmio Nobel de 1904 em química por sua descoberta da produção de hélio em torno da radioatividade, e ficou conhecido como um perspicaz cientista em verificar gases na atmosfera.

186   GABRIEL PUGLIESE

úteis. Foi entre eles que descobrimos nossos colaboradores e amigos – e nesta oportunidade sinto-me feliz por poder apresentar a todos os meus agradecimentos. (*apud* CURIE, 1943: 187)

Pierre ainda desmentiu os vários rumores de que o rádio curava várias doenças com suas "propriedades magníficas", argumentando que muitas pesquisas deveriam ser feitas, e que conclusões rápidas poderiam ser perigosas. Mostrou os motivos pelos quais não se deveria beber soluções de rádio para curar as doenças, como celebravam alguns jornais. Quer dizer, o rádio não aumentava o apetite sexual, nem curava doenças mentais também não aumentava o tempo de vida.

Quanto à participação de Marie Curie, percebe-se que, em algum nível, algo havia mudado com relação às mulheres; afinal, a inovação para trabalharem entre os cientistas foi celebrada (por ele) no passado. A radiopolítica abriu uma nova possibilidade para as mulheres deslocando o exercício do poder no seio do "dimorfismo sexual", de tal maneira que já não era tão estranho assim Marie Curie fazer ciência entre os homens... A radiopolítica que devém do dispositivo experimental da radioatividade é, na verdade, um efeito de dispersão, que engendra um conjunto de elementos (econômicos, industriais, médicos, científicos, sexuais), "em nome da radioatividade". Por isso, o seu poder de resistência estava em todos os lugares, não era localizável, assim como a política sexual que cortava todas essas esferas em que ela resistia. Se, como sugeria Foucault (1993), o "indivíduo é fruto do exercício do poder", a radiopolítica, como vetor de resistência, ultrapassava em muito a figura de Marie Curie, desenraizava-a, criando um processo de "desindividualização", pois fazia pulular forças de todos os lados, criando uma "agramaticalidade" na política sexual que fixava homens e mulheres. Contudo, essa transformação do poder em exercício era sempre relativa, não se seguia sem uma rearticulação igualmente relativa dos pressupostos da complementaridade sexual. Pierre, e não Marie, era convidado para falar do rádio a fim de reivindicar um laboratório e melhores condições de trabalho. Não que a esposa fosse invisível ou não tivesse, enquanto cientista, a necessidade das mesmas coisas, mas era como se os dois "fossem juntos", como um só. Se o poder se transformava abrindo espaços para Marie Curie como fruto da radiopolítica, não se deve supor que ela estivesse numa posição exterior à distribuição binária do poder que o gênero conformava, isto é, fora da partilha que constituía homens e mulheres. Aproximo-me das reflexões de Judith Butler em Problemas com gênero (2008: 183), pois nesse caso também "não se trata aqui de androginia nem de um hipotético terceiro gênero. Ao invés disso, trata-se de uma subversão interna, em que o binário é tanto pressuposto como multiplicado, a ponto de não fazer mais sentido."

Pierre publicaria, com um de seus assistentes, outro artigo sobre o decaimento do rádio, no qual tentaria ver como, a partir da desintegração, poder-se-ia observar um padrão absoluto do tempo, medido através de curvas exponenciais. O cientista toma o vocabulário de Rutherford e acaba aceitando a derrota. Em suas palavras:

> Em um trabalho anterior, estudamos a lei subsequente que diminui em função do tempo os raios de Becquerel de um corpo sólido quando são expostos durante um certo tempo à emanação do rádio. (...) Encontramos que, nesse caso, a intensidade da radiação i enquanto a lâmina é desativada é feita em função do tempo t pela diferença de dois exponenciais. (...) Podemos interpretar teoricamente os resultados adotando a maneira de ver do Sr. Rutherford e imaginar que a emanação age sobre as paredes sólidas de forma a criar uma substância radioativa b, fazendo nascer uma nova substância radioativa c, que, em si mesma, desaparece seguindo uma lei exponencial simples de coeficiente. O poder de prorrogar a teoria precedente buscando aquilo que a lei de desativação de uma

188   GABRIEL PUGLIESE

parede sólida que foi apresentada durante um tempo determinado durante a ação da emanação do rádio.[5]

Os cientistas não só concordariam com Rutherford que uma substância radioativa – por conta da emanação que lhe é inerente – se desintegra dando origem a outra e assim por diante, como também calculariam minuciosamente o tempo da desintegração (a meia-vida dos corpos), ajudando na formulação de uma equação geral da desintegração radioativa. Uma semana depois, Pierre ainda publicaria outro artigo com Danne, no qual demonstraria a relação entre a emanação do rádio e a produção de um aquecimento dos corpos que tomava contato por sua indutividade e, também, o seu desaparecimento com o tempo.[6] Com as pesquisas avançando e os cálculos de meia-vida dos elementos sendo realizados, Rutherford fazia cada vez mais a radioatividade tornar-se uma transformação atômica, da maneira como a caracterizou. Não se poderia, assim, chegar a um corpo puro e, desse ponto de vista, radioatividade e pureza seriam duas coisas contraditórias.

Nesse sentido estrito, não é necessário atribuir à radioatividade uma "ontologia de geometria variável" (LATOUR, 1994), pois ela mesma já é variação; estabilidade e radioatividade não mais combinam. O próprio Pierre Curie, quando recebeu a notícia da emissão de hélio pelo rádio, sugeriu que tal fato apontava para a desintegração do mesmo elemento. Estava confirmado que as grandes quantidades de hélio na atmosfera eram produto do decaimento radioativo. Pierre estava abatido, sabia que fora vencido por Rutherford. Em resposta à comunicação na qual Pierre aceitava a teoria da transmutação, Frederick Soddy retrucou em tom de insulto ao cientista francês: "A maior descoberta de Pierre Curie foi

---

5   CURIE, Pierre; DANNE, Jacques. CURIE, Pierre. "Sur la disparition de la radioactivité induite par le radium sur les corps solides". In: *Comptes Rendus*, 1904, v. 138.

6   CURIE, Pierre; DANNE, Jacques. "Loi de disparition de l'activité induite par le radium après chauffage des corps activés". In: *Comptes Rendus*, 1904, v. 138.

SOBRE O "CASO MARIE CURIE"   189

Marie Sklodowska. A maior descoberta dela foi a radioatividade."
(*apud* GOLDSMITH, 2006: 75).

Essa afirmação fazia aparecer o nivel molecular da radiopolítica, a versão feminina da produção da radioatividade, numa inversão da complementaridade sexual. Mas também mostrava mais: tal enunciado só poderia aparecer (estrategicamente) em um momento de insulto a Pierre, por conta das relações de poder que produziram uma desigualdade de gênero. Por outro lado, a divisão do trabalho era clara: Pierre iria atrás dos trabalhos de física e se dedicaria a descobrir a causa do fenômeno; Marie trabalharia em química no isolamento dos elementos. A primeira parte do trabalho teve contribuições importantíssimas à nova ciência, mas por conta da maior competição, não efetuou um desfecho positivo; já a segunda, foi bem sucedida: o isolamento do rádio não só deu realidade material à radioatividade, como também ganhou uma utilidade médica, além de se tornar o elemento mais caro do mundo. O que explorei acima como forma de pergunta, pode agora ser tornado uma afimação: o movimento próprio a radioatividade – possibilitada nas lutas laboratoriais que integravam as controvérisas – é um movimento que dobra o limite da força, vai da física à química, do molar ao molecular, do masculino ao feminino.

Eis aqui o golpe das circunstâncias que o próprio acontecimento-radioatividade possibilitou. "O falogocentrismo foi ovulado pelo sujeito dominador, o galo inseminador das galinhas permanentes da história. Mas no ninho com este ovo prosaico foi posto o germe de uma fênix que falará todas as línguas de um mundo virado de ponta cabeça." (HARAWAY, 2004: 246). No "Caso Marie Curie", é do dispositivo experimental que devém a fênix de que fala Donna Haraway: a radiopolítica – esse conjunto de relações moleculares de resistência à política sexual de que é indissociável. A radiopolítica subverte internamente o gênero, pois arranca Madame Curie de qualquer identidade substancial criada pelo poder (e o transforma), fazendo a cientista "vir-a-ser" sempre outra coisa, cada vez

190 GABRIEL PUGLIESE

mais anômala. A cientista jamais deixou de ser cooptada pelas diversas linhas do poder sexual, que não paravam de se transformar; ao mesmo tempo, ovulava-se a radiopolítica, essa força do dispositivo experimental em que os cientistas teriam de se submeter no caso de trabalhar com a radioatividade.

Para Pierre, estava comprovada empiricamente a sua própria derrota, pois pelo menos a partir de agora a transmutação atômica tornara-se-ia a hipótese guia da radioatividade também para "os Curie". Marie Curie descreve à irmã, nesse "entretempo", a tristeza de seu marido em relação à transmutação atômica como princípio da radioatividade: "Todo assunto bom lhe agrada, mas nesse domínio ele espera estar na frente" (*apud* GOLDSMITH, 2006:90). Mas não estava, havia sido ultrapassado por Rutherford. Com os vários possíveis elementos (mais de quarenta) sendo identificados como produtos da transformação radioativa, a química estabelecida mudaria enormemente, e arrastaria com ela toda a física. Todos esses elementos entrariam então na Tabela Periódica? Claro que não. Somente rádio, polônio e radon ganhariam seus espaços, os outros não. A Tabela Periódica de Mendeleiev continuaria como estava, mas já não era a mesma tabela; cada casa já não representava um único elemento químico, mas ressoava para acoplar todas as suas derivações.[7] Seu sentido mudaria enormemente como produto da radioatividade.

A ciência não é feita em uma única linha reta, pois bem. Tanto Kelvin quanto Armstrong (e também Mendeleiev, que não supunha a possibilidade de tal alquimia em sua Tabela Periódica), foram muito resistentes à ideia de uma transformação dos elementos químicos. Exatamente no momento em que Pierre deixou para trás a hipótese da "fonte externa" de energia e a contradição no

---

7 Tal (des)caracterização da ciência abriu espaço para toda uma teoria dos isótopos (que significa "no mesmo lugar") na Tabela Periódica, que rendeu a Frederick Soddy o prêmio Nobel de 1921. Soddy demonstrou que os elementos radioativos podem ter mais de um peso atômico, apesar de possuírem propriedades químicas idênticas: isso o levou ao conceito de isótopos. Anos depois provou que o rádio, por exemplo, era produto da transformação do urânio.

princípio de Carnot, outros cientistas retomaram a discussão. Lord Kelvin, por exemplo, era absolutamente contra as transformações dos elementos químicos, e isso, a despeito do fato de não ter pesquisas na área da radioatividade: era a radiopolítica começando a ressoar em outros territórios da física. Já não se tratava somente da radioatividade, mas da natureza da composição da matéria e, portanto, de toda e qualquer física. Kelvin, entre outros, começaria a acompanhar as pesquisas sobre a transmutação para se posicionar (como descrevo adiante) e defender a natureza imutável do átomo. Para isso, argumentou que "de alguma forma, ondas etéreas podem fornecer a energia atômica sob a forma familiar de calor" (*apud* QUINN, 1997: 223). Por meio de procedimentos químicos (essa física sem identidade como dissertaram Stengers e Bensaude-Vincent), a radioatividade começava a colocar em xeque o átomo, o centro e a unidade mais estável da grande e poderosa ciência: a física. Mas não sem controvérsias.

Pierre não mais se dirigiria para o centro das discussões do átomo e da matéria, mas pesquisaria questões laterais, como a aplicação médica da radiação. Sem dúvida, a aplicação médica da radioatividade não era algo de menor importância, mas lhe custaria sair do centro das discussões da física, as quais ele mesmo ajudou a criar. Nesse sentido, o cientista francês – apesar de deliberadamente ter dado uma contribuição valiosa para o empreendimento – passou a se preocupar em administrar os efeitos da matéria radioativa. Toda sua contribuição ganharia outra realidade à luz da teoria da transmutação atômica, e como notou sua esposa, o golpe não foi pequeno. Independentemente disso, o nome dos Curie jamais deixou de ser associado à radioatividade, que para além de um fenômeno da natureza, era um "território existencial" possibilitado pelo dispositivo experimental. Ora, Rutherford foi tomado pelo devir-radioatividade e o estendeu para outros cantões. A cada

192   GABRIEL PUGLIESE

passo dado por ele, os Curie iam junto, principalmente Marie, que tinha sob seu crivo a única realidade material de tal deslocamento.[8] Como bem notou o sociólogo da ciência J. L. Davis,

> em um período de aproximadamente seis ou sete anos, o pessoal da EPCI havia produzido um volume impressionante de trabalho: eles haviam isolado três novos elementos, polônio, rádio e actínio, e tentado determinar o peso atômico do rádio; haviam examinado as propriedades dos raios que várias substâncias radioativas emitem; haviam mostrado que há dois grupos distintos de raios radioativos, um que transporta carga negativa e outro carga positiva; haviam mostrado que o rádio induz radioatividade em um material próximo, e que a radioatividade não era influenciada pelo estado físico da matéria; e haviam determinado a taxa com que uma amostra de rádio emite calor, e sugerido que a desintegração radioativa poderia ser empregada para proporcionar um padrão absoluto do tempo. (DAVIS, 1995: 327)

Dessas vitórias, a maior parte do sucesso foi devido ao trabalho uímico de Madame Curie. No plano molecular dessas lutas em torno da radioatividade, Pierre estava à margem. Contudo, no plano molar, Marie Curie seria sempre a sua esposa, sua ajudante, aquela que trabalhava sob as suas orientações...

Após ter estudado junto com A. Laborde a radioatividade dos gases que emergem a partir da água das fontes termais,[9] Pierre

8   Esse trabalho fabuloso de Rutherford e seus pares, bem como seus desdobramentos científicos, eu não poderei acompanhar. O cientista publicou uma série de artigos sobre a teoria da transmutação dos elementos radioativos e dirigiu seus esforços para o centro da física atômica e depois nuclear. Isso demandaria outro trabalho. Ficarei, então, somente com os que dizem respeito ao meu objetivo.

9   CURIE, Pierre; LABORDE, André. "Sur la radioactivité des gaz qui se dégagent de l'eau des sources thermales." In: *Comptes Rendus*, 1904, v. 138. Toda vez que compramos uma garrafa de água mineral vemos: radioatividade na fonte. Pierre e Laborde mediram a radioatividade induzida de várias fontes de água mineral da

SOBRE O "CASO MARIE CURIE"   193

põe-se de vez a trabalhar com as atividades médicas do fenômeno. Ele mostraria com alguns colaboradores várias questões relativas à "atividade" do rádio em cobaias. Uma delas referia-se à morte dos animais em contato longo com a radioatividade em ambientes fechados. Como a radioatividade transformava oxigênio em ozônio – algo que ele já havia percebido em outras pesquisas – os animais perdiam a vida por insuficiência respiratória, e, mesmo três horas após a morte do animal, seus tecidos ainda eram bastante radioativos. Estavam anunciados os efeitos degenerativos e perigosos do rádio para os seres humanos.[10] Mas, independentemente dos trabalhos de Pierre sobre os perigos da radiação, verificava-se, em 1904, uma grande presença de estudos acerca da potencialidade médica da radioatividade, como os trabalhos de F. Courmelle, G. Dreyer e C. J. Salomonsen, J. Dauphin, C. Phisalix e V. Henri e A. Mayer.[11]

Com o aumento vertiginoso do uso descontrolado do rádio pelas classes mais abastadas, o rádio havia colocado o mundo num grande delírio, como escreveu George Bernard Shaw: "o mundo enlouqueceu em torno do rádio, que excitou nossa credulidade exatamente como as aparições de Lourdes excitaram a credulidade dos católicos" (*apud* GOLDSMITH, 2006: 102).[12] Apareceram tônicos de combate à deficiência mental, aos cânceres e à falta de apetite sexual, cremes de beleza, cinturões de combate à artrite; todos feitos à base de rádio. Como diz a lei de mercado, a escassez de produto torna-o cada vez mais caro, e é nesse momento que o rádio passa a ser visto como um ótimo investimento. Foi quando o industrial Armet de Lisle procurou os Curie para propor uma parceria na criação de uma fábrica de rádio. Tal empreendimento não só

Europa comparando-as; algumas eram tão radioativas que seu consumo imediato poderia ser perigoso.

10   CURIE, Pierre; BOUCHARD, Ch; BALTHAZARD, V. "Action physiologique de l'émanation du radium". In: *Comptes Rendus*, 1904, v. 138.

11   Disponíveis no tomo de 1904 da Comptes Rendus.

12   Para saber mais sobre esses movimentos dos usos populares do rádio, ver Goldsmith (2006).

194   GABRIEL PUGLIESE

daria aos Curie um laboratório e uma fonte ilimitada para a pesquisa, como também ganhos em dinheiro. Como conta Goldsmith (2006), assim que o contrato foi assinado, Armet contratou dois antigos colaboradores de Pierre (J. Danne e F. Haudepin) para a produção de sais de rádio mais eficientes. Nesse momento, a pilha de lixo de pechblenda de Joachimsthal tornara-se mais valiosa que ouro. O governo austríaco fez sua própria fábrica e depois embargou as vendas a todos os outros países, mas autorizou aos Curie que comprassem uma quantia de minério a preço razoável.

Pierre ainda faria alterações em seu eletrômetro a quartzo piezelétrico para que pudesse ser utilizado de modo mais fácil, de modo a garantir que seu acesso fosse mais amplo: ele patenteou a invenção e recebeu parte dos lucros da venda. O mesmo não aconteceu com o rádio, pois as promessas médicas tornaram impossível tirar proveito financeiro. Em sua autobiografia Marie escreveu: "em acordo comigo, Pierre renunciou à comercialização da descoberta; nunca tivemos patente nenhuma, e sempre publicamos, sem qualquer reserva, os resultados da nossa pesquisa e os processos que desenvolvemos" (CURIE, 1963). Pierre ainda enviou respostas a *Buffalo Society of Natural Sciences*,[13] nos EUA, acerca de todos os processos necessários para a purificação e produção do rádio. Nas próprias palavras de Marie Curie, eles "sacrificaram uma fortuna" (*idem, ibidem*) por não patentearem seus procedimentos a fim de que outros países e cientistas do mundo todo pudessem ter acesso às pesquisas e aos resultados médicos do rádio. Mas isto não foi tão simples assim; tratava-se de um ponto de vista.

Os Curie passaram a negar amostras gratuitas para cientistas, que por suas vezes acusaram Armet de Lisle e o casal de serem os responsáveis pelo embargo austríaco, mediante o qual somente os Curie estavam autorizados a receber amostras por preços baixos. Frederick Soddy, por exemplo, escreveu a Rutherford: "tenho uma

---

13 Por volta de 1906, por exemplo, essa fábrica ultrapassa Lisle e se torna a maior produtora de rádio do planeta. Ver Goldsmith (2006).

SOBRE O "CASO MARIE CURIE"   195

forte suspeita de que aquele maldito Curie fez *lobby* com o governo austríaco e assegurou o monopólio sobre a mina de Joachimsthal. (…) Ninguém consegue obter o resíduo…" (*apud* GOLDSMITH, 2006: 108). Com o rápido processamento do rádio extraído do minério de Joachinstal, também foram criadas vendas imediatas para usos de toda a ordem. O estoque, no entanto, logo acabou. O industrial de Lisle financiou uma expedição para ilha de Madagascar em busca de mais minério…

O agenciamento da radioatividade colocava em cena uma multiplicidade de relações que, sem dúvida, tornaram-se indissociáveis como, por exemplo, as relações entre medicina, gênero, economia, química e física. Mas a política molar sempre jogava Madame Curie – em sua condição de anômala – para a borda, fazendo com que esses percalços políticos caíssem sobre Pierre (o chefe), enquanto ela permanecia quase despercebida. Esse corte passava, sem dúvida, pelo modo como o gênero distribuía as relações de poder, ou ainda, na forma como a complementaridade sexual compunha o trabalho. Mas o fato é que Marie Curie se movimentava nesse território, mesmo sem fazer muitas pesquisas, ou mesmo sem participar das negociações econômicas do rádio. Aos poucos, ela começava a adentrar em territórios exclusivos aos homens de ciência. Tornou-se, naquele mesmo ano de 1904, junto com Pierre, membro honorário da Sociedade Imperial dos Amigos das Ciências Naturais, Antropologia e Etnografia de Moscou, membro de honra do Instituto Real da Grã Bretanha, membro estrangeiro da Sociedade Química de Londres, membro correspondente da Sociedade Batava de Filosofia, membro honorário da Sociedade de Física do México, membro honorário da Sociedade de Fomento da Indústria e Comércio de Varsóvia. No processo de universalização da radioatividade, há uma "evolução a-paralela" dos Curie e uma transformação do regime de poder convencional do gênero.

E… Se a sua presença nos laboratórios (e, portanto no mundo científico) era até então tolerada pela maioria, mas não concentida:

196 GABRIEL PUGLIESE

Universidade da França:

> Marie Curie, doutora em ciências, é nomeada, a partir de 1º de novembro, chefe dos trabalhos de física (cadeira de P. Curie) na Faculdade de Ciências da Universidade de Paris. Madame Curie receberá, nessa qualidade, dois mil e quatrocentos francos a partir de 1º de novembro de 1904. (*apud* CURIE, 1949: 205)

Eis que a cátedra e o laboratório foram disponibilizados para Pierre Curie na Sorbonne. Eles mesmos – Pierre, o catedrático, e Marie, a chefe da pesquisas – transportaram, com ajuda de auxiliares e alunos, os equipamentos do velho "galpão de batatas" para as dependências novas onde se instalariam o antigo laboratório. Afinal, a universidade havia cedido o espaço, mas não liberado recursos para a compra de equipamentos. No final de 1904, Pierre começa a preparar o curso novo. Madame Curie continuaria como professora em Sèvres, enquanto era chefe de pesquisa na Soubonne.

Pierre foi novamente candidato a uma vaga na Academia, no início de 1905. Soube disso por intermédio de Éleutherè Mascart, o presidente da instituição, que o escreveu: "você está naturalmente colocado na primeira linha, sem competidores sérios, a eleição é infalível... É preciso que você tome coragem e faça uma serie de visitas aos acadêmicos" (*apud* E. CURIE 1949: 200). Ser indicado na primeira linha representava uma vantagem considerável. Pierre era o favorito para essa vaga, visto que já havia tentado outras vezes, e a pressão pública pela sua eleição era, a essa altura, implacável. Mas tal vantagem não lhe possibilitava passar por cima das formalidades. Pierre seguiu os conselhos de Mascart e fez as visitas de acordo com as possibilidades de seu tempo. "Durante as visitas ficou combinado cinquenta votos", disse Pierre (*apud* QUINN, 1997), o que lhe daria tranquilidade para a viagem do discurso do Nobel. Essa era uma exigência do prêmio que foi recebido em 1903. No entanto, na época, por questões de saúde, ele deixou de realizar tal tarefa.

SOBRE O "CASO MARIE CURIE" 197

Marie também foi convidada para a cerimônia, mas não como palestrante. A escolha do período não foi gratuita: "ficamos livres de todas as preocupações e isto tornou tudo um descanso para nós. Além disso, quase não há ninguém em Estocolmo em junho, então o aspecto oficial foi bastante atenuado" (*apud* QUINN, 1997: 238).

A conferência aconteceu no dia 6 de junho de 1905.[14] Enquanto Madame Curie assistia na plateia, Pierre foi bastante cuidadoso em separar o trabalho de cada cientista, mencionando as contribuições da esposa numa espécie de história da radioatividade. Argumentou que seu discurso teria como objeto "as propriedades das substâncias radioativas, especialmente o rádio". Mencionou o trabalho pioneiro de Marie ao formular o dispositivo experimental da radioatividade, aquilo que a torna (anormalmente) visível no laboratório; sua tese sobre a propriedade atômica dos elementos; e a descoberta dos dois elementos novos (rádio e polônio). Dissertou sobre seus estudos sobre a radioatividade induzida, sobre raios desviáveis e não desviáveis, e suas pesquisas na área médica. Assim, tornou claro o modo como a radioatividade ressoou para outras áreas como medicina, geologia, metereologia etc. Também ressaltou as contribuições de Rutherford e Soddy em relação à teoria da transmutação atômica, e afirmou ser essa a mais proveitosa teoria para compreender a radioatividade, entre as muitas outras teorias que estavam em voga (como a "fonte externa") que ele também apresentou. Referiu-se a muitos outros cientistas importantes nessa história, como Becquerel, Geitel, Elster, Ramsay, Crookes, Debierne etc. E, concluiu:

> Pode-se até pensar que o rádio se torne perigoso em mãos criminosas, e aqui pode-se levantar a questão de se a humanidade se beneficia do conhecimento dos segredos da natureza, se está preparada para obter vantagens deles ou se esse conhecimento será prejudicial. O exemplo das descobertas de Nobel é típico, pois

---

14 Para ver o discurso na íntegra, assim como o bom artigo de Nanni Fröman, cf. www.nobelprize.org.

explosivos poderosos permitiram ao homem realizar trabalhos maravilhosos. Eles também são um meio de destruição terrível nas mãos de grandes criminosos que estão conduzindo o povo à guerra. Sou um daqueles que acreditam, assim como Nobel, que a humanidade obterá mais bem do que mal das novas descobertas".[15]

A essa altura, já se previa que o controle do estoque de energia liberada pelo átomo radioativo podia ter efeitos catastróficos.[16] O fato é que era uma questão de tempo para que a radioatividade tivesse efeitos nas guerras, seja como uma forma de tratar os feridos, seja como uma maneira poderosíssima de destruição. Soddy também fez suas previsões em outro momento: "se pudesse ser explorada e controlada, que agente poderoso seria na determinação do destino do mundo! O homem que pusesse as mãos na alavanca pela qual a natureza parcimoniosa regula a liberação desse estoque de energia possuiria uma arma que poderia destruir a guerra se quisesse". Rutherford foi além: "algum idiota num laboratório poderia explodir inadvertidamente o universo".[17]

De volta a Paris, a expectativa em torno da eleição de Pierre para a Academia tomava "os Curie". Pierre seria eleito e nomeado membro da Academia no dia 3 de julho de 1905. Mas foi eleito por uma margem pequena: 29 votos contra 22 de Gernez.[18] Pierre Curie comenta a um amigo o acontecido:

> Estou dentro da Academia sem tê-lo desejado e sem que a Academia desejasse. Só fiz uma rodada de visitas

---

15 Ver: www.nobelprize.org.

16 Nem Pierre nem Marie viveram o suficiente para assistir aos efeitos destrutivos da radioatividade. Mas sua filha Irene e o marido dela, Frederick Joliot, acompanharam as pesquisas para construção da bomba atômica (de urânio) em meio à Segunda Guerra Mundial. Para saber mais, ver Latour (2001).

17 Sobre esses comentários, ver Goldsmith (2006).

18 Ver Comptes Rendus, 1905, seção do dia 3 de julho. Ou mesmo a página em memória de Pierre Curie na Academia de Ciências: www.academie-sciences.fr.

SOBRE O "CASO MARIE CURIE"   199

deixando o cartão aos ausentes – e toda gente me assegurou que tinha cinquenta votos. E entrei por um triz...
Que quer você? Na Academia nada fazem com simplicidade ou sem intrigas. Além duma pequena campanha
bem conduzida, há contra mim a falta de simpatia dos
clericais e dos que acharam que não tinha feito bastante
visitas. (*apud* CURIE, 1949: 201)

Com todos os pesares, Pierre tinha uma cátedra e uma cadeira
na Academia de Ciências, enquanto sua esposa continuava trabalhando como professora em Sèvres e como chefe de pesquisa no
seu novo laboratório. A partir de então, não dependeriam de ninguém mais para apresentarem suas comunicações. Pierre poderia
divulgar os seus próprios resultados e os de sua esposa e ainda poderia desfrutar do prestígio que a Academia proporcionava para
conseguir recursos para pesquisa. No dia 6 de dezembro de 1905,
Marie Curie daria à luz a sua segunda filha, Eve Denise Curie (que
anos depois se tornaria escritora e biógrafa da mãe). Rapidamente
recuperada, ela estava pronta para voltar às novas pesquisas...

ENTRE O DIVISÍVEL E O INDIVISÍVEL

Marie Curie retomaria, no início de 1906, a controvérsia sobre o
polônio com Marckwald. Seria o início de uma nova relação com a
Academia, já que Pierre apresentaria pessoalmente os trabalhos.[19]
Pierre Curie comunicou o relatório de sua esposa, que era um ataque deliberado a Marckwald, em 29 de janeiro de 1906, no qual Marie
Curie mostrava, com base no cálculo da lei de desintegração dos elementos da teoria da transmutação – ela adota sem restrições o "modo
de ver" de Rutherford –, que o radiotelúrio era "na verdade" o Polônio:

---

19 Ele já havia percebido, de outras maneiras, os efeitos de ser membro da
Academia. Por exemplo, participou da comissão que concedeu a prestigiosa láurea
da instituição, o prêmio *La Caze* de 1905, a seu amigo Georges Gouy, de quem
também apresentou alguns trabalhos na Academia.

Em um período de dez meses, fiz uma série de medidas visando determinar a lei de diminuição da atividade do polônio através do tempo. O polônio que utilizei para esse estudo foi preparado com o método utilizado na primeira publicação relativa à sua descoberta (1898) e descrita em mais detalhes em minha tese de doutorado. (...)

A constante de tempo que encontrei para o polônio demonstra que os corpos estudados por Marckwald com o nome de radiotelúrio é idêntico ao polônio. Essa identidade passa pelas evidências apresentadas por Marcwald nas publicações das propriedades do radiotelúrio. (...)

O polônio e o radiotelúrio são uma mesma célula e uma mesma substância, e certamente o nome de polônio que empregamos é bem anterior ao radiotelúrio, que é a mesma substância fortemente radioativa descoberta por Pierre Curie e eu mesma com o método de pesquisa novo. (CURIE, 1906)

Mais uma vez, Marie Curie lutava para a existência dos radioelementos que fez-existir com seu dispositivo experimental, fazendo com que ele calasse seus concorrentes. E se o polônio era, num determinando momento, ao modo de ver dos Curie, uma exceção para a teoria da constante energia dos elementos químicos, com o estabelecimento das suas leis de desintegração ele nada mais era do que mais uma comprovação do fenômeno. Como se diz: a exceção se torna a regra, ou melhor, se o fato do polônio perder energia com o passar do tempo outrora tinha sido visto como a comprovação de que ele não era um elemento, agora isso se transformava ditava a cartilha de todo e qualquer elemento químico. Marie Curie, como "porta-voz" autorizada pelo polônio, fez com que o químico alemão se declarasse vencido, mas não sem perder a oportunidade de retrucar. Marckwald, respondeu, citando Romeu e Julieta, para mostrar que essa controvérsia em torno do nome do elemento químico não passava de um desejo de mulher: "o que quer dizer um nome? Se chamássemos uma rosa de qualquer outro nome, seu perfume seria igualmente doce." E continua: "os grandes serviços de Madame Curie na descoberta das substâncias radioativas justificam que levemos em conta seus desejos, mesmo numa questão sem relevância. Por esse motivo, proponho que, de agora em diante, o nome do radiotellurium seja substituído por polônio." (*apud* QUINN, 1997: 189).

Além dessa questão de nomeclatura "que não era de grande importância" – porque parecia mais uma questão de política autoral (sexual) do que científica – a comunicação de Marie Curie apontava para outras coisas: a manutenção da existência do polônio a partir da teoria da transmutação atômica, e também a possibilidade de realidade material que o polônio e o radio dariam à teoria. Marie Curie mostrou que, acompanhando a transformação do polônio até o limite máximo de sua radioatividade, o elemento químico se transformava em chumbo. Ora, isso apontava para a confirmação material da teoria de Rutherford, a qual, segundo ele mesmo, seria difícil de "provar" para além dos círculos da radioatividade. Ele havia escrito um pouco antes:

> afora o interesse de obter uma quantidade pesável de polônio em estado puro, a verdadeira importância dos trabalhos de Madame Curie está na solução provável da questão da natureza da substância que o polônio se transforma. Era uma questão de grande interesse e importância verificar definitivamente se o polônio se transforma em chumbo. (*apud* GOLDSMITH, 2006: 135)

O fato é que, enquanto Pierre se dedicava as pesquisas dos efeitos médicos do rádio, os trabalhos químicos de Marie Curie a aproximavam sub-repticiamente a outros cientistas, dentre o "pessoal da radioatividade" (expressão utilizada na época para se referir ao

202   GABRIEL PUGLIESE

conjunto de pesquisadores da área) que estavam espreitando a teoria do átomo, como fica claro na assertiva de Rutherford apresentada acima. Menos teoricamente, a cientista mostrava pari passu com destilações químicas, aquilo que Rutherford e outros só poderiam sustentar na teoria. Enquanto Marie Curie parecia preocupada em isolar os elementos químicos para calcular seus pesos, trabalhando contra todos aqueles que, por diferentes motivos, colocavam em xeque sua existência, ou que, por lampejos, desejavam "roubar" sua autoridade, a "verdadeira importância" de seu trabalho era de outra natureza. Tratava-se da produção material da radioatividade. Se Rutherford, principalmente ele, abria uma controvérsia homérica no campo da física com seus escritos sobre o átomo, era o trabalho químico de Marie Curie a haste que o mantinha em pé. Novamente, química e física, feminino e masculino, trabalho concreto e trabalho abstrato, entrariam em um campo de forças deslocado no seio das pesquisas com substânicas radioativas, crucialmente na controvérisa entre a radioatividade e o átomo. No entanto, observaremos outro ponto antes de retomar a esse problema.

Pois bem, outro acontecimento marcaria enormemente a radiopolítica, de modo simultâneo e tão intensivo quanto à associação controversa entre a radioatividade e o átomo. Essa seria a primeira e a última comunicação que Pierre apresentaria em nome de sua esposa. Faleceria de modo trágico em 19 de abril de 1906, atropelado por uma carroça. Algumas análises reduziram a efervecencia da política sexual que tal fato produziu ao tomarem como foco o impacto da "castração" que a morte de Pierre teve na vida e na biografia da cientista.[20] Acontecimento triste para Marie Curie, sem

---

20 É muito difícil para certas análises desprender-se da "desolação e do desespero" expresso por Marie Curie em seu diário após a morte de Pierre, e do caos psíquico da cientista, como afirmaram Goldsmith (2006) e Quinn (1997). Muitas vezes, para não falar em todas elas, as biografias da cientista trataram a morte de Pierre enfatizando o "mundo interior" de Marie Curie, com base em seu diário. Seus desenvolvimentos, desse modo, me parecem complicados na medida em que pretendem mostrar como a cientista pôde se livrar desse emaranhado edipiano. O diário de Marie Curie apresenta, desse ponto de vista, não só uma "confissão da falta" que

SOBRE O "CASO MARIE CURIE" 203

dúvida, mas do ponto de vista político-sexual absolutamente complexo. Gostaria de ver como o acontecimento da morte de Pierre aqueceu toda a política do agenciamento que estou mostrando, os deslocamentos que promoveu, as novas configurações que criou. Enfim, o modo como as relações de força se davam em sua exterioridade, porque não emanavam de Marie Curie e nem a tinham a cientista como único foco. Afinal, esse acontecimento representou uma mudança na maneira como as relações de poder funcionaram, considerando que a radiopolítica deslocava a "complementaridade" do casal ao mesmo tempo em que a repunha, fazendo os dois "irem juntos" de um modo bem distinto. A partir de agora, os problemas se dariam de outra forma, por outras vias, encerrando um cruzamento mais intensivo de gênero e nacionalidade. De início, vale lembrar a afirmação de Perrot (1991: 121) sobre as relações entre homens e mulheres desse momento, já citada outrora: "a mulher casada deixa de ser um indivíduo responsável: ela o é bem mais quando solteira ou viúva."

Jornais do mundo inteiro publicariam a notícia. Muitos cientistas e pessoas influentes prontamente se puseram a homenagear o "grande cientista francês" em diversos meios públicos, e alguns, escreveram a Marie Curie. Marcelin Berthelot expressou como a notícia da morte de Pierre, esse "genial inventor", atingira-o "como um raio" (CURIE, 1943). Rutherford, também não se calou:

> embora eu só tivesse o prazer de algumas horas de convívio com o professor Curie, nossa ligação científica foi tão próxima que sinto como se tivesse perdido um amigo pessoal, bem como um colega estimado. Acho que apenas aqueles que estiveram empenhados nas investigações da

fez a figura do marido, declarações de amor e dependência, que levaram muitos analistas a romantizar as relações de poder que o "casal" pressupunha, exaltando sua complementariedade. Só tive acesso a esse diário a partir das biografias – que reúnem de modo volumoso alguns trechos – e revelam os sentimentos da cientista, todo o seu sofrimento. É preciso sublinhar também que parte desse diário foi destruído, pela própria Marie Curie, ou por seus familiares posteriormente.

radioatividade desde o início podem avaliar corretamen-
te a magnitude do trabalho que ele realizou, enfrentando
tantas dificuldades. (*apud* QUINN, 1997)

Auguste Rodin, Paul Langevin, Wilhelm Conrad Röntgen,
Henri Becquerel e muitos outros escreveriam suas cartas de
condolências a Marie.[21]

Com a morte de Pierre, Marie Curie afirmou que perdera seu
"amado (...) e com ele toda a esperança e todo apoio pelo resto de
minha vida" (CURIE *apud* QUINN, 1997: 254). Foi exatamente isso que
ela escreveu no mesmo dia em seu diário. Parecia perceber que as
coisas iriam mudar radicalmente. Pouco tempo depois da morte de
Pierre, apareceu uma nova questão: o que aconteceria com a cátedra da Sorbonne e o laboratório criado para ele? Seria necessário
oferecê-la para sua mulher e "eminente colaboradora"? Nenhuma
mulher jamais havia ocupado uma vaga de professora na Instituição,
quanto mais ganhar uma cátedra. Nem duas semanas passaram e
Marie Curie foi nomeada "encarregada da catedra" e "diretora do laboratório". Restava saber se ela aceitaria. Mas é preciso sublinhar que
Marie Curie não se tornaria ali a catedrática, a cátedra permaneceria
vazia, e sua função era claramente temporária, demoraria ainda algum tempo para uma mulher assumir essa posição.[22] Geoges Gouy,
o grande amigo de Pierre, escreveu a Marie, persuadindo-a a aceitar
a vaga elencando os motivos para tal concordância:

> A cátedra foi criada para Pierre, como resultado final
> das descobertas deles e das suas. (...) Não seria infinita-
> mente preferível que isso fosse conservado com devoto
> cuidado, que não passasse para as mãos de um estranho,
> mas continuasse ligado ao nome Curie? Não é a úni-
> ca maneira de salvar o que pode ser salvo dessa ruína?

---

21 Basta consultar em www.bnf.fr o departamento de manuscritos ocidentais em
modo de imagem.

22 Marie Curie só se tornou representante oficial da cátedra em 1908.

SOBRE O "CASO MARIE CURIE"   205

> Você não pensa que Pierre ficaria feliz, de pensar que seu trabalho seria continuado por você, sua colaboradora, a única que conhece o funcionamento interno dos projetos e métodos dele? (*apud* QUINN, 1997)

Aqui aparece o cinismo do poder, sua maneira sutil, e o seu modo mais cruel de funcionar. Aceitar a vaga nessas condições seria a "única maneira de salvar o que pode ser salvo", modo singular de ocupar uma vaga na Sorbonne, ainda em nome da complementaridade sexual e em homenagem ao marido falecido. Ora, tal transgressão não se daria de outro modo, pelo menos não naquele regime de política sexual. Pois o que significaria uma mulher (estrangeira) lecionar física em uma das universidades de mais prestígio da Europa e que já acumulava 650 anos? Mas tal fato revela também a força da radiopolítica, pois não se tratava de qualquer mulher: a cátedra também era o resultado final das pesquisas dela (a cátedra da radioatividade); Marie Curie tornar-se-ia a única "competente" para substituir o mártir à altura (Pierre, enquanto máquina produtiva do poder), pois sabia como ninguém o "funcionamento interno dos métodos e dos projetos dele".

Marie Curie percebeu a dubiedade em que fora colocada naquele momento, e expressou em seu diário:

> Eles propuseram que eu tome seu lugar, meu Pierre… Aceitei. Não sei se é bom ou se é ruim. Você, frequentemente, me dizia que gostaria que eu desse um curso na Sorbonne. Eu também gostaria de, pelo menos, fazer um esforço para continuar o trabalho. Algumas vezes, me parece que esta é a maneira que será para mim mais fácil para viver; outras vezes, me parece que sou louca de empreender isso (…) Você ficaria feliz em me ver como professora da Sorbonne, e eu mesma faria com tanta satisfação, por você. Mas, fazer em seu lugar, meu

206   GABRIEL PUGLIESE

Pierre, será que se poderia sonhar com algo mais cruel?
(*apud* QUINN, 1997)

Depois que fora oficialmente nomeada encarregada do curso, ela acrescentaria: "há alguns imbecis que, na verdade, me parabenizam" (*idem, ibidem*). Eis que uma mulher torna-se professora da Sorbonne, e passa a assinar como Madame Pierre Curie. Um jornal da época retrata o tamanho do acontecimento:

> Madame Curie, a viúva do ilustre sábio tão tragicamente morto, iniciará o seu curso na *Sorbonne* 5 de novembro uma e meia da tarde. Madame Curie exporá a teoria dos íons nos gases, e tratará da radioatividade (...) falará num "anfiteatro de curso". Ora, esses anfiteatros contêm vinte e cinco lugares mais ou menos, na maior parte ocupada por estudantes. O público e a imprensa, que também possuem direitos, terão que contentar-se com uns vinte lugares no máximo! Em vista dessa circunstância, que é única na vida da Sorbonne, não seria possível torcer o regulamento e por à disposição de Madame Curie, para a sua primeira aula, um anfiteatro grande?
> (*apud* CURIE, 1949)

Ainda teria de haver espaço para as moças de Sèvres, que Marie Curie não abandonaria prontamente. Conseguiu que a Escola as liberassem para assistir ao curso que "iria no mesmo caminho do que ela estava ministrando por lá". Um anfiteatro grande foi cedido, na aula estavam presentes os alunos homens da Sorbonne, as moças de Sèvres, repórteres, gente da alta sociedade, amigos de Marie e Pierre Curie. Porém, muitos ficaram de fora, alguns dizendo-se indignados porque "não foram distribuídos convites" (CURIE, Marie *apud* CURIE, Eve, 1949). A cientista começou a sua aula exatamente do ponto que Pierre havia terminado: "quando meditarmos sobre os progressos que fez a física nesses últimos dez anos..." (*idem, ibidem*). Nenhuma palavra a mais ou a menos, nenhuma possibilidade de estender o poder e dar crédito ao espetáculo, o silêncio como a melhor forma de protesto.[23] A imprensa não deixou de se manifestar também, tomada pela radiopolítica: "chamava a atenção, em primeiro lugar, a fonte magnífica. Não era simplesmente uma mulher que se encontrava diante de nós, mas um cérebro – um pensamento vivo" (*apud* MACGRAYNE, 1994: 38). Mais uma vez, as oposições significantes do gênero se embaralhavam.

Marie seguiu com o trabalho, dela e de Pierre e, nos meses seguintes à morte de seu marido, empenhou-se em estudar aquilo que ele vinha fazendo, as aplicações médicas do rádio. Além de oficiosamente catedrática da Sorbonne, passou a tutelar o novo laboratório. Muitos auxiliares (como Danne e Laborde, antes de Pierre) agora eram submetidos à coordenação de Marie Curie, que conduzia as orientações. Isso mesmo, e pelos mesmos motivos dúbios do poder: uma mulher controlando a estrada de ferro de uma ciência, o laboratório, submetendo inúmeros homens, e também mulheres, ao exercício da radiopolítica! O trabalho árduo seria criar *a* medida do rádio para que as indústrias e os médicos pudessem trabalhar com mais facilidade. Afinal de contas, as diversas fábricas do mundo que se destinavam à produção de rádio faziam com intensidades muito diferentes, o que não só dificultava as pesquisas, mas também a industrialização e a aplicação médica. A medida seria, assim, uma forma de dificultar a venda desenfreada e o uso de sais de rádio com atividades ínfimas, ou os danos à saúde que os raios ultrapoderosos desprendidos pelo

---

23 Sempre mencionei em comunicações o silêncio de Marie Curie sobre o poder, e fui perguntado sobre o que dizia esse silêncio. Tentarei responder de modo breve a minha postura. A palavra silêncio é a mais perversa de todas as palavras, pois é exatamente no momento que é pronunciada por outrem, que ela perde seu sentido e seu poder. Se o silencio não diz nada além do protesto – eu já disse muita coisa –, dizer o que "diz" o silêncio é fazê-lo perder o seu caráter de protesto (fazer Marie Curie confessar a sua política emancipatória "tática", uma grande recusa, o que não me parece estar em consonância com os acontecimentos que descrevo). Essa é a forma que escolhi fazer meu trabalho: com respeito extremo às resistências que se insurgem e com intransigência quando as formas de combate se pretendem universais (intencionalidade anterior).

208 GABRIEL PUGLIESE

elemento poderiam causar. Tratava-se de uma "padronização" dos produtos radioativos. Dessa forma, a fábrica de Lisle produziria o rádio e o enviaria ao laboratório de Marie Curie, que se tornou um lugar de treinamento de técnicas para o "desenvolvimento e aplicação de produtos baseados no rádio" (CURIE, 1963). Marie Curie agora exercia o "ofício do chefe" (LATOUR, 2000), buscando recursos e estabelecendo relações econômicas para que as pesquisas fossem feitas no laboratório por seus auxiliares.

No entanto, como as discussões em torno da composição da matéria aumentavam consideravelmente, não demoraria muito para que Marie Curie fizesse (ou tivesse que fazer, pouco importa) seu laboratório convergir para a discussão. Kelvin e Rutherford polarizavam o debate em torno do átomo e da natureza da radioatividade. O primeiro era defensor do átomo indivisível como a menor parte da matéria. Havia calculado que o tempo da Terra girava em torno de 20 e 40 milhões de anos. Nesses termos, a transmutação era, na verdade, uma "alquimia". O segundo, com a teoria da transmutação, tentava pôr a física de cabeça para baixo, pois o átomo deveria ser divisível, já não era a menor parte da matéria (o que ainda recalcularia o tempo da Terra, tornando-a mais antiga do que o até então se imaginava). Tratava-se de um debate de filosofia natural, muito além dos laboratórios.

Rutherford, em 1905, já havia mostrado que o rádio era uma das influências na temperatura da Terra, contra o próprio Kelvin, que era (e ainda é) conhecido por ser um especialista em temperatura termodinâmica. Rutherford e Boltwood ainda utilizariam o método de decaimento da radioatividade para calcular os anos de algumas rochas que continham os minérios. E levantaram a hipótese de que a Terra ultrapassaria em boa parcela um bilhão de anos! Kelvin, que, como vimos, se colocou ao lado de Pierre Curie contra a teoria da transmutação, imaginando uma "fonte exterior" aos átomos de rádio, não poderia aceitar tal loucura. E mesmo quando Pierre se deu por vencido, Kelvin não cedeu. Através do jornal inglês *Times*, em 1906, lançou uma hipótese sobre a natureza do rádio, em defesa das mudanças que esta poderia ocasionar para a física dominante. Aos 82 anos, era um forte representante da "Velha Guarda", e assim levantou a hipótese de que o rádio não era um elemento químico, mas um composto molecular de chumbo e átomos de hélio. Essa era uma resistência demolidora à teoria de Ruthenford e Soddy sobre a existência de uma "energia atômica", que cairia, pode-se assim dizer, sobre o lado mais fraco da teoria da transmutação: a sua única comprovação material, o único elemento radioativo isolado. O jornal transformou-se no palco de uma furiosa batalha sobre o que seria o rádio, e que o próprio Rutherford (1906) nomeou de "a recente controvérsia do rádio", que se estendeu nos anos seguintes na conceituada revista científica *Nature*.

Segundo Marie Curie, o rádio era um metal, e o que Kelvin reclamara fora justamente que esse metal nunca havia sido visto em sua forma ontológica original; ou seja, como um metal. Até aquele instante, só fora possível vê-lo como sulfureto (sais), o que, segundo o inglês, não provava que era um elemento, um metal alcalino. O problema para Marie consistia na "emanação do rádio" que o levava à autodestruição, ou seja, a um estado bem longe de um sólido. Muitos cientistas se posicionaram a favor de Kelvin, dentre eles Armstrong e Mendeleiev. nesse ponto, ao atacar a teoria da transmutação atômica por meio da existência do rádio, Kelvin jogou Marie Curie e Ernest Rutherford no mesmo balaio. Pois, confirmar a existência do rádio como um metal alcalino significaria fazer existir a transmutação atômica. Esse ponto de inflexão da radiopolítica mostra uma questão interessante: o debate de filosofia natural, em seus aspecto molar, se dava com a física, mas a responsabilidade de fazer-existir a transmutação atômica era dirigida de modo molecular à química. Tratava-se, sem exagero, do "pessoal

210   GABRIEL PUGLIESE

da radioatividade" (CURIE, 1904),[24] como a cientista certa vez sugeriu em sua tese, contra a física dominante.

A cientista, por sua vez, apesar de ter visto o seu "filho pródigo" ser colocado em xeque por Kelvin – que destinava o ataque à teoria da transmutação atômica –, não escreveu nada sobre o assunto imediatamente, mas se dedicou a "recente controvérisa do rádio", ao mesmo tempo em que preparava a "medida" que garantiria uma linguagem comum a todos os interessados em substâncias radioativas. Em conjunto com as pesquisas médicas, esses temas inteligados guiariam o trabalho (refiro-me ao seu laboratório) durante os próximos quatro anos.

O primeiro esforço de Marie Curie foi recalcular a massa atômica do rádio, de modo a tornar a medição mais precisa do que a realizada em 1902. Como possuía em mãos muito mais sais de rádio purificado do que no primeiro cálculo, esse poderia ser um modo muito interessante de continuar o trabalho. Assim, ela apresentou uma segunda comunicação, já em agosto de 1907, sobre o peso atômico do rádio.[25]

> A determinação dos pontos atômicos do rádio já foi publicada em 1902, e foi efetuada com 9 gramas de cloreto de rádio. Os novos tratamentos (...) permitem começar a determinar o peso atômico do rádio em condições bem melhores que a precedente. (...) Na experiência precedente provei que a ação espectral do bário em

24   Sem dúvida, o "pessoal da radioatividade" são os protagonistas todos dessa história. A maioria deles, os extensores da radiopolítica (e, portanto, carregados por ela), se transformaram em grandes cientistas, muitos deles vencedores do Nobel (Becquerel, Pierre Curie, Soddy, Rutherford, Ramsay etc.), assim como outros que não ficaram tão "visíveis" assim. Todos eles divididos por inúmeras questões, mas aproximados pelo mesmo problema, que era sem dúvida o mais importante.

25   É interessante notar que ela mesma apresentou o trabalho na Academia, mesmo sem ser membro. O que me faz sugerir que essa ainda seja uma homenagem a Pierre Curie, em todo caso, Marie Curie como um extensão de Pierre. Após algumas comunicações que aparessem nesse modelo, Gabriel Lippman, seu antigo professor, voltaria a representá-la na Academia.

presença no rádio é muito sensível e que o cloreto de rádio que foi utilizado para a dosagem deve ser considerada muito pura. Ela não contêm certamente mais que 0,1 de 100 [gramas de] cloreto de bário. Eu penso em poder concluir que o trabalho do peso atômico do rádio é igual a 226,45, com uma probabilidade de erro de meia unidade. A reprodução dos espectros e dos detalhes das experiências estão no jornal *Le Radium*. (CURIE, 1907)

A cientista foi, desta vez, mais precisa do que anteriormente para conseguir provar que o "seu elemento" era realmente um elemento químico, ao contrário da hipótese de Kelvin. Ainda aproveitou para divulgar, na Academia, o jornal *Le Radium*, recém-criado por seu laboratório e financiado por Armet de Lisle, seu parceiro, no qual guardou a descrição dos procedimentos laboratoriais da "medida" que preparava. Ainda em 1907, Andrew Carnegie, um industrial dono de uma fortuna proveniente do aço, deu salários e uma série de bolsas de estudo, sempre em comum acordo com Marie Curie, para alguns cientistas auxiliares e estudantes que ela teria em seu laboratório. Nesse período, o número de funcionários de seu laboratório aumentou de oito para vinte e dois. Contratou o filho de Jacques Curie, seu sobrinho, para um dos cargos, e fez com que Irene acompanhasse as pesquisas como forma de ampliar seus estudos. Além disso, algumas mulheres cientistas provenientes da Polônia e outros países, e algumas de suas antigas alunas de Sevres, trabalharam como bolsistas no laboratório.[26]

Uma dessas assistentes, uma jovem norueguesa chamada Ellen Gleditsch, foi colocada por Marie Curie para investigar algumas descobertas recentes por parte de Ramsay (outro grande cientista,

---

26 Lise Meitner (que se tornaria outra grande cientista anos depois, concorrente de Marie e Irene), tentou uma vaga para trabalhar no laboratório de Marie Curie, mas foi rejeitada. Anos depois, a cientista austríaca disse que, como Irene era a princesinha que estava sendo "preparada", sua mãe evitava contratar outras "mentes brilhantes" (GOLDSMITH, 2006).

212   GABRIEL PUGLIESE

que, depois do sucesso que obteve com Frederick Soddy, passou a comandar sozinho um laboratório de estudos da radioatividade, pesquisando seus efeitos em produzir gases na atmosfera, como havia feito com o hélio). É que Ramsay havia formulado uma teoria de que o rádio produziria, para além do hélio, também o néon e o argônio. Ele alegou que quando o radônio – gás produzido pelo rádio – combinava-se com o cobre, o cobre em si mesmo começava a se desintegrar, como faziam os elementos radioativos. O cobre (não-radioativo), ao tomar contato com o radônio (tornando-se radioativo) produziria lítio, elemento da mesma série do cobre, mas de peso atômico mais baixo. Tudo se passava como se a desintegração não estivesse colocada somente para os elementos radioativos, mas poderia ser algo de todo e qualquer elemento. A transmutação atômica não seria restrita à radioatividade, e quem sabe não teria nada a ver com o fenômeno. Tal descoberta faria aumentar, ainda mais, a dúvida a respeito da existência do rádio e dos outros "elementos radioativos" como elementos químicos, mas também, toda a teoria da transmutação, pelo fato de ampliá-la para todos os elementos. Ramsay apresentava dúvidas sobre o que provocaria a transformação: será que uma radiação etérea? Rutherford imediatamente comentou a Boltwood: "se Ramsay tiver razão, o assunto da radioatividade entra em uma nova fase, mas obter lítio de cobre é um pouco mais do que posso engolir no momento, ninguém tem rádio algum para testar os resultados obtidos por ele." (*apud* QUINN, 1997: 300).

Marie Curie era a única portadora de sais suficientes. Mas foi sua assistente, GLEDITSCH, Ellen (1907), quem preparou o caminho, deixando que Marie Curie se preocupasse com o cálculo entre um grama de rádio e sua emanação (a medida do rádio), e da comprovação da existência do rádio como elemento, transformando-o em metal. Publicou uma comunicação (apresentada por Lipmann) na qual mostrou que o pechblenda, de fato, continha uma dose pequena de lítio. Afirmou, ainda, que investigaria a existência de cobre, para

SOBRE O "CASO MARIE CURIE"   213

saber se era possível a transformação de cobre em lítio. Verificar se o pechblenda, minério do qual foram extraídos vários elementos radioativos, continha tais substâncias poderia ser importante para testar as hipóteses do cientista inglês. Como a verificação foi feita com sucesso, tais conclusões apontavam para a possibilidade de Ramsay estar certo em suas previsões. Mas as investigações não pararam por aí. Marie Curie se colocaria, assim como Rutherford (possivelmente os dois mais atacados), absolutamente contra essa possibilidade.

No início de 1908, Marie Curie começou a fazer experiências sobre a relação cobre/lítio e percebeu um erro que considerou "infantil" por parte de Ramsay. Ela escreveu à sua assistente: "decidi de qualquer maneira publicar o ensaio, mas ainda estou preocupada e talvez refaça as experiências" (*apud* QUINN, 1997: 301). Como estava enfrentando um cientista de renome mundial, e perito no assunto, Marie Curie foi cuidadosa e repetiu as experiências no primeiro semestre, depois de suas férias no ano letivo na Sorbonne. Em agosto de 1908, ela publicou um ensaio, em coautoria com sua auxiliar, no qual afirmava que o lítio era introduzido pelos tubos de vidro que Ramsay utilizava para fazer as medições e as combinações de radônio e cobre (e não tinha nada a ver com uma transformação do cobre). Ao repetir a experiência com um tubo de platina, os mesmos resultados não poderiam ser visualizados.[27]

> O senhor Ramsay e o senhor Cameron anunciaram em diversas publicações que observaram a produção de metais alcalinos e de lítio em meio a soluções de cobre em contato com a emanação do rádio. Eles concluíram que a emanação diz respeito a uma desintegração do cobre

---

27 "O trabalho revelou-se penoso", escreveu Ellen, "pois tudo, os sais de cobre, a água destilada, continha lítio em quantidade reconhecíveis com o espectroscópio. Também, quando finalmente obtivemos certa quantidade de sais de cobre livre de lítio, a introdução da emanação no pequeno recipiente de platina era uma operação complicada" (*apud* QUINN, 1997: 301).

214   GABRIEL PUGLIESE

> em elementos da mesma família e de pontos atômicos inferiores: potássio, sódio e lítio. (...)
>
> Procurou-se replicar as experiências em condições de seguridade na medida do possível. A experiência e seu efeito delicado comporta muitas causas de erro, mas o principal foi o emprego de um vaso de vidro, assim que o senhor Ramsay observou. (...)
>
> O resíduo de lítio que obtemos é, em todos os casos, muito mais fraco do que o obtido por Ramsay e Cameron, e isso resulta da eliminação do uso de vidro. Em suma, podemos dizer que não conseguimos confirmar as experiências (...) acreditamos, de qualquer maneira, que não se pode considerar a formação desses elementos como um fato comprovado. (CURIE & GLEDITSCH 1908)

Tal artigo representou um golpe poderoso em Ramsay, que se viu chacoteado pelo "pessoal da radioatividade". "Fico imaginando", escreveu Boltwood a Rutherford, "porque não ocorreu a ele que a emanação de rádio e querosene formam salada de lagosta", e acrescentou: "devo reconhecer que gostei da maneira como ela resumiu a situação em seu ensaio cobre/lítio. Ela certamente não deixou qualquer dúvida na mente do leitor quanto à sua posição na questão" (*apud* QUINN, 1997: 300). Ramsay teve que recuar publicamente numa seção da Royal Society, dizendo que essa transformação era difícil, ficando completamente desacreditado em relação aos seus pares. E como forma de responder, quando foi perguntado sobre as pesquisas de Marie Curie, disse anos mais tarde: "todas as grandes cientistas mulheres realizaram seus melhores trabalhos colaborando com um colega homem".[28]

As relações que envolviam a radioatividade certamente colocaram Rutherford e Marie Curie num "mesmo barco", pois

---

28 Entrevista de sir Willian Ramsay, *Daily Mail* (Inglaterra), 1910.

defender o rádio significava defender a transmutação, da forma como Rutherford a havia caracterizado, e vice-versa. No entanto, Rutherford e Boltwood (assim como vários outros cientistas), se sentiam irritados e limitados pelo fato de Marie Curie ter criado uma certa prioridade para ela mesma, no que dizia respeito ao rádio, impossibilitando-os de trabalharem na mesma linha; isso por conta do "monopólio" do elemento, conseguido graças à parceria com a fábrica de Lisle. Marie Curie não só tinha um laboratório poderoso, uma fábrica ao seu dispor e uma cadeira na universidade; ela também exercia todo o poder que desfrutava sobre os seus colegas carentes de matéria-prima.

Quando, no final do ano de 1908, Boltwood, em seu laboratório em Yale nos EUA, pediu para comparar suas fontes de rádio com as de Marie Curie – a partir da "medida" que estava preparando – ela se recusou. A falta de comparação impossibilitava a outros cientistas saber o poder de suas fontes, assim como atrapalhava em muito as pesquisas. Boltwood, por sua vez, reclamou a Rutherford:

> a madame não quer nem um pouco que essas comparações sejam realizadas, e o motivo, ao que suspeito, é sua má vontade constitucional em fazer alguma coisa que possa, direta ou indiretamente, auxiliar qualquer um que lide com a radioatividade fora do próprio laboratório dela. (*apud* GOLDSMITH, 2006: 138)[29]

Nesse sentido, "o pessoal da radioatividade" tinha um carro-chefe na controvérsia mais importante do momento: contra as teses vivas de um átomo indivisível e imutável. Lord Kelvin faleceria no final de 1907, sem ver o desfecho da controvérsia que abrira. No entanto, a controvérsia permaneceu ao encalço da radioatividade pelo menos até 1909, sustentada por outros cientistas. Nesse ponto

---

29 Goldsmith (2006) conta que Boltwood usou de sua posição de catedrático como forma de revide; e assim impediu que Marie Curie recebesse um doutorado *honoris causa* na Universidade de Yale.

216   GABRIEL PUGLIESE

específico, o "pessoal da radioatividade" não poderia fazer outra coisa senão torcer para que Marie Curie conseguisse fazer do rádio um metal, e estender aquilo que todos eles tinham o desejo de fazer existir: um mundo mais infinitesimal, e mais mutável.

O RÁDIO METÁLICO E A POLONESA DESTRUIDORA DE LARES

Em 1909 criou-se a "Comissão Internacional do Padrão do Rádio", encabeçada por Rutherford, que contava com Soddy, Marie Curie, Ramsay e Boltwood, entre outros. Essa comissão tinha como foco limitar o poder de decisões de Marie Curie em torno do rádio, que deveria, assim, submeter-se a convenções com seus colegas – o fato é que Marie Curie passaria a ser descrita como uma tirana (da radiopolítica). A cientista, que aceitou tal convenção, no entanto, não parava de trabalhar para manter o monopólio do "elemento" sob o seu controle.

Durante o processo de isolamento do rádio puro e a transformação em sua forma "original" – trabalho que convergia para a resolução da controvérsia aberta por Lord Kelvin e também para o padrão do rádio –, Marie Curie demitiu de seu laboratório Jacques Danne (antigo auxiliar de Pierre) por conta de seus planos de abrir um laboratório concorrente ao dela. O agora auxiliar de Marie viu nos processo de purificação do rádio (os quais acompanhava de perto), uma ótima possibilidade para deslanchar sua carreira como cientista e também para conquistar lucros. Como Danne já fazia negociações para a abertura de seu próprio laboratório com uma empresa que descobriu uranita nas terras do sul da Cornualha, já não era muito presente no laboratório da cientista. Marie escreveu ao auxiliar:

> Tendo considerado sua situação atual e as necessidades do laboratório, sinto que não é mais possível fazer tudo o que é preciso, e peço que você se demita do cargo de auxiliar de imediato. Preciso de ajuda em meu trabalho e de alguém que esteja sempre presente e totalmente à minha disposição. (*apud* GOLDSMITH, 2006: 137)

SOBRE O "CASO MARIE CURIE"   217

Danne e seu irmão abriram, de fato, um laboratório concorrente, e logo passaram a negociar o rádio a um preço inferior ao da fábrica de Lisle, aliada de Marie Curie. Além disso, abriram uma oficina para a produção de instrumentos, um laboratório de física e um centro de treinamento de "Curieterapia", copiando a estrutura em que trabalhava. Eles ainda atraíram um grupo de investidores para formar e criar a "Sociedade Industrial do Rádio", em Gifsur-Yvette, na França. Marie Curie sabia que era impossível a Danne conseguir o padrão do rádio antes dela. Sabia também que nenhum outro cientista tinha tais condições, nessa corrida ela estava na frente, e de certa maneira, corria sozinha. Com ricas fontes de minérios sendo descobertas no mundo todo, Marie Curie logo recebeu uma proposta do governo austríaco, que lhe ofereceu um laboratório em ótimas condições, quer dizer, melhor e mais equipado que o da Sorbonne. Apesar de seu laboratório funcionar com a capacidade extrema de produção, ele já se mostrava insuficiente para enfrentar a concorrência. Acabou ficando pequeno, principalmente pela falta de subsídios governamentais para a compra de equipamentos e outras necessidades (CURIE, 1963). A preocupação que o "rádio" saísse da França fez com que o Instituto Pasteur abrisse as negociações com a cientista e o Estado francês, com o objetivo de criar o Instituto do Rádio em um pavilhão que se chamaria "Curie".[30]

---

30   O Instituto do Rádio começou a ser construído em 1912 e só entrou em pleno funcionamento em 1914, ano de início da Primeira Grande Guerra. Ele cristalizava a força da radiopolítica e um novo território existencial para a cientista. Não se tratava de um laboratório, mas de um Instituto, com estrutura montada pela própria cientista e com recursos quase ilimitados provenientes do Estado francês e do Instituto Pasteur. Foi dentro do Instituto do Rádio que Marie Curie treinou mulheres durante a guerra para o manuseio dos "petit Curie", unidades móveis de Raios X, a fim de ajudar no diagnóstico de feridos antes de sua chegada no hospital. Ainda durante a guerra, Marie Curie teve que viajar numa missão de Estado: assegurar que o exército alemão não capturasse o rádio francês, pois as autoridades consideravam-no "um tesouro nacional de valor inestimável"... A cientista teve que esconder e carregar consigo boa parte do rádio da França, que foi colocado em uma maleta de chumbo (cf. GOLDSMITH, 2006).

218   GABRIEL PUGLIESE

No final de 1909, Marie Curie consegue, com André Debierne, a produção do rádio puro. Mas, estrategicamente, só iria publicar suas conclusões um pouco antes do "Congresso Internacional de Radiologia e Eletricidade", marcado para setembro de 1910, quando a comissão do padrão do rádio iria se reunir. Tratava-se de uma forma de prevenir que outros cientistas se utilizassem de seu método, nesse mesmo tempo, para avançar na produção da "medida do rádio". Mas a purificação do rádio puro e a transformação em sua "origem" metálica colocava um ponto final na desconfiança em relação à sua existência como um elemento químico. Mais do que isso, esse trabalho confirmaria a própria radioatividade como uma propriedade atômica de transmutação química. Enfim, talvez o rádio metálico seja mais do que somente a confirmação de um elemento químico, pois, naquele momento, era a questão da existência física da radioatividade que estava em jogo. "A radioatividade está no ponto de partida de duas sequências históricas, no fim das quais a interpretação das propriedades do elemento químico será considerada como pertencendo 'naturalmente' à física, ciência dos princípios" (STENGERS & BENSAUDE-VINCENT, 1996: 319). É nesse cruzamento entre física e química, do início do século XX, que se produziu os bilhões de anos relativos à formação do Universo em átomos de partículas divisíveis! O próprio tempo da Terra se multiplicou por conta da radioatividade.

A purificação do rádio e sua transformação em metal resolveu, de uma vez por todas, a controvérsia sobre a matéria. Ora, pois, se durante esses anos todos de controvérsia ninguém sabia perfeitamente o que "era" o fenômeno, todos acompanhavam somente as "atividades" de uma "ontologia vacilante"; agora a sua existência, seu Ser, a radioatividade e os elementos químicos que a produziam tornaram-se a justificativa para todas as suas atividades. A filosofia natural que esse processo contingente põe em cena, as propriedades da radioatividade, seus "caracteres de caracteres", precedem aquilo que ela acabou por se tornar – essência precede existência –, pois, em

SOBRE O "CASO MARIE CURIE" 219

boa parte do tempo, os cientistas sabiam descrever os fenômenos em seus efeitos, sem saber o que exatamente eram (LATOUR, 2001).

Geralmente, ao tratar a história recente do átomo (e, dentre outras coisas, portanto, da radioatividade[31]), os historiadores da ciência tendem a apostar na própria discussão de filosofia natural entre Kelvin e Rutherford com a pergunta: qual é a mais verdadeira? Utilizando-se como trunfo metodológico o atavismo filosófico da transcendência da Natureza (que não faz nenhum sentido em relação ao processo contingente de invenção-descoberta da radioatividade), evita se acompanhar outras linhas. Recorrendo a tal procedimento, não se dá qualquer estatuto às várias relações que constituíram a contenda, as quais, na perspectiva dos próprios envolvidos, eram de fundamental importância. Como, por exemplo, a indagação de Kelvin sobre a inexistência química do rádio e todo o trabalho de Marie Curie para caracterizar o rádio metálico. Essas relações se instalavam no "entretempo" (DELEUZE & GUATTARI, 1996) que produziu uma disjunção entre o verdadeiro e o falso, no que se refere à composição da matéria. Talvez, se deslocarmos o olhar dos "vencedores" (no caso, Rutherford e sua "física") para as linhas ao seu redor, podemos ter surpresas na história da ciência, como vem alertando há muito tempo Latour (1994) e Stengers (2002).[32] Afinal, como disse o próprio Jean Perrin – um dos des-

31 A história do átomo não se resume à da radioatividade; ela é muito mais complexa e envolve outras linhas que compõem seu novelo. No entanto, a história da radioatividade é uma linha importante da história do átomo.

32 Talvez seja esse o motivo que fez Martins (2004) se colocar na posição de juiz, ao dizer que Marie Curie não merecia (noção duvidosa) receber o prêmio Nobel em 1911: "pois não deu contribuições importantes entre 1903 e 1911. De fato, o prêmio de 1911 lhe foi concedido pelos 'seus serviços ao desenvolvimento da química pelos elementos rádio e polônio'. Acontece, no entanto, que a descoberta desses dois elementos ocorreu em 1898, e ela já havia sido premiada por essa contribuição". (MARTINS, 2004). Esta colocação me parece um falso problema; ela subtrai qualquer tentativa posterior a 1898 de desqualificar a radioatividade como uma transmutação atômica – deduzindo que Kelvin e seus aliados estavam errados desde sempre – e, assim, o árduo trabalho de Marie Curie em fazer existir os elementos radioativos é perdido. No entanto, se fizermos o contrário, quer dizer, levarmos a sério a assertiva de Kelvin, se verá como seus contemporâneos (pelo menos parte

220 GABRIEL PUGLIESE

cobridores dos elétrons – anos depois: "a purificação do rádio é a pedra angular de todo o edifício da radioatividade".

O fato é que esse momento de comprovação que a purificação do rádio estabeleceu, transformou trabalho químico de Marie Curie em simplesmente uma técnica que serviu para dar as bases empíricas da radioatividade, e "pertence já ao passado. A partir de agora, a radioatividade depende da história da física. A química intervém apenas como uma técnica, para identificar os isótopos produzidos por transformação" (STENGERS & BENSAUDE-VINCENT, 1996: 326). Hoje, a radioatividade é um fenômeno da física – a ciência dos princípios –, mas as coisas nem sempre foram assim. E, desse ponto de vista, tomar o trabalho químico de Marie Curie como um trabalho técinico-auxiliar da teoria da transmutação atômica é perder de vista sua força histórica. A "realidade" do átomo tal como conhecemos hoje foi produzida sub-repticiamente por essa "física de menor monta" e se seu efeito já é coisa do passado, isso se dá por uma redução da química pela física. Toda a questão que me vale colocar é: porque Marie Curie não foi historicamente conhecida uma das produtoras da transmutação ao lado de Rutherford? Ora, se tomarmos o modo como se distribuiu a imagística do gênero e a lógica imanente do poder no seio do "Caso Marie Curie", logo se perceberá que a redução histórica promovida pela física em relação à química também foi uma redução histórica do masculino em relação ao feminino. Afinal de contas, foi ao trabalho de Marie Curie que Lord Kelvin dirigiu sua acusação (o rádio não é um elemento) em relação à teoria da transmutação, e foi Marie Curie o carro-chefe que mostrou a todos com sua química que Kelvin estava errado (transformação do rádio em metal). Vamos adiante.

---

deles) deram "importância" ao trabalho de Marie Curie. Dessa forma, também se tornará visível como a comissão do Nobel decidiu que a cientista merecia o prêmio "por ter produzido amostras suficientemente puras de polônio e rádio para estabelecer seus pesos atômicos, fatos confirmados por outros cientistas, e pela proeza de produzir o rádio como um metal puro" (para ver o discurso de entrega do prêmio na integra, cf. www.nobelprize.org).

No início de 1910 foi oferecida para Madame Curie a "Legião da Honra", que a cientista, como seu marido anos atrás, também havia recusado. Explicou em uma carta que era impossível aceitar

> condecorações, de forma geral, e a Ordem da Legião da Honra, em particular. Para mim, esta não é uma questão pessoal, mas um verdadeiro caso de consciência, decorrente do respeito devido por mim à memória de Pierre Curie, que não queria ser condecorado. É uma questão de uma religião de lembranças, que não é possível comprometer, em quaisquer circunstâncias. (*apud* QUINN, 1997: 272)

Ainda em homenagem a Pierre, Marie Curie publicaria, naquele mesmo ano, a sua grande obra, resultado do curso sobre radioatividade oferecido na Sorbonne: o Tratado de Radioatividade, distribuído em dois volumes que contavam com uma foto de Pierre Curie na folha de rosto. O fato é que Marie Curie criou a obra que agrupava as pesquisas sobre a radioatividade e os corpos radioativos, narrando o seu desenvolvimento (e distribuindo os méritos) antes que qualquer outro pudesse fazê-lo. Rutherford, por exemplo, apesar de reconhecer os méritos do tratado, queixou-se a Boltwood que ela "estava muito ansiosa para reivindicar a prioridade das descobertas para ela e seu marido", e continuou, "a pobre mulher trabalhou tremendamente e seus volumes serão muito úteis durante um ou dois anos. (*apud* QUINN, 1997). Tornou-se possível, por conta da radiopolítica e da estrada de ferro que Marie Curie controlava, dedicar-se menos às atividades "práticas" da ciência – outros faziam por ela – e mais ao debate teórico, já que exercia o "ofício do chefe" de seu laboratório. Mas por outro lado Rutherford disse: "lendo o livro dela cheguei quase a pensar que lia o meu próprio [ainda a ser publicado], com o trabalho extra dos anos mais recentes, preenchendo todas as lacunas. Alguns capítulos começam de maneira mais ou menos igual, e o assunto é dividido de maneira mais ou menos parecida (…) já não há sentido em publicá-lo logo após o livro de Madame Curie (*idem, ibidem*),

No dia 5 de setembro de 1910, com André Debierne, Marie Curie apresentou na Academia de Ciências os resultados dos trabalhos realizados em seu laboratório; a saber, a purificação do rádio e sua transformação em metal.

> Para obter o rádio metálico, utilizamos os métodos descritos pelo senhor Guntz para a preparação do bário metálico. (…) O princípio do método consiste em preparar o amálgama e em caçar o mercúrio por destilação sob as condições adequadas.

> O amálgama foi obtido pela eletrólise de uma solução de cloreto de rádio absolutamente puro (peso atômico 226,5), com um cátodo de mercúrio e um ânodo de platina. (…)

> A grande parte do mercúrio é destilada a 270 graus, em seguida a temperatura foi aumentada progressivamente, bem como a pressão do ar do aparelho. A fim de poder observar o conteúdo do recipiente durante a operação, o aquecemos com instrumentos a gás. Rumo a 400 graus, o amálgama em estado de base sólida, por elevação da temperatura, emergiu liberado do mercúrio. O ponto de fusão poderia ser determinado mais exatamente se elevarmos progressivamente até 700 graus. Nessa temperatura, não podemos mais observar o destilado de mercúrio. (…) Por outro lado, o metal começa a se volatizar abundantemente e o vapor a atacar energeticamente o tubo de quartzo. O recipiente contém um metal branco brilhante, cujo ponto de fusão é em torno de 700 graus. Pensamos que esse metal é o rádio sensivelmente puro. (…)

O rádio metálico é muito mais volátil que o bário, nós nos propomos a purificá-lo pela sublimação num vácuo em uma placa de metal arrefecido.[33]

Marie Curie conseguiu condensar, pela eletrólise, uma solução de rádio com um cátodo de mercúrio em uma parcela pequena, tornando-os uma mistura sólida. Toda a questão consistia em separar desse sólido aquilo que possibilitava fazê-lo nesse estado da matéria: o mercúrio. Isso foi realizado com o ataque de calor, que já aos 400 graus eliminava o mercúrio. O rádio, dessa vez, tornou-se indiscutível, um metal branco cujo ponto de fusão apresentou 700 graus. Em outra oportunidade, ela ainda afirmaria que, dessa vez, o experimento não fora refeito, e sua justificativa era que o tratamento "envolve um sério risco de perda de rádio, que só pode ser evitada com o máximo de cuidado. Enfim, vi o misterioso metal branco, mas não pude mantê-lo nesse estado, pois precisei dele para experimentos adicionais" (*apud* GOLDSMITH, 2006: 140). Esses, sem dúvida, eram os experimentos que produziriam a medida de definição do "padrão do rádio". Aquilo que poderia fazer com que os cientistas do mundo todo, indústrias e Estados que precisassem de rádio se submetessem a uma linguagem comum, ao poder que se construía em seu laboratório.

Algumas semanas depois de apresentar essa comunicação, Marie Curie viajou a Bruxelas para participar do "Congresso Internacional de Radiologia e Eletricidade". Ali, Marie Curie informou a "comissão" que havia conseguido calcular o padrão do rádio, mas que ainda faltavam alguns detalhes. Rutherford então sugeriu que a comissão comprasse o elemento de Marie Curie, que era propriedade particular da cientista. Ela negou, preferiu manter o padrão em suas mãos. Vários cientistas ofereceram-se para definir o padrão em lugar de Marie Curie, entre eles Boltwood, Rutherford e Ramsay e, depois da conflituosa negociação, ficou acordado que o padrão seria mantido

---

33 CURIE, Marie; DEBIERNE, André. "Sur la radium métallique". In: Comptes Rendus, 1910, v. 151.

sob a tutela da cientista. Ela teria que preparar uma amostra de rádio de vinte miligramas, a ser mantida em Paris, que serviria como a medida de todas as outras. Ficou estabelecido também que a "unidade de medida seria a quantidade de emanação de rádio igual a um grama de rádio", e que tal medida teria o nome "Curie" – em homenagem à memória de seu marido. Rutherford escreveu na *Nature* (1910) um relato sob o congresso: "todos os que trabalharam nessa área devem agradecer Marie Curie por assumir a plena responsabilidade pela preparação de um padrão e pelos grandes gastos de tempo e trabalho que sua preparação exigirá".

Essa conquista por parte de Marie Curie era muito rara, poucos cientistas tinham o nome ligado a um padrão de medida (STENGERS & BENSAUDE-VINCENT, 1996). Tal distinção não só apontava para o poder que a radiopolítica potencializou, jogando Marie Curie da "borda" para o "centro" da ciência, como também cravava seu nome na história. O rádio, o mais caro entre todos os elementos, que pode curar várias doenças, aquele que criou toda uma "nova ciência", tinha Marie Curie como sua "porta-voz" autorizada e, mais do que isso, o seu padrão de medida levava o sobrenome que adquiriu de seu marido. O dispositivo da radioatividade estendia-se; já não se resumia a tornar possível experimentar o fenômeno de uma forma singular, de fazê-lo visível em laboratórios, mas estabilizava a política que criou, submetendo todos à sua política ao se utilizarem do rádio. Marie Curie tornara-se a única com o direito de fiscalizar os tratamentos e a utilização do rádio: autoridade e perita da radiopolítica. Isso fez com que, nos anos seguintes e até a sua morte, Marie Curie visitasse inúmeros países, negociando as questões do rádio com políticos, industriais e cientistas, proferindo conferencias da aplicação da radioatividade à medicina.[34] A partir desse momento, podemos dizer que a radiopolítica torna-se-ia cada vez mais mo-

---

34 O Brasil, por exemplo, foi um desses países que Marie Curie visitou (agosto de 1926). A cientista apresentou a "medida do rádio" e proferiu uma conferência sobre as aplicações da radioatividade na medicina, no recém-inaugurado "Instituto do Câncer" de Minas Gerais – criado a partir de preocupações das autoridades

SOBRE O "CASO MARIE CURIE" 225

lar, pois ao mesmo tempo, "quando a máquina torna-se planetária ou cósmica, os agenciamentos têm uma tendência cada vez maior de se miniaturizar e a tornar-se microagenciamentos." (DELEUZE & GUATTARI, 1996: 93). "Diplomacia da radiopolítica", Marie Curie apareceu de modo "imperceptível" em territórios nos quais deveria ser tornada invisível pelo poder.

Após o Congresso, ao retomar seus trabalhos, ainda em 1910, Marie Curie é persuadida pelos colegas do laboratório a tentar a vaga recém-aberta – por conta da morte de um membro – na Academia de Ciências de Paris. Como coordenadora de um importante laboratório, "porta-voz" autorizada do rádio, ganhadora de inúmeros prêmios, docente na mais respeitada universidade de Paris, membro de diversas academias no mundo, tal possibilidade poderia significar mais facilidades para o seu laboratório (que, por sinal, não contava com nenhum membro na Academia), tanto no que dizia respeito a recursos, quanto à divulgação das pesquisas. Além disso, antes mesmo dos candidatos à vaga manifestarem interesse, um secretário permanente da Academia, comentou no *Le Temps* em 11 de dezembro:[35]

> uma cadeira em nossa Academia embora dando satisfações legítimas e alguns direitos também impõe novos deveres... para distribuir todos os prêmios, todas as bolsas, para avaliar rapidamente o valor das comunicações que lhe chegam, a Academia, como é óbvio, precisa recorrer a todas as suas capacidades. Onde encontraria a Academia uma cientista com maior autoridade do que Madame Curie, para dar uma opinião a respeito desses trabalhos sobre a radioatividade, cujo número

---

nacionais com o aumento da mortalidade por câncer. Ver FENELON, SANDRO e ALMEIDA, SOUZA, Sidney de (2001).

35 Novamente utilizo a pesquisa sobre a cobertura jornalística de QUINN (1997). Essas referências estão localizadas entre as páginas 306 e 320. Uma descrição mais completa das matérias jornalísticas encontra-se na biografia escrita pela autora.

226   GABRIEL PUGLIESE

> cresce rapidamente? (...) Do próspero laboratório de Marie Curie, não existe, então, um óbvio interesse na admissão, como seus outros colegas da Sorbonne, da chefe que inspira seus trabalhos, e assim poderia apresentá-los, defendê-los junto às comissões que premiam, propor seus nomes para bolsas; em suma, cumprir, na plena extensão, o papel de membro titular da Academia de Ciências? Durante quatorze anos, ela executou com incansável ardor, fosse sozinha ou com o marido, um número admirável de projetos de pesquisa. Podemos nos opor àqueles que talvez acreditem que ela foi uma ajudante de seu marido lembrando o testamento muito tocante que lhe foi feito pelo próprio Pierre Curie em sua apresentação no prêmio Nobel. Além disso, desde sua morte trágica, a produtividade de Marie Curie não diminuiu nem um pouco. Citaremos apenas seu recente sucesso no isolamento do rádio em estado puro e também os belos volumes que acabou de publicar [tratado de radioatividade] nos quais recapitula, com admirável clareza e precisão, não apenas sua própria pesquisa, mas também a de seus concorrentes e colaboradores.

Com efeito, os trabalhos sobre a radioatividade chegavam aos montes. Quem os recebia, até então, era Henri Becquerel, mas o cientista havia falecido dois anos antes, e certamente, não havia ninguém "com maior autoridade" na radioatividade em território francês do que Madame Curie. Mas independente dos argumentos que a favoreciam, ela era uma mulher e também uma estrangeira (apesar de afrancesada em alguns momentos). Nos 250 anos de existência do Instituto, nenhuma mulher havia sido eleita, e os estrangeiros célebres eram tornados correspondentes, mas jamais membros. Encorajada por colegas e pela atmosfera favorável que

SOBRE O "CASO MARIE CURIE"   227

somava a seu favor, Marie Curie aceitou candidatar-se. O outro candidato competitivo à vaga era Edouard Branly.[36]

O grande amigo de Pierre e Marie Curie, Georges Gouy, alertou a cientista em uma carta sobre as questões que contariam para a escolha do novo membro:

> A luta entre você e Sr. Branly se manifestará mais intensa em torno da questão clerical e está claro que seu adversário pode contar com um bom número de votos, mas creio que permanecerão minoria. Contra ele estão os elementos avançados da Academia que dificilmente o perdoarão por ter abandonado a Sorbonne, faz algum tempo, pela Faculdade Católica. E, depois, o trabalho dele tem pouco que possa comparar-se com suas qualificações. (*apud* QUINN, 1997: 395)

A avaliação de Georges Gouy foi parcial, ficaria clara a oposição radical entre Igreja e República, educadores clericais e a Sorbonne. Mas apareceriam também as oposições entre o masculino e o feminino, entre os verdadeiros franceses e os estrangeiros, e a sempre viva oposição entre os pró-Dreyfus e os anti-Dreyfus nos jornais que escreveriam extensamente sobre a candidatura de Marie Curie à Academia.[37]

---

36 Físico francês que trabalhava como professor no Instituto Católico, e que teve importantes contribuições para a invenção do telégrafo sem fio. Foi o primeiro a notar que era possível emitir uma comunicação pelo rádio sem um fio condutor. Era bastante ligado à facção clerical da Academia.

37 O caso Dreyfus é um dos processos jurídicos mais famosos de todos os tempos. Alfred Dreyfus, capitão exército francês, foi acusado de ser o autor de uma carta oferecendo documentos militares aos alemães, encontrada pelo serviço de contra--espionagem da França. Submetido a uma prova de caligrafia, o judeu alsaciano (região da França que havia sido anexada ao Império Alemão em 1871) foi condenado como traidor da pátria. Esse episódio criou todo um embate na França que redundou em uma perseguição nacionalista e antissemita aos judeus, por parte dos "cristãos franceses de sangue puro". Por outro lado, criou-se todo um contradiscurso, que reunia escritores como Émile Zola e Octave Mirbeau, os quais pediam a reabertura do processo com base nas controvérsias em relação às provas produzidas.

228 GABRIEL PUGLIESE

Três vezes por ano, a Academia de Ciências se reunia com as outras quatro academias do Institut de France,[38] e uma dessas reuniões ocorreu no dia 4 de janeiro de 1911, no interstício entre a candidatura de Marie Curie e a eleição, que aconteceria no dia 24. Tal reunião acabou se fazendo em torno da possibilidade de uma mulher se eleger para a Academia de Ciências e, por conseguinte, ao Instituto. A discussão sobre a candidatura feminina trouxe à reunião vários membros celebrados, todos com seus trajes verdes clássicos, que não costumavam participar das reuniões de praxe (QUINN, 1997). Depois de vários discursos, uns contrários, outros favoráveis à participação de mulheres na Academia, uma votação se sucedeu, na qual permaneceu a "tradição imutável" do Instituto (*idem, ibidem*).[39] Essa votação se deu no auge das lutas das mulheres francesas (era o chamado movimento feminista de primeira onda) em torno da igualdade política, do sufrágio e da cidadania, que era uma espécie de "guerra dos sexos" e que a maioria masculina (que nada tem a ver com os homens) considerava uma degeneração da nação.[40]

A Corte de Cassação em 1899 mandou Dreyfus a novo conselho de guerra, onde novamente foi condenado. Em 1902, novo pedido de revisão foi feito e, em 1906, a Corte de Cassação reconheceu definitivamente a inocência de Dreyfus, sem enviá-lo a novo julgamento. Este caso dividiu a França entre os nacionalistas conservadores e os progressistas republicanos.

38 As academias que compunham o Institut de France eram a Académie Française, fundada em 1635; a Académie des Inscriptions et Belles-Lettres, fundada em 1663; a Académie des Sciences, fundada em 1666; a Académie des Sciences Morales et Politiques, fundada em 1795; e a Académie des *Beaux-Arts*, fundada em 1816. O Institut de France foi construído como um modo agrupar as três primeiras academias que comentei durante a Revolução Francesa; as duas últimas entraram para o Instituto posteriormente.

39 Essa tradição foi mantida, anos depois, até 1979-1978. Como justificativa contra a entrada das outras mulheres no Instituto, mencionava-se o "Caso Marie Curie" (MACGRAYNE, 1994).

40 "Na França, a questão do sufrágio é, durante muito tempo, marginal no movimento feminista, que faz campanha pela educação das meninas, pelo direito ao trabalho, pela modificação do Código Civil e pela proteção da maternidade; o sufragismo só se impõe por volta de 1906-1910, com a criação da União Francesa

SOBRE O "CASO MARIE CURIE" 229

No dia 5 de janeiro, um dia após a reunião geral do Instituto, vários jornais de direita consideraram a reunião uma vitória para os "antifeministas". Um membro da Academia de Ciências alertava para os rumos degenerados que a nação estava tomando no que se referia ao progresso e à questão da complementaridade sexual, afirmou ao *Le Temps*: "Não importa o que vocês digam, algo mudará no instituto quando uma mulher invadir." *Le Figaro* escreveu: "as mulheres não devem ter a pretensão de ser iguais aos homens". O jornal *L'Action française*, de forma menos radical em relação às mulheres, mas não menos intenso (por lembrar da inferioridade biológica), ainda afirmou que a Academia "poderia aceitar uma mulher se ela tivesse um valor incontestável, mas é muito difícil julgar os trabalhos de Madame Curie e separar sua pesquisa do trabalho inspirado por Pierre Curie", e acrescentou: "Marie Curie teve todas as recompensas possíveis, vários prêmios da Academia, nomeações para um grande número de organizações, um laboratório e uma cadeira na Sorbonne, onde ela precisa apenas pedir, para obter o que acha que precisa, enquanto tantos não conseguem aquilo que necessitam para seus laboratórios".

O jornal *L'Intransigeant* publicou, no dia 6 de janeiro, uma nota que comentava a polêmica aberta por mulheres politizadas, das quais Marie Curie era um ícone, e as reações a esse movimento:

> há cinquenta anos, teríamos recebido a ideia de mulheres no instituto com uma explosão de gargalhadas. Hoje, discutimos ardorosamente a ideia. Podem frases deter uma ideia em marcha? Logo o regato se tornará uma torrente. E derrubará a represa. (...) É inteiramente natural, hoje, que uma mulher queira reinvidicar seu lugar nos círculos encarregados do reconhecimento de talento e da construção de reputações. Não é o trabalho de Marie Curie igual ao de outro cientista que use calças e barba cheia?

para o Sufrágio das Mulheres (UFSF), membro da Associação Internacional para o Sufrágio das Mulheres." (THÉBAUD, 2000: 7)

230 GABRIEL PUGLIESE

Mas a resposta mais radical, contra os direitistas, veio do jornal socialista e pró-mulheres – *L'Humanité* –, que tratou a rejeição do "misógino instituto" como algo muito bom para a reputação de Marie Curie, e dirigiu os seus argumentos diretamente à cientista:

> Imutável tradição, segundo parece, opõe-se à sua presença sobre a cúpula. O traje verde tem que ser unicamente masculino, ou não existirá. A senhora não irá para a academia e me alegro sem ironia. A senhora nada saberá das mesquinhas intrigas, das vis invejas, dos pérfidos mexericos que se escondem à sombra dos louros acadêmicos. Mas a senhora prosseguirá, na glória silenciosa de seu laboratório.

O debate se seguia e havia polarizado os que eram a favor de Marie Curie (e, portanto, às mulheres) e os que eram contra a radical mudança no Instituto. Teria terminado por aí, se não fosse uma resistência interna ao próprio Instituto. As academias tinham sua autonomia, e com base nesse direito é que a seção de física da Academia de Ciências se reuniu secretamente e indicou – mesmo com as resistências – Marie Curie à vaga, a despeito da votação do Instituto. Isso provocou um deslocamento nos problemas envolvidos na candidatura de Marie Curie. As assertivas dos jornais se dirigiram menos à emancipação feminina, e mais para o afronte à candidatura de Branly. O problema passava do gênero à nacionalidade. No dia em que a votação que elegeria o membro deveria ser feita, o jornal *L'Action française* publicou uma extensa matéria sobre a perseguição ao catolicismo de Branly, que foi intitulada "Dreyfus contra Branly":

> Tal é, de fato, a luta bizarra que ocorrerá hoje na Academia de Ciências, sob essa falsa cobertura: Marie Curie versus Branly... Os imbecis que insistem por aí que o caso Dreyfus foi enterrado deveriam notar: está tão desenterrado essa luta épica do gênio nacional versus

SOBRE O "CASO MARIE CURIE"   231

demônio estrangeiro, que recomeça a cada ocasião elegante, esportiva, literária, teatral, musical, científica, social, política econômica, sob mil formas, mas com atores sempre basicamente os mesmos. (...) Aos olhos do fanático dreyfusista Darboux, secretário permanente da Academia de Ciências, e do fanático dreyfusista Poincaré – um homem de gênio na matemática, segundo dizem, mas estúpido e ressentido no resto – aos olhos do judeu da fotografia a cores, Lippmann, do fanático dreyfusista Appell, decano da Faculdade de Ciências, essa saída da Sorbonne, essa entrada no Instituto católico – sim, senhor, CA-TÓ-LI-CO – constitui um duplo e inexorável crime. (...) O secretário permanente Darboux esperava assim confundir a questão, lançar o público numa trilha falsa e, graças à confusão, derrotar silenciosamente Branly. Cálculo péssimo para um matemático de sua capacidade. (...) Porque ainda pior do que ter sentimentos antifranceses é disfarçá-los por trás de uma generosidade feminina. (...) Espero pelo bom nome da Academia de Ciências, que esses ardis miseráveis falhem, que Branly seja nomeado nessa tarde.

Toda a acusação se pautava no fato de que os partidários de Marie Curie a utilizavam como um mote para sentimentos "antifranceses". Branly era apresentado também como a escolha patriótica, não somente contra a estrangeira Marie Curie e as mulheres, mas contra os pró-dreyfus. A nacionalidade polonesa afrancesada de Marie Curie, que até então era considerada como irrelevante ("não vamos sofismar sobre questões de nacionalidade"), se tornava agora um importante centro da política da identidade. Ela representava os "estrangeiros" contra os franceses legítimos. A essa altura, já não é Marie Curie que parecia com os estrangeiros, mas os estrangeiros que pareciam com ela. Assim, impossibilitar sua

232 GABRIEL PUGLIESE

entrada no Instituto significava uma vitória da França e uma possível derrota dos dreyfusistas.

A votação aconteceu em "clima de guerra", manifestado por diversos lados – políticas nacionalistas e sexuais envolvidas – e que se cruzavam, tornando o poder exercido sobre Marie Curie mais efetivo. Já não se tratava de uma mulher, ou uma estrangeira, mas uma mulher estrangeira, que pretendia entrar num dos institutos de elite masculina mais tradicionais da França. Por tradição, as mulheres eram impedidas de entrar no Instituto durante a votação, e naquele dia não seria diferente. No entanto, homens estrangeiros, enquanto "membros correspondentes", tinham o direito. Houve duas votações e Marie Curie foi derrotada nas duas; na primeira por um voto (29 a 28) e na segunda por dois (30 a 28). Na segunda-feira seguinte, os acadêmicos decretaram no Comptes Rendus o cientista francês como o novo membro.

L'Action française publicou, no dia 25 de janeiro, a "derrota de Dreyfus", dizendo que a Academia recusou-se a entrar no "jogo do círculo judaico", "mostrando-se mais uma vez digna do país". O mesmo artigo ainda clama, por outro lado, a vitória do feminismo, dizendo que no futuro a "barreira masculina cairá e Marie Curie irá ocupar o lugar que merece". Já o jornal *Le Temps* declarou que a "votação não deixa ferimentos, mas dá a honra igual aos dois eruditos, bem como à ilustre assembleia". Esse discurso parece ter tido força e atingido uma certa regularidade, afinal Branly, enquanto homem francês, já havia tentado a vaga várias vezes sem sucesso. Além do mais, era muito mais velho que Marie Curie, que se candidatava pela primeira vez e teria outras oportunidades. Mas havia controvérsias... Ainda no dia 25 de janeiro de 1911, por exemplo, *L'Intransigeant* fez duras críticas ao modo como a cientista conduziu sua candidatura:

> Ao apresentar sua candidatura ela própria, ao reafirmar perante aos jornais que era de fato uma candidata, ela exibiu uma falta de reserva que não é do seu sexo. Assim,

SOBRE O "CASO MARIE CURIE"   233

ofendeu alguns cientistas que, fora isso, admiravam seu trabalho. (...) Quanto ao público em geral, deve-se dizer também que se tornou hostil à candidata. Eles julgaram que essa mulher, antes tão popular, levou longe demais seu gosto por recompensas e honrarias. Aplaudiram a lição de paciência e modéstia que o Instituto acabou de infligir.

Marie Curie, no entanto, ficou à margem de toda essa batalha e não voltou a se candidatar à Academia de Ciências de Paris. Como estratégia, não se pronunciou em qualquer momento. A candidatura de Marie Curie foi possibilitada pela radiopolítica, que a jogava para lugares interditos ao feminino, mas isso era considerado um afronte, uma batalha contra as vicissitudes dominantes do gênero. É que talvez a Academia não se limitasse mais à cientista (para além da autoridade de membro), afinal, seus trabalhos eram incontestáveis, inclusive para a Instituição. Eis um ponto importante nas relações políticas que pretendo discutir. Ao se interditar Marie Curie em alguns territórios através da política sexual ou nacionalista convencional, não se conseguiu parar o devir-mulher que a radiopolítica encenava. Se o rádio, o polônio, enfim, a radioatividade se proliferavam infinitamente, Marie Curie não deixava de "ir junto", como um vírus, independentemente da regularidade do discurso materializado em algumas instituições e que apareciam como resistentes a seu sexo ou sua origem.[41] A radiopolítica permitia deslocamentos, multiplicações de combate à política sexual, e "desindividualizava" Marie Curie. Se o poder a capturasse de um lado, ela se estendia para outro (DELEUZE & GUATTARI, 1995a; 1996).

---

41 É possível ver essa multiplicação de Marie Curie no Anexo deste livro, onde são apresentados os inúmeros prêmios e medalhas, além das academias de que ela se tornou membro. Na França, no entanto, ela entrou para o Instituto somente em 1922, no pós-guerra, na Academia de Medicina (mas não a de Física) por conta de suas contribuições na radiologia – inclusive durante a guerra.

234   GABRIEL PUGLIESE

Após sua tumultuada candidatura à Academia, Marie Curie se dirigiu para a Conferência de Solvay,[42] onde se reuniu com grandes cientistas como Ernest Rutherford, Albert Einstein, Max Planck, Henri Poincaré, Jean Perrin, Paul Langevin e Hendrik Lorentz, entre outros, para debater os grandes temas da física. No entanto, o convite para o congresso foi feito para poucos, era uma honra muito grande a possibilidade de participar de tal evento, cuja intenção era reunir os mais sábios cientistas do mundo. Dois eixos de discussão centralizaram a conferência: a radioatividade e a dinâmica relativística dos quanta;[43] as duas visões que revolucionariam a ciência do início do século. Ainda no congresso, Marie Curie recebeu a notícia de que havia sido indicada para o Nobel em química de 1911, e que iria concorrer ao prêmio "por produzir amostras suficientemente puras de polônio e rádio para estabelecer seus pesos atômicos, fato confirmado por outros cientistas, e pela proeza de produzir o rádio como um metal puro" (GOLDSMITH, 2006: 149).[44]

De volta à França, teve que enfrentar outro combate, dessa vez, menos institucional do que moral – ainda amparado na sua candidatura a Academia –, e que ressoaria na comissão que lhe cederia o prêmio. Na primeira página do *Le Journal*, no dia 4 de novembro de 1911, a seguinte matéria denunciaria um romance: "uma história

---

42   Ernest de Solvay era um químico industrial belga que fizera uma fortuna com um novo processo desenvolvido por ele para a produção de carbonato de sódio. Foi eleito em duas ocasiões senador belga e, no final da vida, Ministro de Estado. As conferências de Solvay eram importantes encontros de cientistas com o intuito de debater os temas do momento e funcionam até os dias de hoje. Sua primeira versão é de 1911 e tinha como tema de debate a teoria da radiação e dos quanta. Foi feita na época como "o primeiro grande congresso mundial de física". No presente, elas acontecem tanto no ramo da física quanto no ramo da química, divisão que se deu a partir de 1922.

43   Quanta é o plural de quantum, palavra latina que significa "quantidade de energia". Conceito da física criado por Max Planck em 1900 para o estudo de pequenas trocas de energia, e que foi utilizado por Albert Einstein em 1905 em seus estudos sobre a relatividade. Esses dois momentos são conhecidos como o limiar da física moderna e deram origem, posteriormente, à física quântica.

44   Para ver o relatório integral, cf. www.nobelprize.org.

SOBRE O "CASO MARIE CURIE" 235

de amor: Madame Curie e o professor Langevin". A abertura do texto comunicou que "as chamas do rádio, que brilham tão misteriosamente, acabaram de provocar um incêndio no coração de um dos cientistas que estudam tão dedicadamente sua ação; e a esposa e filhos desse cientista estão em prantos…".

A matéria havia tomado como fonte uma entrevista com a sogra do cientista, dissertava sobre "a história de amor" denunciando que Langevin havia sumido de Paris. Insinuou, ainda, que tal fato aconteceu por conta do romance que o cientista teve com Madame Curie; como se os dois tivessem fugido juntos – a prova eram as cartas trocadas desde 1910 (que só seriam publicadas posteriormente). O jornalista, então, concluiu a matéria fazendo um apelo aos acusados: "eu gostaria de saber o que Madame Curie e o senhor Langevin dizem dessa triste história, gostaria de ouvi-los gritar para mim: eles estão errados, eles abusam de nós, não há uma palavra verdadeira no que lhe disseram. Mas Marie Curie não pôde ser encontrada e ninguém sabe onde procurar o senhor Langevin" (*idem, ibidem*).[45]

Na França daquele momento, o adultério era um crime moralmente condenado (para as mulheres).[46] Era comum que homens burgueses casados tivessem amantes anônimas que, em sigilo, desempenhavam seus papéis sexuais sem atingir a imagem da esposa. As convenções da *Belle Époque* podiam manter impunes esses "crimes" (PERROT, 1991), mas Marie Curie não atendia a tais ex-

---

45 Em Quinn (1997) e Goldsmith (2006) é possível ler boa parte dessas cartas trocadas entre Paul Langevin e Marie Curie, além de outras pessoas que foram envolvidas, com base nas quais se discute sobre o romance entre 1910 e 1911; hoje, boa parte desses documentos faz parte do acervo do Museu Curie, na França. Sabe-se com as biografias que, durante esse período mais intenso do romance, Marie Curie recebeu várias ameaças da esposa de Paul Langevin, exigindo que se afastasse de seu marido em troca da não publicidade das cartas. Não me cabe aqui apresentar o conteúdo dessas cartas e das ameaças, somente os efeitos que produziram nos bastidores do Nobel de 1911.

46 Um único adultério por parte de uma mulher acarretava, sob a acusação do marido, de três meses a dois anos de prisão, ao passo que, sendo por parte do homem, era caso de fiança – mas somente se tivesse levado a amante para a casa de sua esposa (PERROT, 1991).

236   GABRIEL PUGLIESE

pectativas. Era uma cientista renomada e o desmascaramento público poderia lhe render muitos percalços. Na situação de viúva, ela não cometeria nenhum crime diante da lei matrimonial, mas a transgressão era contra a integridade da "família burguesa francesa". Era sob a égide desse poder que a esposa de Paul Langevin jogava: após a exposição pública do romance, ela abriu um processo de abandono contra o marido – que estava há pelo menos seis meses longe de casa, levando consigo seus filhos. O alvo indireto era a própria Madame Curie, como se ela tivesse inspirado a fuga. Talvez, a viagem para o Congresso de Solvay, em Bruxelas – no qual Marie Curie e Paul Langevin participaram juntos – impulsionou estrategicamente a publicidade do assunto.

No dia seguinte da reportagem, Marie Curie se manifestou no jornal *Le Temps*, dizendo que as insinuações eram "pura loucura": "eu gostaria somente de dizer que fui para Bruxelas com mais vinte cientistas franceses e estrangeiros, para uma reunião científica da maior importância". Esta matéria informou que Marie Curie "estava todos os dias em seu laboratório", e passou um curto espaço de tempo no Congresso de Solvay e, posteriormente, na Polônia, concluindo que o romance era "pura invenção". No mesmo dia, outro jornal desmentiu a acusação de que Paul Langevin havia abandonado sua família fugindo com Madame Curie, no entanto, manteve as acusações sobre o romance. Tal foi o mote da matéria do *Le Petit Journal*, tendo pela primeira vez uma entrevista com a esposa "lesada" (Madame Langevin), que defendia as causas de sua família e declarava (novamente) ter as provas da traição:

> Se eu fosse a mulher que estão tentando fazer de mim, em certos círculos – uma louca estupidamente ciumenta –, eu teria gritado a traição de meu marido e daquela que destruiu meu lar. Mantive o silêncio porque era meu dever, como mãe e esposa, esconder as falhas daquele cujo nome uso. Fiquei aguardando, então, sempre

SOBRE O "CASO MARIE CURIE"   237

com uma esperança de reconciliação, a volta de meu marido à razão.

Marie Curie escreveu em tom de ameaça uma carta ao *Le Temps*, que havia tornado público o assunto. Na carta, ela afirmava:

> Considero abominável toda a intrusão da imprensa em minha vida privada. Esta intrusão é particularmente criminosa quando envolve pessoas que, manifestadamente, consagram suas vidas a preocupações de ordem elevada e de utilidade geral. (...) Não há nada em minhas ações que me obrigue a me sentir diminuída. (...) Deste momento em diante, acompanharei com rigor a publicação de escritos a mim atribuídos ou de alegações tendenciosas a meu respeito. Como tenho direitos, reclamarei reparações e exigirei consideráveis somas, a serem empregadas em favor da ciência.

Em seguida, o editor do jornal escreveu que se sentia culpado pelo mal causado à cientista e proibiu qualquer escrito sobre o assunto em seu jornal.

A comissão do Nobel, acompanhando o caso de perto, mostrou-se preocupada com a repercussão do romance e a transgressão que poderia figurar. A votação do prêmio aconteceu em meio à polêmica que envolvia Marie Curie, indicada em primeira linha. Se as acusações se revelassem verdadeiras, não seria interessante laurear a cientista, pois a imagem do prêmio poderia ser desgastada (CRAWFORD, 1984). Na troca de cartas da comissão, é possível perceber não só a preocupação com o caso, mas também com sua veracidade. Um comissário do Nobel enviado à França para acompanhar o caso informou à Academia sueca: "a dita senhora e o professor que foram entrevistados protestam ambos contra a informação", e, depois da segunda manifestação de Marie Curie, concluiu: "[aconteceram] novos protestos e explicações de destacados

238 GABRIEL PUGLIESE

cientistas, novas negativas e protestos de fontes digna de créditos" (*apud* QUINN, 1997).[47] Com essa informação, o nome de Marie Curie foi mantido na votação, que a prezou em unanimidade para a premiação (CRAWFORD, 1987).

A contenda sobre o assunto continuaria. O jornal *L'Action française*, no dia 18 de novembro, fez menção indireta à candidatura da cientista à Academia de Ciências de Paris:

> Embora essa mulher não seja de nossa raça, embora seja uma funcionária pública, e mesmo tendo desejado, seja como for, beneficiar-se de prerrogativas dos homens – estávamos inteira e naturalmente dispostos a lhe oferecer também as imunidades de seu sexo. E as ofereceríamos indefinidamente, se um interesse da mesma ordem, mas muito mais sagrado, não entrasse em jogo. Não existe uma mulher apenas, neste caso, mas duas, e a segunda é infinitamente mais digna do que a primeira. Mas, se a primeira teme por sua reputação que arriscou espantosamente, a segunda, a mulher irrepreensível, a mãe de família cujo lar está sendo destruído, pode temer, se ficarmos em silêncio (…) a força do escandâ-lo tornou-se a única graça salvadora para a mãe.

Apesar do processo na justiça e da repercussão nos jornais, o assunto permaneceu em suspensão pela falta de provas. Mas isso se deu até que algumas das cartas, trocadas pelos amantes, fossem publicadas pelo jornal *L'Oeuvre*, no dia 23 de novembro de 1911. Foram comunicados ao público alguns trechos em que Marie Curie sugeria a Paul Langevin o pedido de divórcio. Em torno disso, o jornal comentou: "meticulosa, uma mulher emancipada de moral científica ibseana e nietzschiana" e retomou o caso Dreyfus sobre nova

---

47 As fontes de QUINN (1997) que faço uso aqui são os carbogramas da "correspondence concerning the Nobel Prize in Chemistry of Marie Curie 1911", nos arquivos do prêmio Nobel.

forma: "França nas garras de sujos estrangeiros que a saqueiam, aviltam e a desonram". Informou ainda que Paul Langevin era chamado em círculos científicos de "o tolo da polonesa".

Os comissários do prêmio Nobel não poderiam voltar atrás, o prêmio já havia sido concedido e o discurso de entrega deveria ser feito no dia 10 de dezembro. Tinha porém, o poder de inibir que Marie Curie fosse receber o prêmio na Suécia e evitar qualquer tumulto na cerimônia. Nessa perspectiva, Marie Curie recebeu um comunicado da Academia sueca, nas vésperas da entrega do prêmio:

> Uma carta atribuída à senhora foi publicada num jornal francês e exemplares circularam aqui. Perguntei, portanto, a alguns colegas o que achavam que deveria ser feito, na nova situação, que se agravou consideravelmente com o ridículo duelo de Paul Langevin. O duelo dá a impressão, espero que incorreta, de que a correspondência publicada não é falsa. Todos os meus colegas me disseram que é preferível que a senhora não venha até aqui. (...) Ninguém pode ter certeza do que pode acontecer na entrega do prêmio. Se a Academia tivesse pensado que a carta em questão poderia ser autêntica, com toda a probabilidade não lhe daria o prêmio antes que a senhora desse uma explicação plausível, mostrando que a carta é falsa. (*apud* QUINN, 1997: 355)[48]

Marie respondeu prontamente:

> A ação que me aconselha me parece que seria um grave erro de minha parte. De fato, o prêmio foi concedido

---

48 Paul Langevin desafiou para um "duelo de armas" o editor do jornal que o chamou de "o tolo da polonesa". Tratava-se de um ritual comum entre homens que lutavam em torno de sua reputação. Há registros em cartas de colegas e nos jornais do dia 26 de novembro (*Le Petit Journal, L'Intrasigeant*) que o duelo realmente aconteceu, mas não houve feridos ou mortos porque o jornalista decidiu não atirar e o cientista, imediatamente, também se recusou.

240 GABRIEL PUGLIESE

> pela descoberta do rádio e do polônio. Acredito que não existe ligação alguma entre meu trabalho científico e minha vida particular... Não posso aceitar a ideia, em princípio, de que a apreciação do valor de trabalho científico deva ser influenciada pela difamação e pela calúnia referente à minha vida particular. Estou convencida de que essa opinião é partilhada por muitas pessoas. (*idem, ibidem*: 356)

A cientista recebeu o prêmio Nobel pessoalmente em Estocolmo, o que cravaria seu nome de uma vez por todas na história das ciências. Esse feito, imagino, foi possibilitado pelas "relações de relações" e "caracteres de caracteres" (para lembrar Whitehead), trazidos à tona por seu dispositivo experimental, que fez a radioatividade, o rádio e o polônio habitarem o mundo, além de outras substâncias e efeitos políticos produzidos por aqueles que se dobraram a seu procedimento. Em seu retorno à França, após receber o seu segundo prêmio Nobel, Marie Curie teve sua casa apedrejada, sob gritos de "a polonesa destruidora de lares"...

Enfim (para realmente terminar), as relações entre a radiopolítica e seu efeito nas relações de gênero e nacionalidade é longa e rica demais, e tornou-se impossível acompanhá-la – o jogo de relações de poder e contrapoder que compuseram o "Caso Marie Curie" certamente não tem aqui seu fim. No entanto, como salienta Latour (2005), é necessário colocar um ponto final, principalmente porque é assim que termina uma tese.

A radioatividade e a subversão do gênero

Se as conquistas úteis à humanidade vos comovem; se ficais pasmados diante da telegrafia elétrica, da fotografia, da anestesia, e de tantas outras descobertas; se estais orgulhosos e conscientes da parte que cabe ao vosso país na conquista dessas maravilhas, tomai interesse, eu vos conjuro, por esses recintos sagrados que chamamos de laboratórios. Façais o possível para que eles se multipliquem. Eles representam os templos do futuro, da riqueza e do bem-estar social. É por intermédio deles que a humanidade melhora e cresce. É neles que o homem aprende a ler os segredos da natureza e da harmonia universal, enquanto as obras do homem são quase sempre obras de barbárie, de fanatismo e de destruição... (Madame Curie, discurso para inauguração do Instituto do *Radium* em Paris)

Se a verdade fosse uma mulher, os filósofos a desconheceriam... Tal o modo como Nietszche inicia o prelúdio de uma filosofia por vir, sua denúncia ao preconceito de uma determinada imagem do pensamento, de seu dogmatismo. Crítica à resistência conservadora e fútil que faz dos edifícios mais sublimes do pensamento, "o

242 GABRIEL PUGLIESE

sujeito" e a "coisa em si", uma renegação gramatical da disputa, da tensão, que faz da verdade uma perspectiva. Longe desse "delírio de presunção", e mesmo da ironia contida nessa sentença discursiva, espero que esse livro tenha oferecido ao leitor uma forma outra de colocar o problema da relação entre gênero e ciência. A expectativa é que a desigualdade de gênero, criada pelo habitar de Marie Curie na controvérsia da radioatividade, tenha funcionado como um liame que faz aparecer algumas relações de poder inerentes às ciências modernas, tornando possível espreitar o caráter autoevidente do seu funcionamento mais prosaico.

Ao terminar seu livro *Problemas com gênero*, Butler (2008) deixou uma pergunta no ar:

> As configurações culturais do sexo e do gênero poderiam então proliferar ou, melhor dizendo, sua proliferação atual poderia então tornar-se articulável nos discursos que criam a vida cultural inteligível, confundindo o próprio binarismo do sexo e denunciando sua não-inaturalidade fundamental. Que outras estratégias locais para combater o "não inatural" podem levar a desnaturalização do gênero como tal? (BUTLER, 2008: 214)

Eu poderia tentar responder, humildemente, o convite da filósofa: "radiopolítica, a subversão do gênero em uma palavra"... Tal subversão é possibilitada entre os inúmeros pontos de emergência da radiopolítica e da multiplicidade de convergência de seus rastros. Seja quando os cientistas tinham que se submeter aos procedimentos de Marie Curie, ao seu dispositivo experimental para a radioatividade, o que tornou possível fazê-la (anormalmente) visível; seja pelas regras criadas para a utilização do rádio (a "medida do rádio"), o que a colocou numa posição de autoridade perante seus pares. Essa singularidade tornou inseparáveis as zonas de "atividade" das coisas e das pessoas em um conjunto, formando uma específica e molecular "cosmopolítica" (STENGERS, 1997) – não no sentido de uma política mundial e globalizada, o que também não é irreal, mas de um acontecimento que alinhava a descontinuidade entre os assuntos humanos e a gestão-produção das coisas, o que estamos acostumados a descrever em histórias diferentes. Enfim, tentei explorar a microfísica daquilo que Bruno Latour chamou de *Políticas da Natureza* (2004b).

Mas para isso tomei cuidado, desde o inicio desse trabalho, em dissociar, de um lado, as histórias de "veneração" e "denúncia" da ciência, e de outro, a abordagem que pretendi do "Caso Marie Curie". Busquei me instalar entre essas duas histórias, para ficar somente com o signo do acontecimento: o processo contingente de "batalhas" que produziram a radioatividade e Marie Curie. Fiz um esforço deliberado para me proteger dos perigos de meu próprio discurso, em relação àquilo que ele não pretendeu inferir, principalmente no que dizia respeito à perniciosa relação entre verdade e poder. Em comum acordo com Stengers (2002), tentei abrir um espaço para desenvolver uma certa singularidade da ciência, ao invés de corroborar com a estética trágica de uma ciência redutora ou reduzida, devotada em ambos os lados a nivelar e endurecer as diferenças.

Deslocar os ângulos do alvo para multiplicá-lo, experimentar as suas pequenas diferenças, e assim evitar o cansaço da repetição da mira. Forçar uma rotação de perspectiva, que permita afastar certos atavismos, premissas, que envolvem a descrição que fazemos da ciência e que a tornam pálida, como o bem e o mal, o elogio e a crítica. Nem construir ídolos nem destruí-los tal como um iconoclasta, evitar o absolutismo ao mesmo tempo em que evitar o relativismo, essas duas faces da mesma moeda. Por isso espero que meu objetivo esteja cumprido: fazer aparecer o "Caso Marie Curie" em sua positividade; descrever sua funcionalidade para além de uma "revisão" da ciência ou de uma "defesa" de seus pressupostos.

Por isso, falei em criar uma diferença a partir do "Caso Marie Curie"; multiplicar as regras do jogo e de combate, contra os antagonismos bastante atuais como, por exemplo, entre homens e

244   GABRIEL PUGLIESE

mulheres, ciência e não-ciência, vencedores e vencidos, ou mesmo as reduções e os modos bastante diversificados que assumem. O intuito de criar um conceito que pudesse caracterizar a emergência de uma "aclimatação" – a intensidade política do dispositivo experimental de Marie Curie para a radioatividade – remete à possibilidade de explorar um agenciamento que estaria na superfície das relações que foram constituídas, mas que os instrumentos anteriores não permitiam ver. Marie Curie tornou-se pioneira em vários aspectos e a radiopolítica a produziu como essa anômala. Os territórios de maioria masculina – o Estado, a Ciência, a Universidade – foram habitados por Marie Curie de modo subversivo, e as relações que possibilitaram que isso acontecesse não me parecem evidentes. O efeito "espontâneo" que surgiu em meio a esse complexo conjunto limitou as forças do exercício da política sexual e nacionalista em que Marie Curie encontrava-se envolvida, e que desde o início de suas pesquisas eram indissociáveis. Seja como esposa e auxiliar de Pierre – que várias vezes, como efeito do poder da "complemetaridade sexual" a levava à invisibilidade; seja como viúva e cientista renomada – "polonesa destruidora de lares". Ainda que se pudesse capturar Marie Curie (como em vários momentos dessa história), o mesmo não se poderia fazer com seu movimento. Por conseguinte, a radiopolítica não parou de funcionar numa "evolução aparalela", arrebatando Marie Curie "em nome da radioatividade", e a cientista não cessou de ocupar territórios masculinos, enquanto a política sexual "gaguejava", tomada em sua própria "agramaticalidade" (DELEUZE & PARNET, 2004).

Tentei mostrar o modo como se deu a primeira mulher (visível) na ciência moderna, e a única a vencer o prêmio Nobel em categorias distintas; a primeira professora universitária e coordenadora de um laboratório dos tempos modernos; a primeira que teve um fenômeno da natureza ligado ao seu nome e uma "medida" que a fez trabalhar como uma política profissinal – às vezes, antes mesmo do sufrágio universal. No entanto, essa "resistência" não tem nada a

SOBRE O "CASO MARIE CURIE"   245

ver com uma "grande recusa", a lei pura do revolucionário; ao contrário, ela é uma multiplicidade, um caso único. Ora, não foi ali no laboratório, no território da Ciência, em meio a tantos bloqueios inerentes às vicissitudes de gênero, que foi possível criar uma singularidade política desdobrada num "território existencial" para Marie Curie: o território da radioatividade, onde ela "conseguiu a permissão de exercer toda sua liberdade"? Certamente essa permissão – sobre a qual ela se afirmava em sua chegada a Paris – não foi feita sem um pouco de crueldade contra si própria e também contra os outros, no combate entre o exercício do poder sexual e nacionalista e a radiopolítica que emergiu de seu laboratório e que não parou de se exercer como resistência ao poder (identitário).

Essa política inusitada, que limitou e fez variar internamente o poder, foi o que tentei mostrar durante todo o livro. Para isso, tive que fazer uma escolha:

> pensar antes as intensidades (e mais cedo) do que as qualidades e as quantidades; antes as profundidades do que os comprimentos e as larguras; antes os movimentos de individuação do que as espécies e os gêneros. (...) Pensar as intensidades – suas diferenças livres e suas repetições (...) é recusar o negativo (que é uma forma de reduzir a diferença a nada, ao zero, ao vazio, à nulidade) (...) é portanto rejeitar de um só golpe as filosofia da identidade e as da contradição, os metafísicos e os dialéticos (...) é rejeitar de um só golpe as filosofias da evidência e da consciência...". (FOUCAULT: 2005: 144)

A resolução do problema me parece ter pouco a ver com as "habilidades" individuais de Madame Curie, ou com o "caráter feminino" de sua produção. Tampouco estava ligado ao tamanho "das redes que construiu em nome da radioatividade", e muito menos com a natureza "transcendente do fenômeno". O caminho que apostei conduz para o conjunto de relações de força heterogêneas produtoras

246   GABRIEL PUGLIESE

da singularidade da radiopolítica: essa "intensidade" molecular que desenraizava o império "não inatural" do gênero, ao multiplicar as suas possibilidades convencionais, carregando Marie Curie em seu bojo como uma "anômala", que sempre se tornava outra coisa que não ela mesma. A luta laboratorial para estabilizar a radioatividade como um fenômeno geral me parece sua "pedra angular".

O discurso de Marie Curie a respeito da inauguração de seu Instituto (citado acima) é um grito silencioso de reprodução da política singular possibilitada pelo laboratório e cristalizada, no seu caso, no Instituto do Rádio: "façais o possível para que os laboratórios se multipliquem". Por isso, não reproduzi qualquer teoria que explicasse o "Caso Marie Curie" – mobilizar as que me estavam sujeitas nas contemporâneas "Guerras das Ciências" –, mas antes, tentei fazer insurgir uma diferença, multiplicidade fragmentária e móvel que se instalou entre o gênero (a nacionalidade) e a ciência, entre as redes de relações de sujeitos e objetos que a comportam. Tentei descrever relações de forças que em nenhum momento implicassem numa homogeneidade, nem como provenientes de sujeitos nem de objetos, mas que, ao contrário, mostrassem a complexidade de sua constituição, a multiplicidade e os diversos lados em que operam.

Porque, afinal de contas, era da "paixão" que os cientistas têm com seu trabalho que eu estava tratando, paixão essa que se cristaliza em suas pesquisas. A definição de Marie Curie de tal ofício é tão bela quanto exprime o devir que passava nos laboratórios: "Um cientista (...) não é um mero técnico: é também uma criança que confronta os fenômenos naturais que o impressionam como faziam os contos de fada" (CURIE, 1963: 221). Essa paixão é da mesma ordem daqueles que "em nome da radioatividade" se dobraram aos seus procedimentos, que fazia com que a radiopolítica funcionasse cada vez mais para um maior número de interessados, proliferando o fenômeno da natureza. Foi em meio a essa luta que aquilo que conhecemos como radioatividade – esse grande território da física – foi inventado-descoberto, lá num "galpão de batatas" em Paris; e seguiu se constituindo contra várias falsificações até tornar-se um "segredo universal da natureza", uma evidência, que os cientistas "aprenderam" a ler.

Mesmo nos dias de hoje, quando mobilizamos a radioatividade nos laboratórios, temos de *nos* submeter aos procedimentos da cientista. Portanto, lembrar de Marie Curie, de sua importância histórica, é impossível sem a radioatividade – ligação radiopolítica. Criou-se, em meio a tantas relações de poder, uma "aclimatação" singular que fez com que as duas se desgarrassem do tempo para ganhar a eternidade (PRIGOGINE & STENGERS, 1992). A primeira, como um ícone da história da ciência; a segunda, como um fenômeno universal. Por isso a radiopolítica é da ordem do devir, cria "núpcias" entre Marie Curie e a radioatividade – devir-radioatividade de Marie Curie, e devir-mulher da radioatividade, que são produzidas em um corte transversal que as arrasta para espaços indevidos, fazendo variar os outros elementos que capturam. Esta é a singularidade do "Caso Marie Curie", movimento que certamente não tem um início, nem tampouco um fim...

Em 1995, os restos mortais de Marie Curie foram transferidos para o Panthéon, numa cerimônia nobre que marcou o início das comemorações do centenário da radioatividade. Era a primeira mulher enterrada naquele local, por "méritos próprios" – segundo as palavras do então presidente da França, François Mitterrand. Até aquele momento, a famosa inscrição no frontão do Panthéon deveria ser tomada realmente ao pé da letra: *"Aux grands hommes, la patrie reconnaissante"* ["Aos grandes homens, a pátria reconhecida"]. A França deposita, pois, as cinzas de uma mulher polonesa, após 60 anos de sua morte, no templo dedicado aos "homens da pátria". As palavras do governante são claras:

> Esta transferência das cinzas de Pierre e Marie Curie para no nosso santuário mais sagrado não é apenas um ato de lembrança, mas também um ato em que a França afirma sua fé na ciência, na pesquisa, e nós afirmamos nosso respeito por aqueles que consagramos aqui, por

suas forças e suas vidas. A cerimônia de hoje é um gesto deliberado de acolhimento do Panthéon à primeira-dama de nossa honrada história. É um símbolo que chama atenção de nossa nação à luta de uma mulher que decidiu impor suas habilidades em uma sociedade onde as habilidades, a exploração intelectual e a responsabilidade pública estavam reservadas aos homens.

Que outras estratégias, para além da radiopolítica, compõem o "Caso Marie Curie", como nos mostra o centenário da radioatividade?

Referências bibliográficas

BADASH, Lawrence. "Radioactivity before the Curies". In: *American Journal of Physics*. 1965, v. 33, p. 128-135.

BIRCH, Beverley. *Marie Curie*. São Paulo: Globo, 1993.

BLOOR, David. "Anti-Latour". In: *Stud. Hist. Philos. Sci.*, mar. 1999, v. 30(1), p. 81-112.

_____. *Knowledge and social imagery*. Londres: Routledge & Kegan Paul, 1976.

BUTLER, Judith. *Problemas com gênero. Feminismo e subversão da identidade*. Rio de Janeiro: Civilização Brasileira, 2008.

CITELLI, Maria Teresa. "Mulheres na ciência: mapeando um campo de estudo". In: *Cadernos Pagu*. Campinas, nº 15, 2000.

CRAWFORD, Elisabeth. *The beginnings of the Nobel Institution: the sciences prizes, 1901 – 1915*. Cambridge: Cambridge University Press, 1984.

COLLINS, Harry. *The Sociology of Scientific Knowledge*. Bath: Bath University Press, 1982.

CORRÊA, Mariza. "Problemas com os homens e problemas com a inveja do pênis: lendo Lacan na Melanésia". In: *Cadernos Pagu*. Campinas, nº 30, 2008.

250   GABRIEL PUGLIESE

_____. *Antropólogas e Antropologia*. Belo Horizonte: UFMG, 2003.

_____. "O sexo da dominação". In: *Novos Estudos Cebrap*. São Paulo, nº 54, 1999.

CURIE, Eve. *Madame Curie*. São Paulo: Companhia Editora Nacional, 1943.

CURIE, Marie. *Pierre Curie, With the autobiographical notes of Marie Curie*. Nova York: Dover, 1963.

DAVIS, J. L. "The research School of Marie Curie in the Paris faculty, 1907-1914". In: *Annals of Science*, v. 52, 1995.

DELEUZE, Gilles. "Para dar fim ao Juizo". In: *Crítica e clínica*. São Paulo, 34, 2006.

_____. *Foucault*. São Paulo: Brasiliense, 2005.

_____. *Diferença e repetição*. Lisboa: Relógio D'Água, 2000.

DELEUZE, Gilles; GUATTARI, Felix. *Mil Platôs: capitalismo e esquizofrenia*, v. 1. São Paulo, 34, 1995a.

_____; _____. *Mil Platôs: capitalismo e esquizofrenia*, v. 2. São Paulo: Editora 34, 1995b.

_____; _____. *Mil Platôs: capitalismo e esquizofrenia*, v. 3. São Paulo, 34, 1996.

_____; _____. *Mil Platôs: capitalismo e esquizofrenia*, v. 4. São Paulo, 34, 1997a.

_____; _____. *Mil Platôs: capitalismo e esquizofrenia*, v. 5. São Paulo, 34, 1997b.

_____; _____. *O que é filosofia?*. São Paulo, 34, 1992.

DELEUZE, Gilles; PARNET, Claire. *Diálogos*. Lisboa: Relógio D'Água, 2004.

DUMONT, Louis. *O individualismo: uma perspectiva antropológica da ideologia moderna*. Rio de Janeiro: Rocco, 1993.

DURKHEIM, Émile. *A divisão do trabalho social*. São Paulo: Martins Fontes, 1999.

FENELON, Sandro & ALMEIDA, Sidney de Souza. "A histórica visita de Marie Curie ao Instituto do Câncer de Belo Horizonte". In: *Radiologia Brasileira*, v. 34, nº 4, 2001.

FOUCAULT, Michel. *História da sexualidade I. A vontade de saber*. Rio de Janeiro: Graal, 2008.

_____. *Arqueologia do saber*. Rio de Janeiro: Forense, 2007.

_____. "Precisões sobre o poder: respostas a certas críticas". In: *Ditos e escritos*, v. IV. Rio de Janeiro: Forense, 2006a.

_____. "A poeira e a nuvem". In: *Ditos e escritos*, v. IV. Rio de Janeiro: Forense, 2006b.

_____. *O nascimento da clínica*. Rio de Janeiro: Forense, 2006c.

_____. "Ariadne enforcou-se". In: *Ditos e escritos*, v. II. Rio de Janeiro: Forense, 2005.

_____. "Introdução a uma vida não fascista". In: *Cadernos de Subjetividade*, PUC-SP, v. 1, nº 1, 1993.

_____. *As palavras e as coisas*. São Paulo: Martins Fontes, 1981.

GOLDSMITH, Bárbara. *Gênio obsessivo: o mundo interior de Marie Curie*. São Paulo: Companhia das Letras, 2006.

GROSS, Paul; LEVIT, Norma. *Higher Superstition: The Academic Left and its Quarrels with Science*. Baltimore: Johns Hopkins, 1994.

HARAWAY, Donna. "'Gênero' para um dicionário marxista". In: *Cadernos Pagu*. Campinas, 2004, nº 22, p. 201-246.

_____. "Manifesto ciborgue: ciência, tecnologia e feminismo-socialista no final do século XX". In: SILVA, Tomaz Tadeu da (org.). *Antropologia ciborgue: as vertigens do pós-humano*. Belo Horizonte. Autêntica, 2000, p. 37-130.

_____. "Saberes localizados: a questão da ciência para o feminismo e o privilégio da perspectiva parcial". In: *Cadernos Pagu*, Campinas, nº 5, 1995.

_____. *Simians, Cyborgs, and Women: The Reinvention of Nature*. Nova York: Routledge, 1991.

252   GABRIEL PUGLIESE

HARDING, Sandra. *The Science Question in Feminism*. Londres: Cornell University Press, 1986.

HARVEY, John. *Almost a Man of Genius: Clémence Royer, feminism and nineteenth-century science*. New Brunswick: Rutgers University Press, 1997.

JAUNCEY, G. E. M. "The early years of radioactivity". In: *American Journal of Physics*, 1946. v. 14, p. 226-241.

JOLIOT-CURIE, Irène. "Les carnets de laboratoire de la découverte du Polonium et du Radium". In: CURIE, Marie Sklodowska. *Pierre Curie*. Paris: Gallimard, 1940, p. 103-124.

KELLER, Evelyn Fox. "Qual foi o impacto do feminismo na Ciência". In: *Cadernos Pagu*. Campinas, n° 27, 2006.

_____. *Reflections on gender and science*. New Heaven: Yale University Press, 1985.

_____. *Felling for the Organism: The Life and Work of Barbara MacClintock*. Nova York: W. H. Freeman, 1983.

_____. LONGINO, Helen (org.). *Feminism and Science*. Oxford University Press, 1996.

KUHN, Thomas. *A estrutura das revoluções científicas*. São Paulo: Perspectiva, 1997.

LAQUEUR, Thomas Walter. *Inventando o sexo: corpo e gênero dos gregos a Freud*. Rio de Janeiro: Relume Dumará, 2001.

LATOUR, Bruno. *Reassembling the Social: An Introduction to Actor-Network-Theory*. Oxford University Press, 2005.

_____. "Por uma antropologia do centro (entrevista com o autor)". In: *Mana*. UFRJ, v. 10, n° 2, 2004a.

_____. *Políticas da natureza*. Bauru: Edusc, 2004b.

_____. *Reflexão sobre o culto moderno dos deuses fe(i)tiches*. Bauru: Edusc, 2002.

_____. *A esperança de Pandora: ensaios sobre a realidade dos estudos científicos*. Bauru: Edusc, 2001.

SOBRE O "CASO MARIE CURIE"   253

_____. *Ciência em ação*. São Paulo: Editora Unesp, 2000.

_____; WOOLGAR, Steve. *A vida de laboratório*. Rio de Janeiro: Relume Dumará, 1997.

_____. *Jamais fomos modernos*. São Paulo, 34, 1994.

LÉVI-STRAUSS, Claude. *Antropologia estrutural*. Rio de Janeiro: Tempo Brasileiro, 1975.

_____. *Antropologia estrutural dois*. Rio de Janeiro: Tempo Brasileiro, 1993.

_____. *O pensamento selvagem*. Rio de Janeiro: Papirus, 2005.

MACGRAYNE, Sharon. *Mulheres que venceram o Nobel*. São Paulo: Marco Zero, 1994.

MARTINS, Roberto de Andrade. *Os "raios N" de René Blondlot: uma anomalia na história da física*. Rio de Janeiro: Booklink; São Paulo: Fapesp; Campinas: GHTC, 2007.

_____. "Ciência versus historiografia: os diferentes níveis discursivos nas obras sobre história da ciência". In: ALFONSO-GOLDFARB, Ana Maria *et al.* (org.). *Escrevendo a história da ciência: tendências, propostas e discussões historiográficas*. São Paulo: Educ, 2004.

_____. "As primeiras investigações de Marie Curie sobre elementos radioativos". In: *Revista da Sociedade Brasileira de História da Ciência*. série 2, v. 1, nº 1, 2003.

_____. "A descoberta dos Raios X: O primeiro comunicado de Röntgen". In: *Revista Brasileira de Ensino de Física*. UFRGS, v. 4, nº 20, 1998a.

_____. "A descoberta da radioatividade". In: SANTOS, Carlos Alberto dos. *Da revolução científica à revolução tecnológica*. Porto Alegre: Instituto de Física da UFRGS, 1998b.

_____. "Investigando o invisível: as pesquisas sobre os raios X logo após sua descoberta por Röntgen". In: *Revista da Sociedade Brasileira de História da Ciência*, nº 17, 1997.

254   GABRIEL PUGLIESE

MAUSS, Marcel. *Manual de etnografia*. Lisboa: Pórtico, 1972.

PENHA DA SILVA, Aparecida. *Alguns aspectos do percurso de Marie Curie (1867-1934) em seus estudos sobre as radiações*. Dissertação (mestrado). São Paulo, PUC-SP/Cesima, 2004.

PERROT, Michelle (org.). *História da vida privada, v. 4: da Revolução Francesa à Primeira Guerra*. São Paulo: Companhia das Letras, 1991.

_____. *Os excluidos da história: operários, mulheres e prisioneiros*. São Paulo: Paz e Terra, 1992.

PRIGOGINE, Ilya; STENGERS, Isabelle. *Entre o tempo e a eternidade*. São Paulo: Companhia das Letras, 1992.

PUGLIESE, Gabriel. "Um sobrevoo no Caso Marie Curie. Um experimento de Antropologia, Gênero e Ciência". In: *Revista de Antropologia*, USP, v. 50, nº 1, 2007.

_____. "Pesquisando rádio-elementos ou andando de bicicleta: uma antropologia da química de Marie Curie". In: *Anais da ABA*, CD 2, 2006. Também publicado na revista *Ilha* (UFSC), Dossiê Premio Lévi-Strauss, 2009 [no prelo].

QUINN, Susan. *Marie Curie: uma vida*. São Paulo: Scipione, 1997.

ROSS, Andrew (org.). *Science Wars*. Durham: Duke University Press, 1996.

SANTOS, Boaventura Sousa (org.). *Conhecimento prudente para uma vida decente*. São Paulo: Cortez, 2006.

SANTOS, Carlos Alberto dos. *Da revolução científica à revolução tecnológica*. Porto Alegre, Instituto de Física da UFRGS, 1998.

SCHIEBINGER, Londa. *O feminismo mudou a ciência?* Bauru: Edusc, 2001.

SCHWARCZ, Lilia K. Moritz. "Questões de fronteira: sobre uma antropologia da história". *Novos Estudos Cebrap*, São Paulo, nº 72, 2005.

SCOTT, Joan. "Gênero: uma categoria útil de análise histórica". In: *Educação e Realidade*. Porto Alegre, v. 16(2), p. 5-22, jul.-dez. 1990.

SEDENÕ, Eulália Perez. "Ciência, valores e guerra na perspectiva CTS". In: ALFONSO-GOLDFARB, Ana Maria *et al.* (org.). *Escrevendo a história da ciência: tendências, propostas e discussões historiográficas*. São Paulo: Educ, 1999.

SOKAL, Alan; BRICMONT, Jean. *Imposturas intelectuais*. Rio de Janeiro: Record, 1999.

STENGERS, Isabelle. "Para além da grande separação, tornamo-nos civilizados?". In: SANTOS, Boaventura Sousa (org.). *Conhecimento prudente para uma vida decente*. Lisboa: Cortez, 2006.

_____. *A invenção das ciências modernas*. São Paulo, 34, 2002.

_____. "Entre Deleuze e Whitehead". In: ALIEZ, Eric (org.). *Gilles Deuleuze: uma vida filosófica*. São Paulo: Ed. 34, 2000.

_____. *Cosmopolitiques 1*. Paris: La Découverte; Les Empêcheurs de Penser em Rond, 1997.

STENGERS, Isabelle; BENSAUDE-VINCENT, Bernadette. *História da química*. Portugal: Instituto Piaget, 1996.

STRATHERN, Marilyn. *O Gênero da dádiva*. Campinas: Editora da Unicamp, 2007.

_____. "No limite de uma certa linguagem (entrevista com a autora)". In: *Mana*. UFRJ, v. 5, nº 2, 1999.

_____. "Cutting the Network". *The Journal of the Royal Anthropological Institute*, v. 2, nº 3, 1996.

_____. "The Limits of Auto-Anthropology". In: JACKSON, A. (Ed.). *Anthropology at Home*. Londres: Tavistock, 1987

THÉBAUD, Françoise. "Mulheres, cidadania e Estado na França do século XX". In: *Tempo*. Rio de Janeiro, nº 10, 2000.

256 GABRIEL PUGLIESE

WAGNER, Roy. The *Invention of Culture*. Chicago: University of Chicago Press, 1981.

WYART, Jean. "Pierre Curie". In: BENJAMIM, Cesar (org.). *Dicionário de biografias científicas*. São Paulo: Contraponto, 2007.

WHITEHEAD, Alfred North. *O conceito de natureza*. São Paulo: Martins Fontes, 1994.

WOLPER, Lewis. *The Unnatural Nature of Science: Why Science does not make (commom) sense*. Londres: Faber & Faber, 1992.

VIVEIROS DE CASTRO, Eduardo. "Filiação intensiva e aliança demoníaca". In: *Novos Estudos Cebrap*, n° 77, 2007.

_____. *A inconstância da alma selvagem*. São Paulo: Cosac Naify, 2002a.

_____. "O nativo relativo". In: *Mana*, UFRJ, v. 8, n° 1, 2002b.

ZOURABICHVILI, François. *O vocabulário de Deleuze*. Rio de Janeiro: Relume Dumará, 2004.

ACERVOS ELETRÔNICOS PESQUISADOS

Institut de France – Académie des Sciences (www.academie-sciences.fr)
Institut Curie (www.curie.fr)
Marie Curie, femme de Science (www.mariecurie.science.gouv.fr).
American Institut of Physics (www.aip.org)
Bibliothèque Nationale de France (www.bnf.fr)
Prêmio Nobel (www.nobelprize.org)

Anexo:

Prêmios, medalhas e títulos honoríficos concedidos a Madame Curie[1]

PRÊMIOS

- 1898: Prêmio Gegner, Academia de Ciências de Paris[1]
- 1900: Prêmio Gegner, Academia de Ciências de Paris
- 1902: Prêmio Gegner, Academia de Ciências de Paris
- 1903: Prêmio Nobel de Física (em comum com H. Becquerel e Pierre Curie)
- 1904: Prêmio Osíris (concedido pelo Sindicato da Imprensa Parisiense, partilhado com M. E. Branly)
- 1907: Prêmio Actonian, Royal Institution of Great Britain
- 1911: Prêmio Nobel de Química
- 1921: Prêmio de Pesquisa Ellen Richards
- 1924: Grande Prêmio do Marquês d'Argenteuil para 1923, com medalha de bronze, Sociedade de Fomento da Indústria Nacional
- 1931: Prêmio Cameron, concedido pela Universidade de Edimburgo

---

1 Essa relação foi extraida de Eve Curie (1943).

MEDALHAS

- 1903: Medalha Berthelot (em comum com Pierre Curie)
- 1903: Medalha de honra da cidade de Paris (em comum com Pierre Curie)
- 1903: Medalha Davy, Sociedade Real de Londres (em comum com Pierre Curie)
- 1904: Medalha Matteucci, Sociedade Italiana de Ciências (em comum com Pierre Curie)
- 1908: Grande Medalha de ouro Kuhlmann, Sociedade Industrial de Lille
- 1909: Medalha de ouro Elliott Cresson, Instituto Franklin
- 1910: Medalha Alberto, *Royal Society of Arts*, London
- 1919: Grã-cruz da Ordem Civil de Afonso XII de Espanha
- 192:1Medalha Benjamin Franklin, *American Philosophical Society*, Filadélfia
- 1921: Medalha John Scott, *American Philosophical Society*, Filadélfia
- 1921: Medalha de ouro do Instituto Nacional de Ciências Sociais, Nova York
- 1921: Medalha William Gibbs, *American Chemical Society*, Chicago
- 1922: Medalha de ouro, *The Radiological Society of North America*
- 1924: Medalha de Bom Mérito de primeira classe do Governo rumeno, Brevet e Medalha de Ouro
- 1929: Medalha de *New York City Federation of Women's Club*
- 1931: Medalha do *American College of Radiology*

TÍTULOS HONORÍFICOS

- 1904: Membro honorário da Sociedade Imperial dos Amigos das Ciências Naturais, Antropologia e Etnografia de Moscou
- 1904: Membro de honra da *Royal Institution of Great Britain*
- 1904: Membro estrangeiro da Sociedade Química de Londres
- 1904: Membro correspondente da Sociedade Batava de Filosofia
- 1904: Membro honorário da Sociedade de Física do México

SOBRE O "CASO MARIE CURIE" 259

- 1904: Membro honorário da Sociedade de Fomento da Indústria e Comércio de Varsóvia
- 1906: Membro correspondente da Sociedade Científica da Argentina
- 1907: Membro estrangeiro da Sociedade Holandesa de Ciências
- 1907: Doutora em direito, honoris causa, da Universidade de Edinburgo
- 1908: Membro correspondente da Academia Imperial de Ciências de São Petersburgo
- 1908: Membro de honra de *Verein fur Naturwissenschaft in Braunschweig*
- 1909: Doutora em Medicina, honoris causa, da Universidade de Genebra
- 1909: Membro correspondente da Academia de Ciências de Bolonha
- 1909: Membro associada estrangeiro da Academia Tcheca de Ciências, Letras e Artes
- 1909: Membro de honra do Colégio de Farmácia de Filadélfia
- 1909: Membro ativo, Academia de Ciências de Cracóvia
- 1910: Membro correspondente da Sociedade Científica do Chile
- 1910: Membro da *American Philosophical Society*
- 1910: Membro estrangeiro da Academia Real Sueca de Ciências
- 1910: Membro da *American Chemical Society*
- 1910: Membro de honra da Sociedade de Física de Londres
- 1911: Membro honorário, *Society for Psychical Research*, Londres
- 1911: Membro correspondente estrangeiro da Academia de Ciências de Portugal
- 1911: Doutora em ciências, *honoris causa*, Universidade de Manchester
- 1912: Membro de honra da Sociedade Química da Bélgica
- 1912: Membro elaborador do Instituto Imperial de Medicina Experimental de São Petersburgo
- 1912: Membro efetivo da Sociedade Científica de Varsóvia
- 1912: Membro honorário da Universidade de Lemberg
- 1912: Doutora, *honoris causa*, da Escola Politécnica de Lemberg

260 GABRIEL PUGLIESE

- 1912: Membro de honra da Sociedade dos Amigos de Ciências de Vilna
- 1913: Membro extraordinário da Academia Real de Ciências de Amsterdam (seção Matemática e Física)
- 1913: Doutora, *honoris causa*, da Universidade de Birmingham
- 1913: Membro de honra da Associação de Ciências e de Artes de Edimburgo
- 1914: Membro honorário da Sociedade Físico-Medical da Universidade de Moscou
- 1914: Membro honorário da *Cambridge Philosophical Society*
- 1914: Membro honorário do Instituto Científico de Moscou
- 1914: Membro honorário do Instituto de Higiene de Londres
- 1914: Membro correspondente da Academia de Ciências Naturais de Filadélfia
- 1918: Membro de honra da Sociedade Real Espanhola de Eletrologia e Radiologia Médicas
- 1919: Presidente de honra da Sociedade Real Espanhola de Eletrologia e Radiologia Médicas
- 1919: Diretora honorária do Instituto de Rádio de Madrid
- 1919: Professora honorária da Universidade de Varsóvia
- 1919: Membro da Sociedade Polonesa de Química
- 1920: Membro da Academia Real de Ciências e Letras da Dinamarca
- 1921: Doutora em ciências, *honoris causa*, da Universidade de Yale
- 1921: Doutora em ciências, *honoris causa*, Universidade de Chicago
- 1921: Doutora em ciências, *honoris causa*, *Northwestern University*
- 1921: Doutora em ciências, *honoris causa*, de *Smith College*
- 1921: Doutora em ciências, *honoris causa*, de *Wellesley College*
- 1921: Doutora, *honoris causa*, de *Women's of Pennsylvania*
- 1921: Doutora em ciências, *honoris causa*, de *Columbia University*
- 1921: Doutora em direito, *honoris causa*, da Universidade de Pittsburg
- 1921: Doutora em direito, *honoris causa*, Universidade da Pennsylvania

SOBRE O "CASO MARIE CURIE"   261

- 1921: Membro honorário da Sociedade de Ciências Naturais de Buffalo
- 1921: Membro honorário do Clube de Mineralogia de Nova York
- 1921: Membro honorário da Sociedade Radiológica da América do Norte
- 1921 Membro honorário da *New England Association of Chemistry Teachers*
- 1921: Membro honorário do A*merican Museum of Natural History*
- 1921: Membro honorário da *New Jersey Chemical Society*
- 1921: Membro da sociedade de Química Industrial
- 1921: Membro da Academia de Cristiania
- 1921: Membro de honra da *Knox Academy of Arts and Sciences*
- 1921: Membro honorário da *American Radium Society*
- 1921: Membro honorário, *Nordisk Forrening for Medecinski Radiology*
- 1921: Membro de honra da Aliança Francesa de New York
- 1922: Membro associado livre, Academia de Medicina de Paris
- 1922: Membro honorário do Grupo Acadêmico Russo da Bélgica
- 1923: Membro de honra da Sociedade Rumena de Hidrologia Médica e Climatologia
- 1923: Doutora em direito, *honoris causa*, da Universidade de Edinburgo
- 1923: Membro honorário da União de Matemáticos e Físicos Tchecolosvacos de Praga
- 1924: Cidadã honorária da cidade de Varsóvia
- 1924: Nome inscrito (com o de Pasteur) no *Town Hall de Nova York*
- 1924: Membro de honra da Sociedade Polonesa de Química de Varsóvia
- 1924: Doutora em Medicina, *honoris causa*, da Univrsidade de Cracóvia
- 1924: Doutora em Filosofia, *honoris causa*, da Universidade de Cracóvia

1924: Cidadã honorária da Cidade de Riga
1924: Membro honorário da Sociedade de Pesquisas Psíquicas de Atenas
1925: Membro de honra da Sociedade Médica de Lubin (Polônia)
1926: Membro simples da "Pontifícia Tiberina" de Roma
1926: Membro de honra da Sociedade de Química de São Paulo (Brasil)
1926: Membro correspondente da Academia Brasileira de Ciências
1926: Membro de honra da Federação Brasileira pelo Progresso do Feminismo
1926: Membro honorário da Sociedade de Farmácia e Química de São Paulo (Brasil)
1926: Membro de honra da Associação Brasileira de Farmacêuticos
1926: Doutora, honoris causa, da Seção de Química da Escola Politécnica de Varsóvia
1927: Membro honorário da Academia de Ciências de Moscou
1927: Membro estrangeiro da Sociedade de Letras e de Ciências da Boêmia
1927: Membro honorário da Academia de Ciências da URSS
1927: Membro de honra da *Interstate Postgraduate Medical Association of North America*
1927: Membro honorário do *New Zealand Institute*
1929: Membro de honra da Sociedade dos Amigos de Ciências de Posnam (Polônia)
1929: Doutora em direito, *honoris causa*, Universidade de Glasgow
1929: Cidadã honorária da Cidade de Glasgow
1929: Doutora em ciências, *honoris causa*, da Universidade de *Saint Lawrence*
1929: Membro honorário da *New York Academy of Medicine*
1929: Membro, *honoris causa*, da *Polish Medical and Dental Association of America*
1930: Membro de honra da Sociedade Francesa de Inventores e Sábios

SOBRE O "CASO MARIE CURIE" 263

1930: Presidente de honra da Sociedade Francesa de Inventores e Sábios

1931: Membro de honra da Liga Mundial pela Paz, Genebra

1931: Membro de honra do *American College of Radiology*

1931: Membro correspondente estrangeiro, Academia de Ciências Exatas, Físicas e Naturais, Madri

1932: Membro da *Kaiserlich Deutschen Akademie der Naturforscher zu Halle*

1932: Membro de honra da Sociedade de Medicina de Varsóvia

1932: Membro de honra da Sociedade Química Tcheco-Eslováquia

1933: Membro honorário do *British Institute of Radiology and Roentgen Society*, Londres

Agradecimentos

Ao apoio do Conselho Nacional de Desenvolvimento Científico e Tecnológico – CNPq (de fevereiro a julho de 2007) e da Fundação de Amparo à Pesquisa do Estado de São Paulo – Fapesp (de agosto de 2007 a fevereiro de 2009), que me concederam bolsas de estudo para realizar essa pesquisa de Mestrado. A Fundação Escola de Sociologia e Política e ao Programa de Pós-Graduação em Antropologia Social da Universidade de São Paulo, pelo apoio institucional sem o qual essa pesquisa não poderia ser feita. A todos aqueles que trabalham nessas instituições e que participaram da confecção deste trabalho, e que já tive a oportunidade de agradecer publicamente em outros momentos...

Meus companheiros de graduação e de sempre Stefanie Franco, Eduardo Dullo, Delcides Marques e Adalton Marques, aos quais não tenho como expressar o quanto contribuíram para minhas reflexões. Ana Cláudia Marques pelas críticas e sugestões na defesa, assim como a professora Mariza Corrêa – pelo acompanhamento crítico do trabalho e, principalmente por me fazer acreditar na pesquisa quando estava por abandoná-la. Agradeço também, a orientação da professora Lilia Schwarcz com todo o carinho de alguém que aprendeu muito com as provocações, discórdias, incentivos e que tornou tudo isso como um ponto de transformação. A liberdade que tive para formular os problemas não se seguiu sem uma crescente exigência de rigor. Sem dúvida, a forma como o processo de orientação se conduziu foi tão inspirador quanto à capacidade intelectual e de trabalho de minha orientadora. Sou um privilegiado.

À minha família querida, minha mãe, meu irmão (e minha sobrinha), que suportaram como uma fortaleza as perdas que tivemos enquanto escrevia este trabalho. O amor que sinto por vocês é indizível. Por fim, minha linda esposa, que tem tornado minha vida mais linda. Como é bom você... Meu amor. Meus pontos fortes, a vocês, eu dedico tudo o que faço – e sabem disso.

ESTA OBRA FOI IMPRESSA EM SANTA CATARINA NA
PRIMAVERA DE 2012 PELA NOVA LETRA GRÁFICA &
EDITORA. NO TEXTO FOI UTILIZADA A FONTE MINION
PRO EM CORPO 10,5 E ENTRELINHA DE 14 PONTOS.